U0474985

京师传播文丛

京师传播文丛

网络视频直播的影响力研究

杨雅 著

中国国际广播出版社

图书在版编目（CIP）数据

网络视频直播的影响力研究 / 杨雅著. --北京：中国国际广播出版社，2024.10. --ISBN 978-7-5078-5584-5

Ⅰ.F713.365.2

中国国家版本馆CIP数据核字第2024MY2463号

网络视频直播的影响力研究

著　　者	杨　雅
责任编辑	王立华
校　　对	张　娜
版式设计	陈学兰
封面设计	赵冰波

出版发行	中国国际广播出版社有限公司［010-89508207（传真）］
社　　址	北京市丰台区榴乡路88号石榴中心2号楼1701
	邮编：100079
印　　刷	北京汇瑞嘉合文化发展有限公司
开　　本	710×1000　1/16
字　　数	250千字
印　　张	17.25
版　　次	2024年10月　北京第一版
印　　次	2024年10月　第一次印刷
定　　价	58.00元

版权所有　盗版必究

京师传播文丛
编委会名单

编委会主任：

喻国明　方增泉　张洪忠

编委会成员（按姓氏拼音排序）：

丁汉青　李　韬　秦艳华　万安伦　吴　晔　周　敏

总　序

把握数字革命基础上的传播变革是一项亟待破解的时代命题

喻国明

习近平总书记在主持中共中央政治局第十二次集体学习时强调:"全媒体不断发展,出现了全程媒体、全息媒体、全员媒体、全效媒体,信息无处不在、无所不及、无人不用,导致舆论生态、媒体格局、传播方式发生深刻变化。"智能化革命是一场划时代的跨越,是从工业文明向数字文明的深刻转型,正在带来传播领域的巨大变化。面对数字革命所带来的一系列现象级的改变,如何从总体性上把握技术驱动下社会传播领域的变化趋势、深层逻辑及演化机制,已成为实现传播实践有序发展和不断升级的必答题。

一、数字革命的全面渗透正在引发传播领域的一场革命

社会的智能化是一场革命,事实上,数字革命技术的全面渗透导致的关键变化是对传播网络所链接的全部关系的总体性重构。不同于对某些传播环节及某个传播要素所进行的"小修小补"的改良性技术,数字革命技术的全面渗透将创造一个无限量的巨大信息网络,并将从前无法纳入其中

的更加多维的关系连接纳入人的实践体系的可操控范围中，也即从传统的人与人之间的连接全面走向人与人、人与物、物与物之间的系统连接，创造智能终端之间的超级链接体系。

显然，当一系列新的关系要素实现了对于人类实践的"入场"，便会使社会传播成为一个"开放的复杂巨系统"，并在多重、多维的复杂因素的交织影响下实现"换道行驶"。媒介的迭代与技术的升维从某种意义上看就是持续地为传统社会中相对无权者"赋能""赋权"。数字技术改变了传媒行业因机械复制技术所形成的"一对多""点对面"式的信息垄断格局，瓦解了传统社会信息不对称的大众传播秩序。"人人都是传播者"极大地推动了丰富多彩、纵横交错的不同连接方式的交流与传播的实现，实现了更多的传播模式的涌现："物"成为新的公共信息"承载者"，社会热点的表达凸显出"后真相"、非理性等特点，关系认同、情感共振成为社会沟通与社会共识建立的关键，而平台级媒体及作为其运行内在引擎的智能算法则成为信息传播的关键性中介。

可见，未来的数字化治理必须超越仅着眼于传播领域中某个要素、某些环节的改变，而就事论事地制定某类传播主体发展路径或治理对策的传统视角的局限，应依据复杂性理论的范式、因循生态学理论、演化博弈理论以及社会网络学习理论等路径，针对我国传播领域的发展现状和未来趋势构建起一整套符合未来传播实践的传播生态治理的系统模型，从多元行为的关系连接与交互维度上去把握传播生态系统的发展演化过程，并基于此引导新时代社会信息传播系统实现健康有序和可持续的发展。

二、数字革命技术促成传播生态的全面重构

上述对于传播环境根本性变革的分析告诉我们，在数字革命技术的强大作用下，媒介产业的变革方向和媒介融合的发展路径已经成为现阶段传

播领域的重中之重。总的来看，迄今为止主流媒介的传播实践呈现出较为显著的"传播者中心"的立场。然而，新时代传播领域的基本现实是：在"个人"为社会运作基本单位的微粒化社会中，多层成分、多元主体已经成为构造传播场域的基本力量，受传者已经不再是我们所熟悉的"大众"，而是基于"圈层化"存在的一个个有血有肉、有个性、有情绪、有特定"趣缘"彼此支持下的人；"摆事实讲道理"式的大众传播逻辑在这里遇到了关系连接与圈层"茧房"的强大阻击，传播的触达、认知与认同机制发生了重大改变。媒介融合进程中如何实现新传播环境下的全程媒体、全息媒体、全员媒体、全效媒体的目标，达到主流资讯无处不在、无所不及、无人不用的境界，必须有一个生态级意义上的"羽化成蝶"的深刻改变。

首先，从传播内容的供给侧来考察，短视频和直播在人类历史上第一次把社会性传播的门槛降到如此之低，让每一位用户都可以发出自己的声音。而5G对于视频的加持则强化和扩大了这种"泛众化传播"的社会影响的宽度与深度。并且，数字革命时代的无人机普及，各种环境中摄像头、传感器无所不在，都进一步超越了传统媒体的时空局限与感官局限进行丰富多彩、立体多维的信息采集，而其中的某些具有社会价值的信息则可能经智能系统自动加工后直接发送给多元用户。概言之，数字技术带来的"泛众化"的传播供给侧，致使多元传播弥漫在人们的各类日常生活的场景中。

其次，就传播形式的丰富和扩张而言，数字革命时代的传播因其传播形式的"全息化"、多样态，信息传播已"渗透"社会生活的方方面面，成为无所不在、无时不有的影响力"在场"。而传播技术的应用会以用户场景为聚焦点而不断创新信息的组织形式、传播模式和内容形态。就传播载体"全程""全息""全员""全效"而言，随着以短视频为代表的视觉传播成为社会传播的主流形态，内容传播者因应当下移动化、碎片化和社交化的传播场景，以主题人物、热点事件和温情故事等为主要题材，通过碎片化的视觉表达和情感共振、关系认同的传播模式广泛应用，使得内容生产与传播形式转型为一系列直击人心的混合情感传播模式。

最后，智能化也使传播渠道发生了全新的变化。面对媒介生产和用户端的赋能赋权，极具多样性和复杂性的信息生态出现了供需危机，内容传播的精准化已成为"互联网发展的下半场"传播转型的重点。智能分发中的算法机制所要解决的终极问题是要把合适的内容传播给适切的用户。依托机器算法且拥有海量用户及强大黏性的平台遽然崛起成为平台型媒体，它承担起连接信息生产者和用户的开放、多元和普适的平台型中介的角色。而伴随着"生产者—平台媒体—用户"模式的确立，执掌信息选择权的重心正在从传统主流媒体过渡到平台型媒体。原本处在内容生产传播引领者位置的传统主流媒体正在逐渐弱势化和边缘化，成为影响力有限的专业的新闻和观点的供给者，而平台型媒体则逐渐跃升为新的行业操纵者和传播规则的制定者，实现了向传播权力中心的跃进。

三、数字革命推进面向未来的传播实践的革命性转向

传播技术的智能化发展为现实社会以及虚拟网络空间中的传播机制和传播效应带来了一系列新的挑战，也带来了元宇宙、区块链、物联网、移动互联、XR（扩展现实）、云计算、流媒体视频等技术的新发展，它们正在深刻地改写传播领域以及社会发展深层逻辑。这已经不是一项"弯道超车"的发展模式，而是一项"换道行驶"的全新发展模式。因此，关注智能化技术革命下传播领域内外的革命性改变，全面把握社会传播生态系统与权力格局的变迁态势，系统审视智能技术革命下网络社会空间治理模式和范式转型变革中亟待突破的关键问题和基本应对思路，应该成为新闻传播学实践转向的关键。传播实践已经站在全新的拐点上，面对"换道行驶"

的全新未来。它包括且不限于：

——全社会的"媒介化"。媒介化理论视角认为，媒介可以与其他社会范畴相互建构，作用于人类社会形态的媒介形式，其意义远胜于其内容。这一理论视角强调了媒介逻辑对社会的建构作用，也强调了媒介与社会的相互形塑。人作为居间主体，其实践具有能动性，因此，可以通过宏观和中观型态与实践的分析对媒介化进行解构，探究行动场域中不同社会角色之间社会交往和关系的变动模式，包括个人与组织、个人与媒介、社会与媒介关系的变革，从实践视角分析和把握媒介化能够为我们搭建经验材料分析的实践基础，更好地帮助我们把握媒介化进程中的微观、中观、宏观层级变化。

——"型态"与社会实践的结合。"型态"是指智能新媒介技术催生出的新的社会行动方式和组织起的新的社会交往关系，包括个人与组织、个人与媒介、社会与媒介关系的变革，它将全面助力智能新媒介逻辑对社会实践的形塑。未来的传播实践必须超越传统的媒介实践范式，将媒介与个体借由行动空间串联起来，将社会学相关概念融入媒介化实践的决策视野。以"型态"与社会实践的视角展开探索与创新，以"点—线—面"的实践试点为依据，运用更为贴合的理论工具，以期在未来传播中对媒介化理论与实践及其社会效果的把握有全新的突破。

——媒介与社会变迁的"互构"。在过往的传播实践中，媒介或是被置于社会发展的关键节点——媒介以其自身的"偏向"解构社会形态，或是被理解为承担既定社会功能的一种"工具形式"，这种将"媒介"与"社会"相分离的实践模式忽略了媒介的作用过程，变成单纯强调媒介与社会之间的决定/非决定关联的实践范式。我们认为，借鉴SCOT（技术的社会建构）路径，同时对媒介演进基本逻辑与实现机制做出探索，不仅考虑科技物体本身，而且考虑科技物体的发展过程，摒弃科技决定论，也反省社会决定论，同时观照媒介对社会的影响及社会对媒介的作用，思考媒介与社会之间的相互形塑（mutual shaping）、相互生产（coproduction）的"互构"关系及其实践。

——媒介影响社会结构的"制度化"。"制度化"的行动路线，即将媒介的形式视为一种独立的制度化力量，强调并致力于实现媒介作为社会现实框架的组成要件。制度视角致力于把握特定情形下社会结构如何扮演社会交往的资源，以及社会结构如何通过能动性得以再生产和变化，这也是所谓媒介逻辑的作用规则。媒介逻辑被用来描述媒介所具有的制度的、审美的、技术的独特样式及特质，以及借助正式和非正式规则运作的方式，从而提升媒介有效地影响更为广泛的文化和社会的能力。

正是在这一时代命题之下，作为有"学新媒体到新街口"之美誉的北京师范大学新闻传播学院与中国国际广播出版社签署了"京师传播文丛"（共12本）的出版计划，为回答新时代、新传播的发展命题奉献我们北师新传学人的心力与智慧。首批出版的4本书是：《情绪：网络空间研究的新向度》《重构传播学：传播研究的新范式、新方法》《互联网平台未成年人保护发展报告（2022）》《医患共同体：数字健康传播的图景想象》。相信第二批、第三批著作将更为精彩，让我们翘首以待。

（喻国明，北京师范大学新闻传播学院教授、博士生导师，北京师范大学"传播创新与未来媒体实验平台"主任，中国新闻史学会传媒经济与管理专业委员会理事长）

2022年8月

前　言

网络视频直播，作为一种传播技术或者传播形态，具有重要的社会价值。视频直播技术的社会价值，不仅仅是从技术逻辑上改变了媒介传播的形态与样式，更重要的是从社交逻辑上提供了公共平台、增加了社会流动性、增强了社交场景；进一步增进了人的自由度、掌控感和对于主体价值的寻求，扩展了人的自主性以及人与人之间的连接，并解决社会与社群传播的日常生活问题。

因此，本书在准确把握与勾勒网络视频直播平台的传播本质、特征与发展趋势的基础之上，从技术逻辑、产业逻辑、社交逻辑、规制逻辑等四个维度，构建网络视频直播影响力评测体系，进而从应用角度探讨网络视频直播平台的健康发展、产业的社会服务功能升级，以及虚拟社群与受众的良性互动。

第一，从技术逻辑来看，直播是一种兼具可用性与易用性的媒介技术，流媒体和直播视频技术的延伸性、物质性、即时性和互动性，满足了受众的即时交互需求，促进虚实相融空间认知再造、增进用户体验和流动的主体性，也为非理性因素效能在传播中的释放提供了技术渠道。

第二，从产业逻辑来看，智能信息技术革命与媒介迭代升级带来"万物皆媒""智能互联"的传播新图景，借助直播技术的在场感、沉浸感与便利性的特性，场域基因、健康生态和"视频化转向"渐成常态，影响着虚拟社群强弱关系与圈层赋权，助力主流媒体深度融合，打造内容健康生态。

第三，从社交逻辑来看，以直播平台黏性、权威性、信任度作为社交逻辑的三个维度，直播视频技术以个体表达门槛的消弭和传播空间的连接，促进社会多样性与整体流动性，建构新的实践场景与社会文化，重塑网络意见领袖角色的信任机制与网络场域的情绪感染机制。

第四，从规制逻辑来看，新技术的发展与成熟过程需要来自多元主体内外部规则的约束，同时也体现为技术和媒介逻辑重塑规则。通过构建"政策工具—政策网络"的二维模型，构建直播政策工具的"平行模式"以及政策网络的"多源流模式"，助力在后直播时代打造风朗气清的网络环境、激活网络视频直播虚拟社群的正功能尤为重要。

综上，本书从"接触—认知—说服—二次传播"的影响力理论模型出发，根据"技术逻辑—产业逻辑—社交逻辑—规制逻辑"四维指标，进行网络视频直播的影响力研究。首先，在行业意义上，基于产业的长期观察，静态分析与动态分析相结合，为网络视频直播传播研究提供了新的研究视角、框架与分析工具，系统化研究网络视频直播平台及其意见领袖，为把握其传播规律、技术规律、商业规律提供科学方法借鉴。其次，在学术意义上，为新型社交媒体网络视频直播平台的影响力研究提供学理视角和新的探索维度。最后，在实践意义上，探索网络视频直播平台的本质与趋势，判断其对社会发展的影响。网络视频直播作为一种传播技术或者传播形态，具有很重要的社会价值，能够增加社会流动性，有助于社会的良性发展。就如当前传播学研究所倡导的，学科需要更多地为关注社群连接与社会价值而"挺身而出"，用传播学理论探讨公众关心的社会问题。从这个意义上说，对于网络视频直播新技术的未来发展前景予以关注，也是从传播学角度对于虚拟社群时代人的日常生活实践以及未来社会发展的一种观照。

目 录
CONTENTS

第一章
网络视频直播影响力的技术逻辑   001

本章导读   002
第一节   技术的延伸性：5G时代流媒体技术与直播视频的发展   003
第二节   技术的物质性：视频直播的空间呈现与认知再造   020
第三节   技术的即时性：空间纹理与地理媒介视角下的直播短视频   046
第四节   技术的可见性：直播短视频内容生产和流动的主体性   063

第二章
网络视频直播影响力的产业逻辑   079

本章导读   080
第一节   "场域"与"基因"：直播技术助力电商行业的SCP分析   081
第二节   公域、私域与心域：直播短视频平台社群关系与赋权影响   095
第三节   网络直播电商行业内容生态健康指数   112
第四节   网络视频直播行业与媒介深度融合的新趋势   132

第三章
网络视频直播影响力的社交逻辑　　151

本章导读　　152
第一节　"跟随与黏性"：网络视频直播的信任机制分析　　153
第二节　"权威与专业"：网络视频直播主播的影响机制分析　　159
第三节　"情感与狂欢"：网络视频直播受众的行为机制分析　　179

第四章
网络视频直播影响力的规制逻辑　　199

本章导读　　200
第一节　平行模式与多源流模式分析：网络视频直播治理的政策工具模型　　201
第二节　权力结构视角：网络直播治理的规制与文化耦合　　222
第三节　社会舆情视角：网络直播打赏的社会影响与应对策略　　234
第四节　稳中向好：近期网络视频直播行业的政策趋势　　252

后　记　　258

第一章
网络视频直播影响力的技术逻辑

本章导读

　　从技术逻辑来看，直播是一种兼具可用性与易用性的媒介技术。随着直播用户数的爆发式增长，直播对个体互动及文化社会的广泛影响越发不可小觑。直播的影响是一种媒介化的社会影响，是直播技术以自身传播逻辑对社会各个层面展开的建构。经由交流空间的延伸与个体行动维度的扩展，直播模糊了日常生活与媒介生活的界限，塑造出新的惯习与规范。5G时代，流媒体和直播视频技术的延伸性、物质性、即时性和可见性，满足了受众的即时交互需求，促进虚实相融空间的认知再造，增进用户体验和流动的主体性，也为非理性因素效能在传播中的释放提供了技术渠道。

第一节　技术的延伸性：5G时代流媒体技术与直播视频的发展

一、流媒体技术、直播视频平台与人机传播的发展

近年来，5G技术的革新为现实社会以及虚拟网络空间中的网络视频直播技术、流媒体技术以及传播机制、传播效应带来了新的挑战，并将深刻改写人的社会性连接、认知与决策行为。"视频语言"的重要性被重新提起，传播学已经站在全新的拐点上，面对着"换道发展"的新未来。在传播学研究的视域下，重新审视网络视频直播平台、技术的延伸性和物质性、人机交互以及人与传播界面的关系，是一项现实而紧迫的重大课题。

（一）内容层面：5G时代传播内容的静态性与动态性变化

在内容层面，既要考虑传播内容的静态性变化，也要考虑传播内容的动态性变化。传播内容是信息形态与信息载体的有机组合，其动态性变化也体现在两个方面。其一，传播信息形态的动态性变化。传播技术的变革带来传播主体巨大的革命性释放，同时改变传播的游戏规则和构造方式，不仅使社会主要交流手段从书写文字转为视频语言，也会使参与传播的内容实体发生重要改变。其二，传播信息载体的动态性变化。海姆认为，以

往香农和维纳的信息观都是静态的,而新型人机关系中的交互界面,则是一种动态的过程[1]。流媒体视频技术和虚拟现实技术促进了人的身体的技术化在场。媒介不仅将物理空间编码为虚拟空间,而且将两者均编码为技术空间。在这个技术空间的界面之中,不同空间的活动"相对于此在构成为周围世界(umwelt),从而在一个异空间中与此在共同在场"[2]。而在这一接触点上,人与人之间被连接起来,人的意向性也被传递到机器之上,形成一种人机交互、共同演进的关系[3]。

媒介即信息,信息渠道本身的介质特征对于人们接收信息乃至社会认知习惯的形塑都具有重要的影响。人类传播史从口语转向书面语和印刷后,视觉被突出强调,并且从整体感觉中分离出来,从而影响了人们对世界的观察与思考的偏好。文字和印刷媒介带来专业和技术的分化,同时也造成了疏离感与个体主义;就社会层面而言,以承载长短视频为代表的视频媒介扭转了视觉空间的感觉分裂,使得人类重新部落化。[4]

当前,社会主要交流手段将从书写文字转为"视频语言",短视频与中长视频将成为5G时代人机传播内容最主要的表达方式。在4G时代,随着短视频的出现,视频媒介逐渐介入社会影响力的中心,对主流事件、重要事项的关键性发展发挥自己的作用,视频中包含的大量非逻辑、非理性成分,对传播效果的达成产生了影响。随着5G的大带宽、高速率的优势崛起,中长视频直播强势登场,成为社会表达的中心和主流。当视频这种表达方式成为关键性社会表达的语言形态时,其构成要素已经远远超出事实、

---

[1] 海姆. 从界面到网络空间[M]. 金吾伦,刘钢,译. 上海:上海科技教育出版社,2000:78.

[2] 蓝江. 5G、数字在场与万物互联:通信技术变革的哲学效应[J]. 探索与争鸣,2019(9):37-40.

[3] LICKLIDER J C R. Man-computer symbiosis[J]. IRE transactions on human factors in electronics,1960,HFE-1(1):4-11.

[4] 喻国明,李彪,杨雅,等. 大数据方法与媒介接触界面的情境洞察[J]. 当代传播,2015(4):58-61.

逻辑和理性层面。越来越多的场景性因素、关联性因素以及非逻辑、非理性成分，参与到未来的社会性、关键性、主流性传播当中。面对这种如此繁杂的话语方式和表达逻辑的改变，无论是主流价值观的传播，还是在社会沟通中形成共识，都有很多问题需要解决，这可能是未来传播领域中一个相当大的动态性风险所在[1]。

（二）关系层面：传播交互的主体界面与传播场景

界面是指形塑两个主体之间交流的介质，是"两种或多种信息源面对面交汇之处"[2]。主体交互界面介于两者之间并使得双方彼此更加理解对方。界面的特点或者是从机器的特点演化而来，或者是从人的特点演化而来，或者两者皆有。换言之，交互界面操控的关系是语义学层面的，它体现为意义和表达，而非物理力量[3]，使相互排斥又相互依存的两个世界彼此分离而又相连。赛博空间之所以是一种空间，一方面，它确实是搭建在媒介技术之上的数位化次元；另一方面，它是人们在沉浸行为时共同建构起的一个具有实效性的虚拟生活空间。这种由媒介技术嵌合"远处与近在，虚拟与物质"的混杂、流动的生活状态，为人类打造了两个表演的前台，即"双重舞台"[4]。技术是传播语境和社交关联的生产者。技术越来越便捷，越来越"人性化"，界面与场景也从单纯诉诸视觉、听觉，到诉诸视听觉等多种感觉器官的组合，从经历感知失衡到感知平衡[5]。

---

[1] 喻国明. 5G时代的传播发展：拐点、挑战、机遇与使命 [J]. 传媒观察，2019（7）：5-7.
[2] 波斯特. 第二媒介时代 [M]. 范静哗，译. 南京：南京大学出版社，2000：20.
[3] JOHNSON S A. Interface culture: how new technology transforms the way we create and communicate [M]. New York: Basic Books, 1997: 14.
[4] 黄厚铭，曹家荣. 流动的手机：液态现代性的时空架构与群己关系 [J]. 新闻学研究，2015（7）：39. 注：该期刊为台湾期刊。
[5] 张佰明. 界面视域下的媒介权力与传受关系 [J]. 现代传播（中国传媒大学学报），2011（8）：141-142.

在关系层面，既要考虑主客体关系，也要考虑主体间性。主体间性是指存在于主体感觉间的、与不同主体经验相符合的信息传播手段，它与"感性的人的活动"所建构的交往世界和交互主体性密切相关[1]。传播的主客体关系是人机传播研究的重要议题，然而超越二维关系，传播主体和媒介技术主体为"共同主体"，应相互协调、共同行动，这也是人机传播共同体构建的关键维度；同时，从社会历史的角度来看，传播主体之间在技术形塑之下产生的社会性连接、传播价值观的变迁，传播中的非理性因素，传播技术对于社会结构和功能变迁的影响等问题，同样不容忽视。

在传播技术的革命性改变之下，传播学的边界得到了极大的扩张，"万物互联"既包括物理性与生理性的连接，也包括心理性的连接。5G时代的海量传输，既有信息与事实的传输，也包含情绪的传递。个体决策是认知和情感共同作用的结果，认知系统服务于调节系统，而情绪是两者之间的桥梁[2]。这也符合"后真相"时代的特征。后真相时代，研究者需要讨论受众情感、体验和情绪等对于传播过程所带来的影响，以及传受主体两者间基于不同立场对信息展开的个性化解读。语言内容和风格是传受主体之间重要的渠道信息，在非语言内容传播过程中，有助于辨别传播者的身份特征、判断表达情感的社交线索[3]。此外，特定的人类体验，包括情绪、好恶与经验等非理性因素和社会性因素，也是需要考察的范畴。

---

[1] 郭湛. 论主体间性或交互主体性 [J]. 中国人民大学学报，2001（3）：32-38.
[2] 蔡曙山. 人类的心智与认知：当代认知科学重大理论与应用研究 [M]. 北京：人民出版社，2016：595.
[3] WALTHER J B. Computer-mediated communication [C] //BERGER C R, ROLOFF M E, ROSKOS-EWOLDSEN D R, et al. The handbook of communication science. LA，CA：Sage，2010：489-505.

二、直播成为短视频平台的标配和"承重墙"

当前，整个流媒体行业正处于一个十字路口，究竟是各细分行业独立发展，还是由现有流媒体平台行业整合后，以全产业链形式发展。在5G技术入局后，这一疑问有了答案。当技术得以支撑行业扩张，各行业应当各展所长，相互借力。对于短视频平台，在5G以及6G时代，直播应当成为标配和"承重墙"。随着2020年以来5G网络商用进程加快，直播和短视频的融合趋势越来越凸显，而且短视频和直播目标群体基本相同，互相之间的用户转化率非常高。2022年底，我国短视频用户规模首次破10亿[1]，截至2023年6月，用户规模达到10.26亿[2]。

（一）直播技术加持可弥补短视频平台功能的局限性

直播是一种能够增加社会流动性的技术，以"草根"为主体的直播形式是对于传统视频中以精英阶层、组织化传播体系、报道重要事件和重大场景等为特点的传播形式的颠覆。直播打破了围观与参与表达的界限，扩大了人的自主性。与此同时，直播正成为人们最常见的娱乐社交手段。除了观看直播内容，直播带来自我表达门槛的降低和自我表达效果的大幅提升，让直播也成为主要的和可以便捷使用的视频社交的重要方式[3]。

当前短视频平台虽然具有了"快与活"的特点，但相较于直播平台，

---

[1] 中国互联网络信息中心. 第51次中国互联网络发展状况统计报告［EB/OL］.（2023-03-30）［2023-09-30］. https://cnnic.cn/NMediaFile/2023/0322/MAIN16794576367190GBA2HA1KQ.pdf.

[2] 喻思南，金歆. 我国互联网普及率达76.4%（新数据 新看点）［EB/OL］.（2023-08-30）［2023-09-30］. http://www.cac.gov.cn/2023-08/30/c_1695052264908601.htm.

[3] 喻国明. 视频直播扩大了人的自主选择权［N］. 新华日报，2017-07-12（14）.

依然存在一定的制作门槛以及时长限制。开放短视频平台直播，可以在活用短视频平台原有用户群与关系数据的基础上，开发更多的垂直商业化功能。例如2020年，抖音、飞书、巨量引擎等产品联合启动"中小企业护航计划"，抖音推出"线上不打烊"活动，面向全国线下商家推出3亿流量扶持，通过线上团购预售和线上直播分享商品两种方式，帮助线下商户快速对接线上生意；平台上线"企业达人"营销工具，员工抖音账号可挂靠企业账号，通过视频和直播，向更多用户推广企业商品，完成交易。

在交易转化服务方面，抖音针对武汉等29座城市开启"免费认领抖音门店"活动，帮助线下店铺获取线上营销能力。抖音"春雨计划"扶持正向优质直播主播账号，同期快手"青云计划"定向扶持优质潜力主播和品牌冷启动阶段成长。直播功能的加持不仅保障了短视频平台的日活跃度，也为用户打通了线上线下的营销渠道，带来强大的社会促进效应。以快手为例，"快招工"等直播生态的推出创新互动场景，在2022年第二季度直播收入86亿元，同比增长19.1%。可见，通过直播拓展业务线，是弥补短视频平台功能局限性的有效途径。

（二）直播可满足用户额外的流媒体消费需求

根据推荐算法看到的短视频固然符合用户行为数据体现出的需求，但对于短视频功能以外的即时流媒体内容消费，直播是能够触达的必要途径。从2020年开始，短视频平台试水直播的效果被一次次反复验证。3月，抖音上线"南极直播"，当晚的直播累计超过32万人观看，评论区有1.2万人留下关于南极环境的讨论。抖音不断拓展直播内容边界、推进直播业务破圈的策略已初见效果。2020年1月至2月中，抖音短视频的直播流量增长显著，占比从24%增长至28.2%。直至2022年第一季度，据QuestMobile数据，抖音和快手的日活跃用户数量分别为5.68亿和3.45亿，均达到历史新高，其中抖音同比增速为30%。这从侧面证明，直播加持是满足用户更多流媒体消费需求的有力举措。

在5G技术支持下，直播传输的速率提升，内容样态不断进化。对于短视频平台来说，这是一个绝佳的扩张机会，将直播作为发展的标配与"承重墙"，有助于打破原有的短视频功能壁垒与商业化边界。乐于长时间观看直播的用户，属于流媒体消费的重度使用人群。直播对于提升用户黏性作用巨大，典型平台直播用户周人均单日使用时长远高于非直播用户。除此之外，观看直播的用户线上消费能力更加突出，实现各种付费场景的转化。在抖音、快手等短视频平台中，消费超过1000元以上的群体中，直播用户占比都要高于非直播用户。以快手为例，2022年第二季度，快手总收入分布中39.5%为直播业务，包括直播电商在内的其他服务占总收入的9.8%[①]。

同时，短视频直播持续加强各垂直品类布局，增加用户黏性。例如，截至2022年初，快手蓝领招聘平台"快招工"月活跃用户超过1亿，其中，三线、四线、五线及以下城市的直播观众占比分别为26.4%、20.5%、24.5%，占比合计超过70%[②]。这本质上是进一步将直播这种形式的高效率、广分布的特点延伸至新领域，同时解决B端用户（如用工企业）与C端用户的信息匹配问题。因此，以直播满足此类受众的流媒体消费、生活甚至工作需求，甚至将更多的轻度用户转化为黏性较强的用户，是短视频生态逐渐固化背景下的有力破局策略。典型视频App直播用户周人均单日使用时长如图1-1所示。

---

① 范佳来.快手国内业务单季盈利：雇员福利开支减少1.8亿，日活创新高［EB/OL］.（2022-08-24）［2022-08-24］. https://www.thepaper.cn/newsDetail_forward_19590308.

② 杨艾莉，杨晓玮.短视频行业分析：流量持续增长、广告电商复苏，视频号加速商业化［EB/OL］.（2022-07-30）［2022-08-24］. https://xw.qq.com/amphtml/20220730A01BDE00.

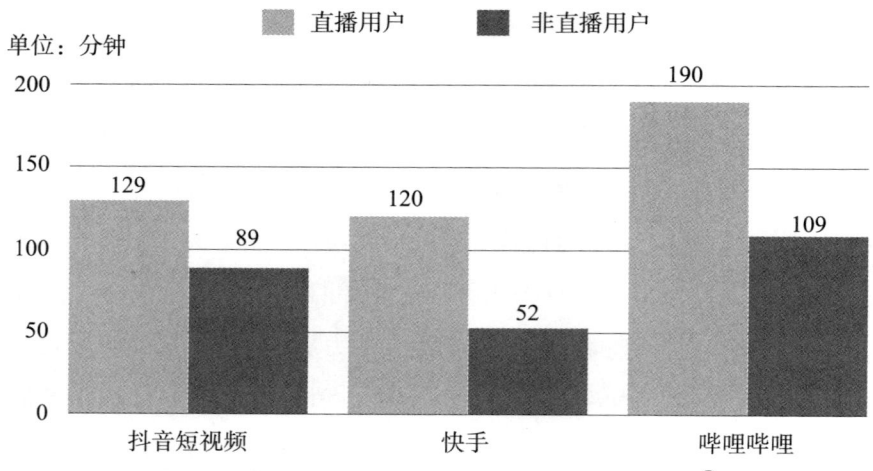

图 1-1　典型视频App 直播用户周人均单日使用时长[①]

三、网络视频直播使用者的基本特征与潜在可能

短视频与直播技术的合作，已经成为当下网络视频产业发展的主流。在2019—2023 年中国互联网典型媒介类型广告市场份额分布中，在线视频广告份额逐步被直播电商和短视频挤压，从2019 年的5.8% 缩减至2022 年的4.3%；短视频广告占比从2019 年10.3% 增至2021 年16.6%[②]。同时，我国直播电商用户持续增加，据第52 次《中国互联网络发展状况统计报告》数据，截至2023 年6 月，我国网络直播用户规模达7.65 亿人，较2022 年12 月增长1474 万人，占网民整体的71.0%[③]。

[①] QuestMobile. QuestMobile 短视频 2019 半年报告：总量赶超长视频［EB/OL］.（2019-08-06）［2022-08-24］. https://www.163.com/dy/article/ELT0I7KN05313S7N.html.

[②] 孙晓磊，崔世峰，刘京昭. 数字内容行业深度报告：2021 年综述及2022 展望［EB/OL］.（2022-05-10）［2022-08-23］. https://baijiahao.baidu.com/s?id=1732421997298532280&wfr=spider&for=pc.

[③] 2023 年上半年我国网络直播用户规模达7.65 亿 占网民整体的71.0%［EB/OL］.（2023-09-14）［2023-09-30］. https://baijiahao.baidu.com/s?id=1776963154728925595&wfr=spider&for=pc.

（一）视频直播播主账号的基本行为特征

从内容生产行为来看，不同于在线长视频，短视频的内容生产主要是为了满足娱乐性和观赏性，功能相对单一。短视频直播碎片化的信息形态不仅契合了当前用户的触媒习惯，还在客观上提升了单个信息的价值密度[①]。本节选取抖音的短视频直播作为案例进行分析，抖音播主共分为随拍、政务、剧情、亲子、体育、时尚、汽车、泛生活、动植物、创意、娱乐、旅行、图文控、二次元、才艺、科技、游戏、美食、校园、文化教育、明星、户外等22个大类。研究根据用户粉丝量，对于播主账号进行均匀抽样，不同的类别均抽样100条，对于播主数据进行初步分析。

第一，随拍类播主作品数量最多，政务类播主短视频直播播放量最大。

从播主的视频产量来看，不同视频种类的播主间作品数有较大差别。随拍类播主短视频直播作品数最多，高达41048部，这与随拍类作品创作较为便捷有关，也体现了平台的UGC（User Generated Content，用户原创内容）基础。作品数排名第二的是政务类播主，大部分政务类播主日常更新时事新闻类消息，创作量亦高达32898部。剧情类、亲子类播主的作品数分别为31624部、30114部。其余大多数类别播主的视频直播作品数在16000—30000部之间，但明星类播主与户外类播主的创作量远低于其他类别的播主，分别为10392部与5919部，这也与播主创作时的素材采集难度有关（图1-2）。

结合各类视频直播的总播放量来看，作品数最多的随拍类播主并没有获得最高的播放量，事实上，政务类播主获得了数量巨大的播放量，是剧情类作品播放总量五倍多。政务类视频直播往往结合新闻事件进行创作，面向的受众群体十分广泛，因此能够获得非常高的播放量（图1-3）。2021

---

① 夏厦，谭天. 2018年短视频用户行为分析[J]. 新闻爱好者，2019（4）：25-29.

年开始，各级政府、县级融媒体中心的直播号建设迅猛，直播凭借其直观性、社交性、开放性为县级融媒体服务拓展、产业运营，助力乡村振兴和"直播经济"、拉动地方经济发挥了积极作用。

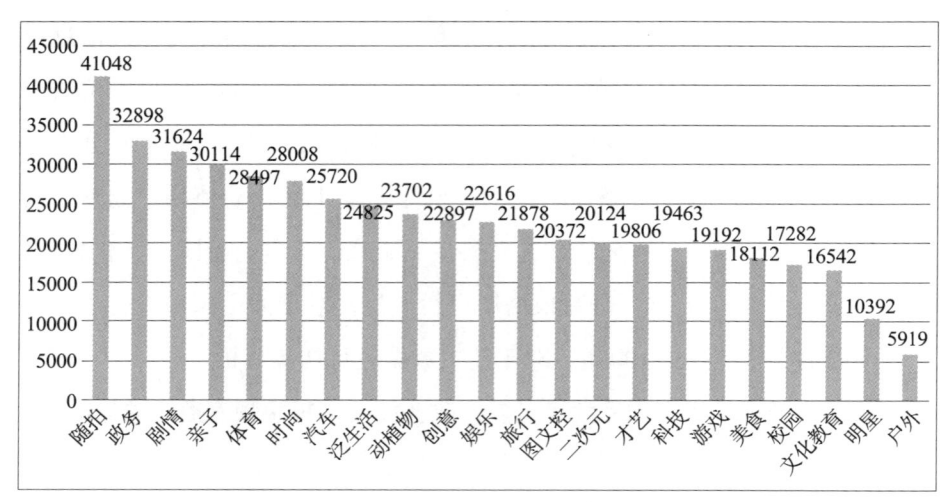

图 1-2　抖音视频直播各类短视频播主作品数

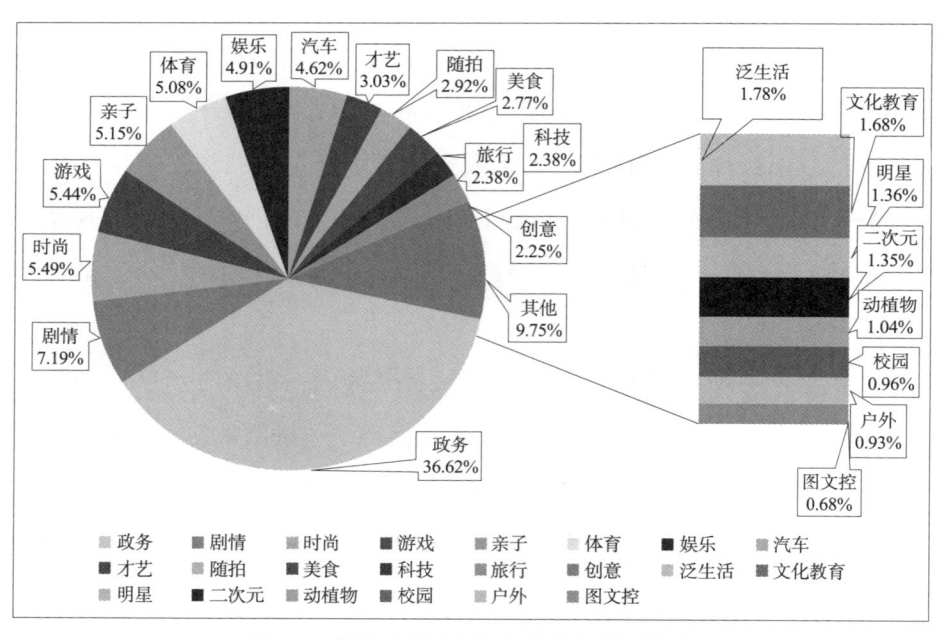

图 1-3　抖音各类直播短视频总播放量占比

第二，明星类短视频直播单条播放量和互动量均居首位。

各类视频直播的总播放量大小与发布作品数的多少不无关系。为精确分析每位播主所发布的视频直播作品对用户的吸引力，研究将数据进行"总播放量/作品数"计算后，可获得单个视频的平均播放量，结果如图1-4所示。

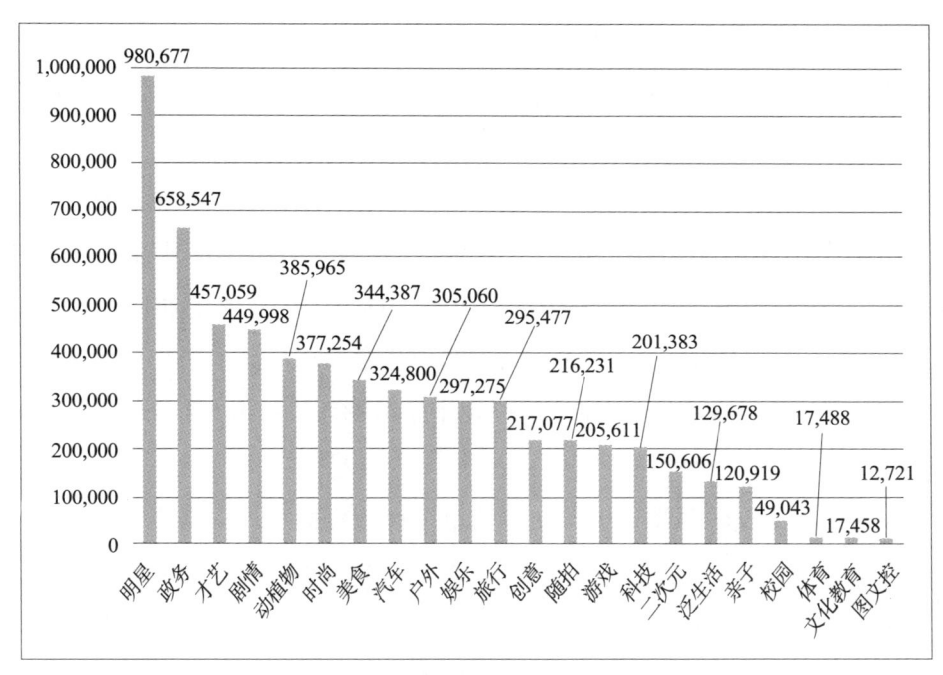

图1-4 抖音单个视频平均播放量

明星：980,677
政务：658,547
才艺：457,059
剧情：449,998
动植物：385,965
时尚：377,254
美食：344,387
汽车：324,800
户外：305,060
娱乐：297,275
旅行：295,477
创意：217,077
随拍：216,231
游戏：205,611
科技：201,383
二次元：150,606
泛生活：129,678
亲子：120,919
校园：49,043
体育：17,488
文化教育：17,458
图文控：12,721

从总播放量与单个视频直播播放量以及发布作品数的对比来看，可以发现，虽然明星类视频直播的作品数相对较少，但明星视频直播的单个视频播放量高居所有类别之首。一方面，粉丝对于名人、明星的相关信息密切追随，此类视频自然是容易被关注的重要信息源；另一方面，抖音播主创作的明星视频直播大多是日常生活中的路透、随拍，能够极大满足受众的娱乐需求。在2021年代际群体的兴趣偏好TGI（Target Group Index，目标群体指数）中，"00后"和"90后"的兴趣排名第一位都是明星，其次为动漫[①]。例如，2022年，成龙出道60周年全球直播首秀在快手举办，总观看人数超1.3亿，直播间总互动量超3.2亿次；周杰伦新专辑在快手平台进行独家直播，取得较高热度，累计超1.1亿人观看，总互动量超4.5亿次。

不过，从2021年开始，国家政策大力保护受众权益，尤其是未成年人权益。在"清朗"系列活动中，网信办对失德劣质艺人进行严厉打击，整治"饭圈"乱象，取消明星艺人榜单，通过对追星群体进行限制进一步治理流量艺人问题。政策的不断出台与规范，进一步清除了行业乱象，引导行业良性发展。

与此同时，当用户浏览一条短视频或者进入直播间观看视频时，"观看"只代表"看到"（visibility），但点赞、评价、分享代表视频的内容是否可以与用户之间产生深度的共鸣，或是为用户带来某种层面上的"感知有用性"（perception of usefulness），甚至是激发用户分享与交流的欲望，对于一条视频直播作品来说才是扩大作品影响面、提升传播效果的必备条件。

因此，研究将各类播主所获得的单个视频直播平均点赞量、评价量、分享量进行计算，再加总得出"单个视频直播平均互动量"的变量值，作为判断视频直播互动力的标准（图1-5）。结果发现，明星类视频直播作品的互动量依然高居榜首。体育类视频直播作品互动量不高，可能是因为大部分受众观看体育类短视频主要为欣赏，以"事"为中心，而非以"人"为中心。不过，体育类短视频直播范围广泛，不仅包括国内外重要体育赛事，也包含大量的日常健身活动记录。2022年北京冬奥会引发全民体育健身的热潮，典型案例是健身直播账号"刘畊宏"的火爆。从2023年开始，快手和抖音持续增加体育赛事直播的版权。2022年上半年，快手获得了

---

① Mr. QM. QuestMobile2021中国移动互联网年度大报告：社交、购物、视频及金融四大行业用户超10亿，短视频总时长占比增至26%［EB/OL］.（2022-02-22）［2022-08-23］. https://36kr.com/p/1625677694121473.

NBA、欧冠、东亚杯、ESLCSGO等版权，抖音获得了东亚杯、卡塔尔世界杯等赛事版权。仅第二季度，在快手的NBA观看量就达到640亿，互动量31亿次[①]。

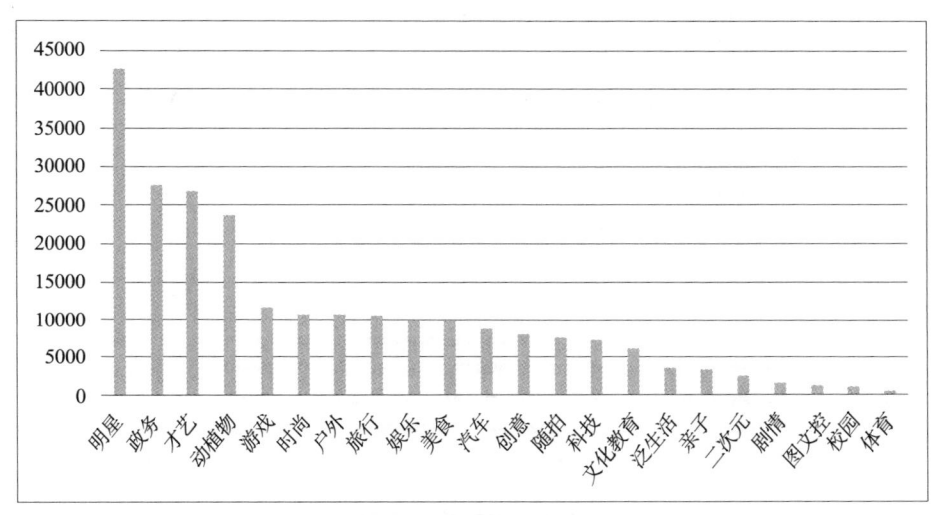

图 1-5 单个视频直播平均互动量

第三，视频直播作品播放量"头部效应"显著。

值得注意的是，大部分类别的视频直播作品都体现出了明显的"头部效应"，将各类别播主中排名第一的作品播放量进行统计（图1-6），可以发现，超过半数的视频直播类别中，头部播主获得的播放量占据了该类别所有播放量的50%以上，部分类别如随拍类和游戏类，头部播主获得的播放量占该类别所有播放量的比例高达85%以上。因此，该类别尚未获得较大播放量的播主，可以开拓小众和分众市场；而对于没有出现显著头部效应的直播类别，播主还有争抢头部的充分机会。

---

① 范佳来. 快手国内业务单季盈利：雇员福利开支减少1.8亿，日活创新高［EB/OL］.（2022-08-24）［2022-08-24］. https://www.thepaper.cn/newsDetail_forward_19590308.

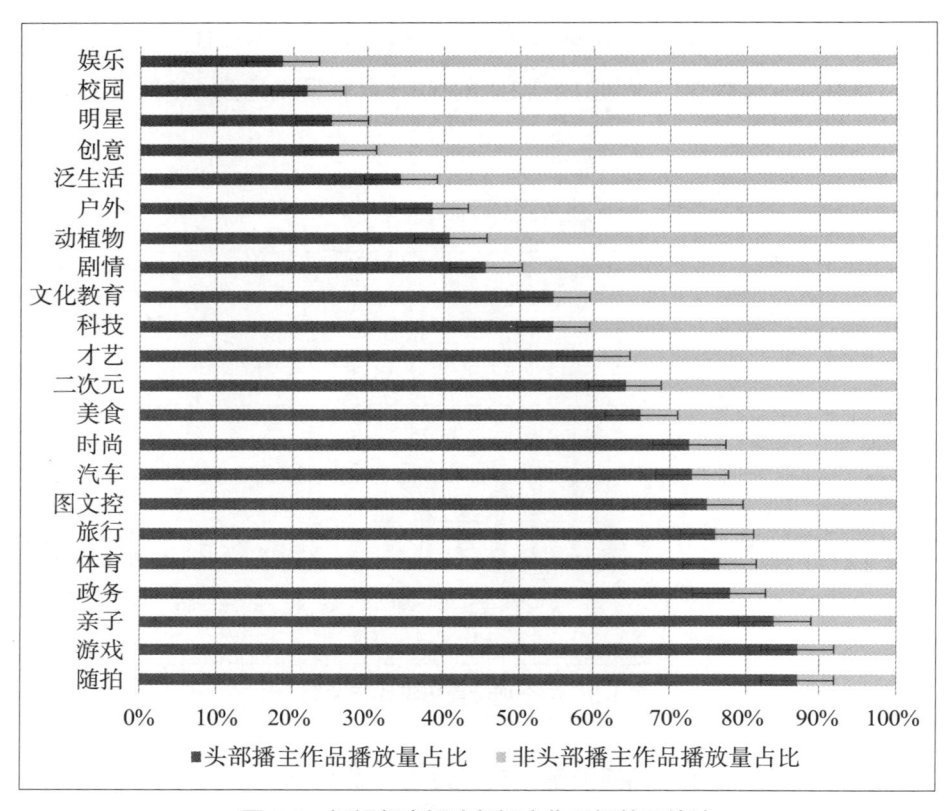

图 1-6 短视频直播头部播主作品播放量统计

（二）视频直播用户的基本行为特征

1.用户群体偏向"后浪"年轻人

与网络视频接触受众的特征相比，就性别而言，短视频受众的男性比例更高，就年龄段而言，15—54 岁短视频受众的比例全部高于网络视频受众，累积比例达到 90%，其中 15—44 岁的人群占到了 75.8%。[1]在一些短视频直播平台，以抖音为例，女性用户占比达 66%，且 24 岁以下的年轻人占

---

[1] 百城关注 | 短视频用户的媒介消费行为分析［EB/OL］.（2019-09-07）［2022-08-22］. https://baijiahao.baidu.com/s?id=1643960053511666501&wfr=spider&for=pc.

整体注册用户的75.5%。抖音的受众以女性居多，其物质基础较好，有丰富的情感和心理需求，也有对美好生活的向往。因此，强情感共鸣的题材，如友情、亲情、爱情天然具有更好的传播性，符合"她经济"时代年轻女性心理的被需要感。

2. 在中老年"银发"群体、中高收入人群中加速渗透

在视频直播的忠实用户中，30岁以下群体占比接近七成，在校学生群体占比将近四成；一线和新一线城市用户占比相对较小，五线城市用户占比大。从2018年开始，随着直播平台对于优质账号的扶持，以及"银发经济"浪潮的来临，视频直播在中老年、低学历（小学及以下）、高学历（本科及以上）、中高收入人群中的使用率整体提升明显，其中，40岁以上用户的使用率在半年内提升了12%；小学及以下、本科及以上学历人群的使用率分别提升了8.5%和12.6%。[①]

3. 视频直播用户的高频行为组合：播放、点赞、评论、分享与关注

本节对于抖音短视频直播账号样本框中的2150条留存视频展开分析，将用户行为划分为播放、点赞、评论、分享与关注等五类。通过"（fs）QCA"，即定性比较分析软件，以归纳的方式，将视频直播用户"关注"这一行为的频率视为因变量，即用户在接触到视频直播后选择成为某账号的长期粉丝的行为。同时，将视频直播的播放、点赞、评论、分享视为解释变量，探讨视频直播用户高频行为之间的组合与关联。如表1-1所示，视频直播用户成为粉丝的必要条件以及各条件组合情况，其中，"一致性"代表结果发生的某些单独条件以及组合条件的相关系数与充分性，"覆盖度"代表某些单独条件或者条件组合的必要性。

---

① 《2019中国网络视听发展研究报告》发布 2018年中国网络视听行业呈现12大特点及趋势［EB/OL］.（2019-05-28）［2022-08-22］. http://www.cac.gov.cn/2019-05/28/c_1124552171.htm?from=groupmessage.

表1-1 视频直播用户成为粉丝的必要条件以及各条件组合情况（QCA）

必要条件	一致性	覆盖度
视频数	0.711	0.985
播放量	0.975	0.976
点赞数	0.991	0.973
评论量	0.977	0.970
分享数	0.972	0.973
条件组合		
视频数*点赞数*分享数	0.980	0.694
低视频数*播放量*分享数	0.989	0.265

由表1-1可知，粉丝产生关注行为越多的视频直播创作者，其播放量、点赞数、评论量、分享数高都是必要条件，这几个解释变量的值均大于0.9。此外，粉丝倾向于关注视频数、点赞数和分享数都高的账号，如果某创作者的视频数较低，但是播放量和分享数都较高的话，那么用户也可能是因为被视频直播的质量所吸引，产生关注行为，成为该视频直播账号的黏性粉丝。因此，直播视频创作者应当更加注重作品生产的高质量，避免粗制滥造。

本节小结

直播技术的延伸性和沉浸感，成为短视频迅猛发展的"承重墙"。短视频与直播技术的合作，已经成为当下网络视频生产的主流。2022年北京冬奥会所带来的全民健身浪潮、优质明星重回大众视野的怀旧潮、寄情乡村联名国货的国货潮、关注帮扶弱势群体的"灵工经济"和应对后疫情时代的"快招工"，都在一定程度上拓展了直播生态和应用场景。直播凭借其直观性、社交性、开放性为县级融媒体服务拓展、产业运营，助力乡村振兴和"直播经济"，充分拉动地方经济发挥了积极作用。"90后"和"00后"的"后浪"群体，以及"银发"群体，都是直播行业消费关注、购买和复购的主力军。人与人、机构与人通过直播技术和场景的延伸，连接更加紧密。因此，直播视频创作者应当更加注重优质、正向作品的生产。这是由于高质量的直播视频，辅以高播放量和分享数，比盲目扩大数量更容易吸引目标群体和外延受众的关注、互动、反馈，增强用户黏性。

第二节 技术的物质性：视频直播的空间呈现与认知再造

一、研究缘起：视频直播的空间和场景呈现

短视频的覆盖范围之大，应用领域之广，已使其成为人们生活中重要的媒介形式之一。平台化运作与相关自媒体企业的商业化推动，使当下的短视频应用迅速发展成熟，成为汇集个人、媒体、企业与政府机构等多类传播主体的公共空间。其使用技术门槛降低，以及生产内容生活化、公共化等多元特征，为平台提供了多维的"引爆点"，带来巨大的传播能量[1]。

短视频的流行为城市形象传播提供了全新的契机。自2017年起，一批网红城市在抖音等平台借助短视频走红，实现了多方位、立体化的城市营销与品牌传播[2]。《短视频与城市形象研究白皮书》中指出，碎片化的影像展现出"美食美景、公共设施和市政服务等深入城市生活毛细血管的符号"，带给受众直观的体验，吸引大量游客到访。对这一热潮，许

---

[1] 喻国明.5G时代视频传播的机遇与挑战：在"5G融合、智慧赋能：2019视频融合传播数据价值创新峰会"的演讲[J].现代视听，2019（10）：87-88.
[2] KOTLER P，HAIDER D H，REIN I. Marketing places：attracting investment, industry, and tourism to cities, states and nations [M]. New York：The Free Press, 1993：103.

多学者从媒介技术更替的角度进行分析，根据不同的"网红城市"个案，还原平台、普通用户、官方主体等在城市传播过程中的角色与行动，总结传播策略[①②]。有学者从媒介建构的角度出发，反思短视频如何诠释当下人与空间之间的关系，认为短视频符号化了现实中的城市生活[③]，通过日常化、高互动性的拍摄手法带来"在场"的体验[④]，创造出"一种虚实互嵌的新型城市形态"[⑤]。然而，目前较少有实证研究从个体的角度入手，探寻受众观看城市形象短视频的一般认知规律。短视频对受众的直接说服力，以及其进一步推动受众旅游意愿的实际效果，更有待进一步测量。

综上，本节探讨直播短视频形式与城市形象传播适配性的现实意义，为回答"城市形象传播视频观看时的受众认知机制及其说服效果"这一研究问题，采用认知神经传播学的研究范式，从城市形象呈现形式与技术逻辑入手，设计生理指标测量实验和行为实验，探究受众观看城市形象短视频时的认知机制及其说服效果，反思现有模式下可能存在的城市形象传播的"盲区"，为更好地打造城市形象、提升城市传播软实力提供新的研究视角。

---

① 邓元兵，赵露红.基于SIPS模式的短视频平台城市形象传播策略：以抖音短视频平台为例［J］.中国编辑，2019（8）：82-86.
② 谭宇菲，刘红梅.个人视角下短视频拼图式传播对城市形象的构建［J］.当代传播，2019（1）：96-99.
③ 黄琳.5G时代视觉传播语境下城市形象传播的范式革新［J］.四川轻化工大学学报（社会科学版），2020，35（6）：84-100.
④ 孙玮.我拍故我在，我们打卡故城市在——短视频：赛博城市的大众影像实践［J］.国际新闻界，2020，42（6）：6-22.
⑤ 王建磊.空间再生产：网络短视频的一种价值阐释［J］.现代传播（中国传媒大学学报），2019，41（7）：118-122.

二、研究假设：长短视频直播在情绪唤醒程度、认知态度和旅行行为意愿方面的作用

情绪是个体的心理活动过程，也是一种心理动机力量，具备多维度的结构、多成分的复合以及生理心理多水平的整合[1]。个体经历某种情绪时会在平静放松与激动兴奋，即非激活与激活之间变化[2]。二维情绪理论认为，情绪包括效价与唤醒两个维度。其中，唤醒指情绪激活的水平和程度，可显著调节人们对于高度、距离等具体因素的感知[3]，甚至影响人们的某些决策和记忆[4]。情感的唤醒度是指个体从低落的情绪转换为亢奋状态的持续水平变化，即受众受到刺激后活跃的程度。唤醒度情感一般被划分为平静和兴奋两个层级，弱唤醒状态包含安静、轻松、心不在焉等低起伏的平缓状态；强唤醒状态包含激动、吃惊、专注等高起伏的消耗状态[5]。研究使用受众自主神经活动的客观记录，测量情绪这一主观认知经验；通过受众观看视频时的情绪唤醒和激活程度，以判断不同实验视频对受众吸引力的强弱。

一般来说，经由不同技术逻辑加工的视频给受众带来的认知体验有所区别。从受众接受度的角度看，短视频这种"不标准、不统一、不流于集

---

[1] 孟昭兰.当代情绪理论的发展［J］.心理学报，1985（2）：209-215.
[2] RUSSELL J A. A circumplex model of affect［J］. Journal of personality and social psychology，1980，39（6）：1161-1178.
[3] STEFANUCCI J K, STORBECK J. Don't look down：emotional arousal elevates height perception［J］. Journal of experimental psychology：general，2009，138（1）：131-145.
[4] EASTERBROOK J A. The effect of emotion on cue utilization and the organization of behavior［J］. Psychological review，1959，66（3）：183-201.
[5] 汪蕾，陆强，沈翔宇.情绪唤醒度如何影响不确定性决策：基于决策偏好的视角［J］.管理工程学报，2013，27（4）：16-21.

体刻板概念"的城市形象传播，可以更好地强化受众共鸣[1]。从认知科学领域，研究已发现，不同编辑和风格的影视片段会影响观众的感知、感觉与情感等多项脑区活动[2]；情感化风格的旅游度假广告视频，较非情感化广告更能唤起观看者的情绪[3]，而短视频的律动化、流动性剪辑特色和技术逻辑则更符合情感化的风格。研究中的长短视频即以不同技术逻辑区分，在内容一致的前提下通过风格化的转场特效与字幕等，模拟传统宣传片与移动短视频两种视频风格。由此提出假设1：相较于长视频，受众观看短视频时，其情绪唤醒程度更高。

受众的个体行为在一定程度上是基于其认知态度倾向，且认知态度与行为意向总是呈现一定的正向关系。学者认为，观看短视频的媒介内容能够影响受众的认知态度，如在短视频中出现的商品标签对于受众的消费意愿具有显著的正向影响[4]；一项基于长视频观看的脑活动机制研究发现，受众往往在视频的前四分之一处就已经开始出现认知正向的变化[5]；另一项实验研究则发现，观看短视频的新闻用户情感态度更为强烈[6]。从旅行行为意

---

[1] 谭宇菲，刘红梅.个人视角下短视频拼图式传播对城市形象的构建［J］.当代传播，2019（1）：96-99.
[2] HASSON U，LANDESMAN O，KNAPPMEYER B，et al. Neurocinematics：the neuroscience of film［J］. Projections，2008，2（1）：1-26.
[3] LI S S，WALTERS G，PACKER J，et al. Using skin conductance and facial electromyography to measure emotional responses to tourism advertising［J］. Current issues in tourism，2018，21（15）：1761-1783.
[4] 周星煜，芦金锋.产品短视频同款标签对消费者购买意愿影响研究［D］.哈尔滨：哈尔滨工业大学，2019.
[5] ERDOGDU E，KURT E，DURU A D，et al. Measurement of cognitive dynamics during video watching through event-related potentials (ERPs) and oscillations (EROs)［J］. Cognitive neurodynamics，2019，13：503-512.
[6] 王朝阳，魏杰杰.移动短视频新闻用户认知效果的比较实验研究［J］.新闻与传播评论，2021，74（1）：13-25.

愿角度看，旅游类广告形式越生动，越能提高人们的旅游兴趣[①]。城市形象短视频中呈现的特色生活场景，叠加短视频社交媒体丰富的呈现方式，更容易激发受众的冲动性旅游意愿[②]；且短视频传播的方式与青年预期旅游消费之间，也存在显著的相关性[③]。由此提出假设2：相较于长视频，受众观看短视频后，对视频所呈现的城市更易产生积极的认知态度；以及假设3：相较于长视频，受众观看短视频后，对视频所呈现城市的旅行行为意愿更强。

本研究中的视频呈现形式，即观看时的屏幕条件，对于相同内容的媒介传播效果具有重要影响。2011年，美国互动广告局基于全国范围内的大小屏终端使用调研发现，移动智能手机是宣发首选的终端，其次是平板电脑，然后是桌面电脑、电视等终端[④]。不过，具体到屏幕尺寸对使用者的影响，目前研究普遍认为中大屏效果更好。有研究发现，17寸、12寸和7寸三种大、中、小的屏幕对被试图像识别的效率有显著影响，其中12寸屏幕上的阅读绩效最佳，用户主观偏好和使用体验最好[⑤]。屏幕尺寸与图像识别在生理心理学领域已有研究广泛涉足。有实验证据表明，图像的屏幕尺寸变化与用户情绪唤醒程度关系密切；在观看电影戏剧时，屏幕越大、视线越集中，用户的情绪唤醒程度越高，注意程度也越高[⑥]。由此提出假设4：

[①] 沈涵，滕凯.旅游目的地广告的受众临场感和目的地态度研究［J］.旅游学刊，2015，30（12）：66-73.

[②] 姚延波，贾广美.社交媒体旅游分享对潜在旅游者冲动性旅游意愿的影响研究：基于临场感视角［J］.南开管理评论，2021，24（3）：72-82.

[③] 刘赟.自媒体短视频传播对青年群体旅游消费意愿的影响研究［J］.商业经济研究，2021（10）：80-82.

[④] 施懿芳，许峻诚.行动广告版面设计对眼球运动与美感情绪影响的研究［D］.台北：台北交通大学，2013.

[⑤] 赖建荣，黄柏晴.荧幕尺寸对阅读绩效与视觉疲劳之影响［J］.人因工程学刊，2005（7）：73-79.注：该期刊为台湾期刊.

[⑥] DETENBER B H，REEVES B. A bio-informational theory of emotion：motion and image size effects on viewers［J］. Journal of communication，1996，46（3）：66-84.

相较于小屏幕，受众使用大屏幕观看短视频时情绪唤醒程度更高。

屏幕条件同样能够影响受众的认知态度。研究认为，更大的屏幕能够提供更强的说服效果[1]。不同的屏幕呈现方式也意味着不同的传播理念，对移动设备进行实验研究发现，受众在使用手机竖屏观看人物访谈视频时，其注意程度比横屏更高，并认为视频感染力更强[2]；也有学者发现，手机的小屏幕会限制受众对于新闻类视频的认知[3]。

目前学界少有研究探讨屏幕条件对城市旅行行为意愿的影响。就其他类型消费行为意愿的研究而言，移动端的手机，由于其屏幕尺寸小与触屏等便利功能，更易激活消费者的经验型思维，引发直觉性或惯性购买意愿[4]，消费决策速度和流畅度都很高[5]。不过，具体到城市传播视频对于旅游意愿的影响而言，由于旅游消费时间和经济成本较高，冲动性旅游意愿往往较少[6]；加之旅游并非即时消费行为，移动端决策回避成本低，也非常可能引发决策延迟甚至决策回避[7]。因此，在此情况下小屏可能会引发经验型

---

[1] REEVES B, LANG A, KIM E, et al. The effects of screen size and message content on attention and arousal [J]. Media psychology, 1999, 1: 49-67.

[2] 闫玉荣, 陈梓鑫, 刘柯瑾. 用竖视频讲好新闻故事：基于眼动实验的新闻报道呈现方式研究 [J]. 新闻爱好者, 2019 (5): 84-87.

[3] DUNAWAY J, SOROKA S. Smartphone-size screens constrain cognitive access to video news stories [J]. Information, communication & society, 2019 (1): 1-16.

[4] ZHU Y, MEYER J. Getting in touch with your thinking style: how touchscreens influence purchase [J]. Journal of retailing and consumer services, 2017, 38: 51-58.

[5] BRASEL S A, GIPS J. Tablets, touchscreens, and touchpads: how varying touch interfaces trigger psychological ownership and endowment [J]. Journal of consumer psychology, 2014, 24 (2): 226-233.

[6] 姚延波, 贾广美. 社交媒体旅游分享对潜在旅游者冲动性旅游意愿的影响研究：基于临场感视角 [J]. 南开管理评论, 2021, 24 (3): 72-82.

[7] 黄敏学, 王薇. 移动购物更快吗？决策场景与思维模式的相容性 [J]. 心理学报, 2019, 51 (5): 612-624.

思维路径，使得受众依赖惯性做决定，视频内容信息的说服效果反而丧失优势。由此提出假设5：相较于小屏幕，受众使用大屏幕观看短视频后更易产生积极的认知态度；以及假设6：相较于小屏幕，受众使用大屏幕观看短视频后的旅行行为意愿更强。

此外，被试性别是本研究所关注的重要人口统计学变量。已有研究表明，短视频受众的性别条件会影响受众的浏览行为。相较于女性受众，男性受众的性别特质负向影响其浏览行为；短视频的信息记录功能更易吸引女性受众的浏览行为，而娱乐性功能更易吸引男性受众的浏览行为和创造行为[1]。在广告领域研究，男女被试对于具有不同性别倾向的商品、不同代言形象的品牌，认可度与接受度同样存在显著差异。由此提出假设7：性别对受众的认知态度和旅游意愿具有调节作用。

三、媒介生理心理实验设计与变量测量

（一）研究方法

传播学研究关注的核心问题之一，是考察媒体及其所传播的信息如何影响受众的注意、知觉、记忆、态度和行为。长短视频是传播内容常见的呈现形式，在传统研究范式下，学界通常使用问卷调查与行为实验相结合的方式对用户的态度感受、行为意愿等指标进行研究[2]。不过，传统的效果研究过度聚焦于外部因素对人类行为的影响，却远离了对个体内在认知过程的考察。近年来，认知神经科学范式的引入，为传播学界测量微观层面

---

[1] 张星，吴忧，刘汕. 移动短视频用户浏览和创造行为的影响因素分析［J］. 图书情报工作，2019，63（6）：103-115.

[2] 宋若涛. 基于口碑传播构建的SNS广告竞争力分析［J］. 当代传播，2011（3）：90-92.

的瞬时传播效果提供了便利，生理心理指标可以更加精准直观地反映受众的实际体验和使用效果。例如，通过眼动测量技术，研究者可以通过注视点个数、注视时间长度和访问时间长度等，探索视频的类型、表现形式等对于观众视觉注意的影响，构建视频的注意模型[1]；通过脑电测量技术，研究不同编辑和风格的视频片段显著影响观众的感知与情感[2]。特别是皮肤电测量的方法，结合其他生理参数的测量，如心率、体温、呼吸、瞳孔大小、面部表情识别等，可以对受众的注意、唤醒、效价等效果指标进行测量[3][4]，如运用皮肤电测量新闻视频的播报方式对情绪唤醒度的影响[5]、儿童电子游戏使用对其知觉和情绪的影响等[6]。

（二）实验设计

本研究为2（视频呈现形式：大屏幕 vs. 小屏幕）*2（视频技术逻辑：长视频 vs. 短视频）的实验设计。实验变量分配包括：自变量为视频呈现形式（大小屏）与视频技术逻辑（长短视频）；因变量为情绪唤醒程度，用皮肤电位活动指标（EDA，electrodermal activity）进行测量，以及受众的认知

---

[1] 喻国明，丁汉青. 电视广告视觉注意模型建构：基于眼动实验的研究[J]. 国际新闻界，2013，35（6）：112-122.

[2] 何苗. 认知神经科学对传播研究的影响路径：回顾与展望[J]. 新闻与传播研究，2019，26（1）：5-23，126.

[3] NEUMANN E, BLANTON R. The early history of electrodermal research [J]. Psychophysiology, 1970, 6 (4): 453-475.

[4] BOLLS P D, LANG A, POTTER R F. The effects of message valence and listener arousal on attention, memory, and facial muscular responses to radio advertisements [J]. Communication research, 2016, 28 (5): 627-651.

[5] KALLINEN K, RAVAJA N. Effects of the rate of computer-mediated speech on emotion-related subjective and physiological responses [J]. Behaviour & information technology, 2005, 24 (5): 365-373.

[6] BAILEY R, WISE K, BOLLS P. How avatar customizability affects children's arousal and subjective presence during junk food-sponsored online video games [J]. Cyberpsychology, behavior and social networking, 2009, 12 (3): 277-283.

态度与旅行行为意愿，即行为指标测量。本次实验选取西安与重庆两个城市的形象传播视频作为实验材料，对受众观看城市形象传播视频的效果加以记录和评估，通过电生理信号探测受众在观看城市形象传播视频时的生理诱因，用更精确的视角解读城市形象传播视频的传播效果。

1. 实验材料

为保证实验材料的可读性与真实性，所有的刺激材料样本均选自网络点击量超过十万的官方城市形象传播的纪录片。选取2018年清华大学"国家形象传播研究中心城市品牌研究室"与抖音、头条指数联合发布的《短视频与城市形象研究白皮书》中，城市形象相关视频播放量排名前列的两座城市——重庆和西安，将其城市形象短视频作为本次研究的实验材料。首先，经由三名实验员观看城市形象传播视频并对于视频的内容进行衡量，确定并截取每个城市各1min长度的视频作为本次的实验材料，并保证两段材料的内容中皆涉及该城市的风土人情、美食、自然风光、经济发展等四个方面。其次，对实验材料进行视频呈现形式与视频技术逻辑的再加工，最终形成八段实验材料（2个城市*4个呈现逻辑）。其中大屏幕的尺寸为42cm*23.6cm，分辨率为1920*1080；小屏幕的尺寸为18cm*10cm，分辨率为1334*750。长视频直接采用原城市形象传播纪录片的镜头逻辑，短视频则在保持内容一致的基础上，采用短视频专用剪辑软件VUE加以调适。

在实验进行前，五位未参加后续实验的被试对刺激材料的视频进行实验材料评定。评定内容为，实验材料是否将材料误差降至最低、信息量是否一致、被理解程度是否一致、内容的区分度是否突出等。上述指标得到被试的认可，并成为正式的实验材料。

2. 被试招募

正式参与实验的被试来自北京某高校公开招募的不同学科背景（非心理学）的实验对象，共80人。为避免被试已有的城市旅游印象对实验结果造成的实验误差，所有的被试均无西安或重庆的旅行经历。被试的年龄区间为

18—32岁，其中男性40人，女性40人。所有被试视力或矫正视力正常，无色盲、色弱，无神经衰弱、失眠症，无精神和神经疾病史及家族史，无严重烟瘾、酒瘾等不良嗜好，平时无服用安眠药、兴奋剂等精神活性药物。所有被试在实验开始前都阅读并签署知情同意书，且在实验结束后获得相应报酬。

实验共设四个实验组，每组包含一个交互刺激项（大屏幕*长视频，大屏幕*短视频，小屏幕*长视频，小屏幕*短视频）。视频材料以拉丁方设计呈现。研究将被试按照男女1:1的比例以随机数表的形式均匀分配到不同的实验组。

3. 实验程序

在正式实验前招募八名被试进行预实验，并在实验结束后请被试从专业角度为实验设计提供了意见和建议，包括实验材料长度、实验设备操作、实验器材的使用感受、问卷的题目数量和编排方式、问卷指标的确立、问题内容的清晰程度、实验环节的顺畅度等层面，并进行了相应调整。

正式实验共持续四天，实验地点位于北京某高校隔音实验室内。实验设备为M160无线生理记录仪（BIOPAC）。实验过程持续大约20分钟。采集被试平静状态下的皮肤电（EDA）数据，确保被试以较为平稳的状态进入实验；然后邀请被试观看对应组别的刺激材料，在观看过程中实验员记录被试的EDA实时数据，并在视频结束后请被试填答城市态度与旅行意愿问卷。

（三）变量测量

自变量：视频呈现形式（大小屏）与视频技术逻辑（长短视频），将小屏记为1，大屏记为2；短视频记为1，长视频记为2。

生理实验因变量：情绪唤醒程度，即通过实验全程收集的皮肤电数据进行反映。每位被试观看视频材料时，皆收集被试的前静息皮肤电数据与测试阶段的皮肤电数据，并采用两段数据的对位实验差来测量被试的情绪唤醒程度。

行为实验因变量：行为维度测量均引用或改编自文献中的成熟量表，共设置27个题项。所有题项均采用李克特七级量表进行测量，"1"为非常不同意，"7"为非常同意。受众在观看视频时的认知态度变化是行为维度测量的关键点，并将其划分为感知温暖度、感知竞争力、感知有用性、感知易用性和情感态度等5个维度。

其中，感知温暖度由"该城市气候宜人适宜旅游、该城市风景美观、该城市有吸引人的各式美食、该城市文化氛围浓郁、该城市历史资源丰富"①五个题项构成。感知竞争力由"该城市经济繁荣、旅游业发展成熟，该城市旅游服务设施完善，该城市休闲设施完善，该城市开放程度高，该城市环境优美、可居性强"②五个题项构成。感知有用性由"观看该视频让我掌握了有用信息、该视频的内容对我很有价值"③两个题项构成。感知易用性由"容易通过该视频获得需要的信息、该视频的内容和形式容易理解、观看该视频使我对该城市的了解更加便利"④三个题项组成。情感态度由"我认为在该城市旅游是有趣的，我认为在该城市旅游是令人满足的，我认为在该城市旅游让人放松，我认为视频画面、音效等效果很好，我相信该视频中的内容，我喜欢该视频中的内容"⑤六个题项组成。行为意向重在测

---

① BEERLI A, MARTIN J D. Factors influencing destination image [J]. Annals of tourism research, 2004, 31（3）：657-681.
② BALOGLU S, MCCLEARY K W. A model of destination image formation [J]. Annals of tourism research, 1999, 26（4）：868-897.
③ TRAFIMOW D D, KIEKEL P A, CLASON D. The simultaneous consideration of between-participants and within-participants analyses in research on predictors of behaviours: the issue of dependence [J]. European journal of social psychology, 2010, 34（6）：703-711.
④ MISHRA D, HANCALOGLU T, MISHRA A. Teaching software verification and validation course: a case study [J]. International journal of engineering education, 2014, 30（6a）：1476-1485.
⑤ AJZEN I, DRIVER B L. Contingent value measurement: on the nature and meaning of willingness to pay [J]. Journal of consumer psychology, 1992, 1（4）：297-316.

量实验对象观看视频内容后的旅游意向,其中包含了六个测量题项:观看该视频使我对于该城市很感兴趣、我想了解关于该城市的更多信息、去该城市旅游对我非常有吸引力、未来三年内我希望去该城市旅游、在客观条件允许下我会前往该城市旅游、我愿意推荐其他好友前往该城市旅游[1]。

研究使用SPSS23.0软件,对问卷的信效度进行检验。结果显示,问卷内部一致性较好（Cronbach's α=0.775）,各主变量的α介于0.735到0.873之间;结构效度检验发现,各变量显著相关（KMO=0.821,p=0.000）,各主变量的KMO值为0.65到0.927（表1-2）,解释的总方差为86.2%,说明量表具有一定的解释力。该实验结果具有较高的统计学意义,可进行进一步分析。

表1-2 各变量测量指标及具体题项

变量	维度	具体题项	题项来源	Cronbach's α 西安	Cronbach's α 重庆	KMO 西安	KMO 重庆
认知态度	感知温暖度	西安/重庆气候宜人适合旅游 西安/重庆的风景美观 西安/重庆有吸引人的各式美食 西安/重庆文化氛围浓郁 西安/重庆历史资源丰富	Baloglu & McCleary[1]; Beerli & Martin[2]	.724	.754	.658	.650

---

[1] DARLING J R, WOOD V R. Rival states, rival firms: competition for world market shares [J]. Journal of international business studies, 1990, 21 (3): 427-450.

[1] BALOGLU S, MCCLEARY K W. A model of destination image formation [J]. Annals of tourism research, 1999, 26 (4): 868-897.

[2] BEERLI A, MARTIN J D. Factors influencing destination image [J]. Annals of tourism research, 2004, 31 (3): 657-681.

续表

变量	维度	具体题项	题项来源	Cronbach's α 西安	Cronbach's α 重庆	KMO 西安	KMO 重庆
认知态度	感知竞争力	西安/重庆经济繁荣、旅游业发展成熟	Baloglu & McCleary[1]	.822	.845	.775	.818
		西安/重庆旅游服务设施完善					
		西安/重庆娱乐休闲设施完善					
		西安/重庆的城市开放程度高					
		西安/重庆环境优美，可居性强					
	感知有用性	观看该视频让我掌握了有用信息	Trafimow et al.[2]；Deepti et al.[3]	.908	.910	.840	.859
		该视频的内容对我很有价值					
	感知易用性	容易通过该视频获得需要的信息					
		该视频的内容和形式容易理解					
		观看该视频使我对西安/重庆的了解更加便利					

[1] BALOGLU S，MCCLEARY K W. A model of destination image formation［J］. Annals of tourism research，1999，26（4）：868-897.

[2] TRAFIMOW D D，KIEKEL P A，CLASON D. The simultaneous consideration of between-participants and within-participants analyses in research on predictors of behaviours：the issue of dependence［J］. European journal of social psychology，2010，34（6）：703-711.

[3] DEEPTI M，HACALOGLU T，MISHRA A. Teaching software verification and validation course：a case study［J］. International journal of engineering education，2014，30（6）：1476-1485.

续表

变量	维度	具体题项	题项来源	Cronbach's α 西安	Cronbach's α 重庆	KMO 西安	KMO 重庆
认知态度	情感态度	我认为在西安/重庆旅游是有趣的 我认为在西安/重庆旅游是令人满足的 我认为在西安/重庆旅游让人放松 我认为视频画面、音效等效果很好 我相信该视频中的内容 我喜欢该视频中的内容	Ajzen & Driver[①]；Baloglu & McCleary[②]	.870	.844	.826	.769
旅行行为意愿		观看该视频使我对于西安/重庆很感兴趣 我想了解关于西安/重庆的更多信息 去西安/重庆旅游对我非常有吸引力 未来三年内我希望去西安/重庆旅游 在客观条件允许下我会前往西安/重庆旅游 我愿意推荐其他好友前往西安/重庆旅游	Darling & Wood[③]	.942	.927	.911	.866

---

① AJZEN I, DRIVER B L. Contingent value measurement: on the nature and meaning of willingness to pay [J]. Journal of consumer psychology, 1992, 1 (4): 297-316.

② BALOGLU S, MCCLEARY K W. A model of destination image formation [J]. Annals of tourism research, 1999, 26 (4): 868-897.

③ DARLING J R, WOOD V R. Rival states, rival firms: competition for world market shares [J]. Journal of international business studies, 1990, 21 (3): 427-450.

四、数据分析与假设检验

（一）EDA实验结果：视频技术逻辑因素对受众情绪唤醒程度影响的主效应显著

首先，以视频技术逻辑与视频呈现形式为自变量，分别对被试观看重庆和西安城市形象传播视频的生理活动进行重复测量检验。

结果显示，视频技术逻辑因素在四组实验中对受众情绪唤醒程度影响的主效应均为显著，说明被试在观看城市形象传播视频时的皮肤电（EDA）反应值受视频形式的影响（$F=27.021$，$p=0.000$，$\eta^2=0.00$）。观看短视频组的被试皮肤电反应显著高于观看长视频组的被试。其中组间最大差值为3.968154，最小差值为3.572792。时间与视频技术逻辑的交互作用不显著（$F=0.811$，$p=0.717$），这表明长短视频组情绪唤醒程度的差异呈现全时性，并不随时间的推移而发生变化。具体差异如图1-7所示。

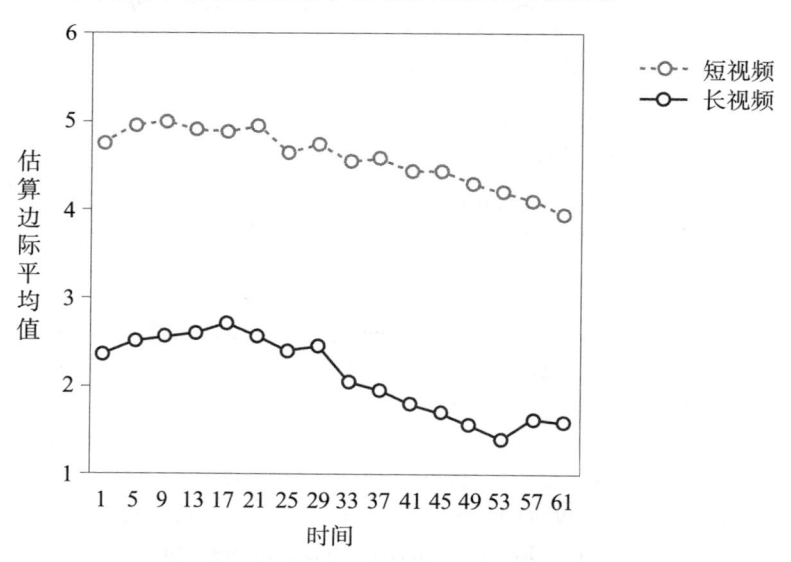

图1-7 视频技术逻辑与情绪唤醒程度影响的组间差异

其次，在视频呈现形式方面，即屏幕大小在四组实验中对受众情绪唤醒程度影响的主效应不显著（$F=0.329$，$p=0.568$），说明被试在观看城市形象传播视频时的皮肤电反应值不受大小屏幕呈现差异的影响。其中组间最大差值为0.728316，最小差值为0.154721。时间与视频呈现形式的交互作用不显著（$F=0.526$，$p=0.682$），这表明大小屏幕组情绪唤醒程度的差异呈现全时性，全时段的小屏幕组的被试情绪唤醒程度都高于大屏幕组，并不随时间的推移而发生变化。具体差异如图1-8所示。

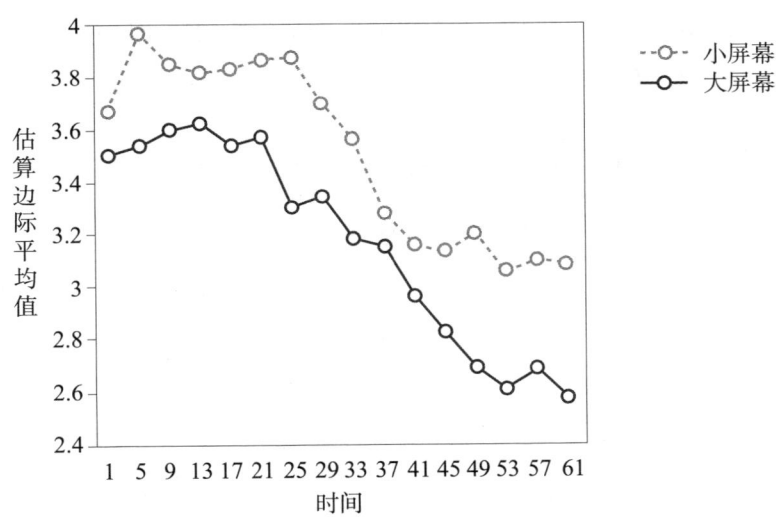

图1-8 视频呈现形式与情绪唤醒程度影响的组间差异

最后，情感的唤醒度是指个体从低落的情绪转换为亢奋状态的持续水平变化，即受众受到刺激后活跃的程度。对实验招募的80名被试的情绪唤醒程度做纵向时间分析发现，受众在观看时长1min的城市形象传播视频时，其亢奋状态在前10秒呈现最高的起伏状态，与静息状态的平均差值达到4.689371，然后随着时间的延长其亢奋状态逐渐下降。该发现也证实了时下短视频火爆的传播逻辑，即微传播模式满足了受众情感传播的需要，用10秒左右的时长维系受众的情感活跃程度，从而提升受众情感上的依附度。

（二）行为实验结果：屏幕大小和视频长短对于认知态度和旅行行为意愿影响均显著

行为实验用以回答视频呈现形式和视频技术逻辑对行为维度上受众的认知态度和旅行行为意愿的影响作用。在剔除作答内容空缺、作答时长过短、答案明显重复的数据后，本研究首先就四组的基本数据进行方差分析。表1-3呈现了以视频技术逻辑和视频呈现形式为核心的各组被试认知态度与旅行行为意愿的均值与标准差，为更清晰地呈现组内与组间在不同实验变量水平下的差异奠定数据基础。

表1-3　不同实验条件下实验对象的刺激效应区别

组别	N	变量	M	SD
A（大屏幕*长视频）	20	认知态度	5.7024	0.6617
		旅行行为意愿	5.6333	1.13246
B（大屏幕*短视频）	19	认知态度	6.2476	0.4346
		旅行行为意愿	5.9333	0.69543
C（小屏幕*长视频）	19	认知态度	5.4010	0.6801
		旅行行为意愿	5.2368	1.34177
D（小屏幕*短视频）	20	认知态度	5.9010	0.6766
		旅行行为意愿	5.8833	0.83614

1. 受众认知态度的组间差异分析：屏幕大小影响显著，男性更易受短视频影响

首先，通过MANOVA分析，对于受众的认知态度而言，视频呈现形式（大小屏）的主效应显著（$F=5.101$, $p=0.027$），而视频技术逻辑（长短视频)的主效应不显著(F=0.351,p=0.555),调整后 R^2 为 0.277。这表明在受众的认知态度影响因素中,视频呈现形式是一个关键变量,大屏幕较小屏幕更显著地塑造了受众对于城市的基本认知态度,而长短视频的影响并没有显著地体现在认知态度的组间差异中。

进一步对两因素之间的交互作用,及其分别与性别变量的交互作用进行多变量检验。研究发现,视频呈现形式与视频技术逻辑的交互作用不显著(F=0.08,p=0.778),即在受众对于城市的认知态度方面,视频呈现形式与视频技术逻辑并不在各因素的单一水平上构成交叉影响,如图1-9所示。无论在大屏幕端还是小屏幕端,短视频都较长视频更加正向地促进了受众的认知态度塑造。同理,无论是以短视频的形式还是长视频的形式,大屏幕呈现都较小屏幕更加正向地促进了受众的认知态度塑造。

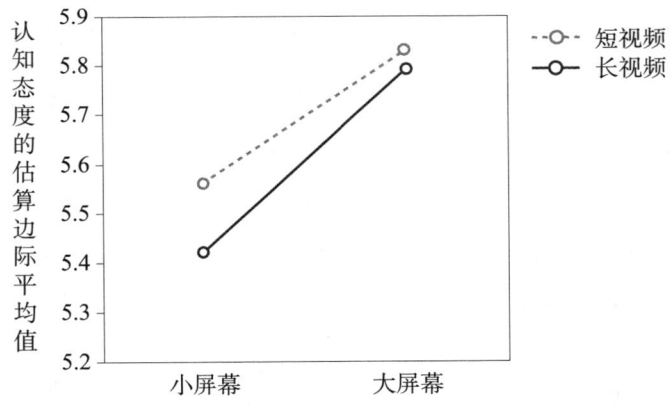

图 1-9 认知态度：视频呈现形式与视频技术逻辑交互作用

其次,视频呈现形式与性别的交互作用不显著(F=1.116,p=0.279),如图1-10所示,视频呈现形式与性别并不在各因素的单一水平上构成交叉影响。无论在大屏幕端还是小屏幕端,女性都较男性在认知态度上得分更高。同理,无论是对于男性还是女性,大屏幕呈现都较小屏幕更加正向地促进了其认知态度塑造。由此观之,大屏幕呈现更容易使受众对城市形象留下较为积极的认知态度。

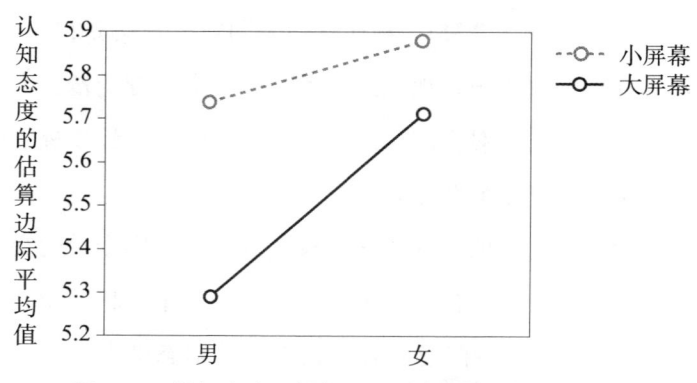

图 1-10　认知态度：视频呈现形式与性别的交互作用

再次，视频技术逻辑与性别的交互作用显著（$F=8.892$，$p=0.004$），如图 1-11 所示，男性认知态度改变在长短视频上的组间差异值为 0.51267，相较于长视频，男性更易被短视频影响，更改其对城市的认知态度。相反，相较于短视频，女性更容易在观看长视频之后，发生对该城市形象的认知态度的变化，女性认知态度改变在长短视频上的组间差异值为 0.3724。在长短视频单一水平对不同性别的受众认知态度改变的层面，研究发现，短视频引发的态度改变（男女差值为 0.1678）要远弱于长视频（男女差值为 −0.645821）。从差值的明显区别可见，长视频在受众认知态度改变上的作用要显著高于短视频。

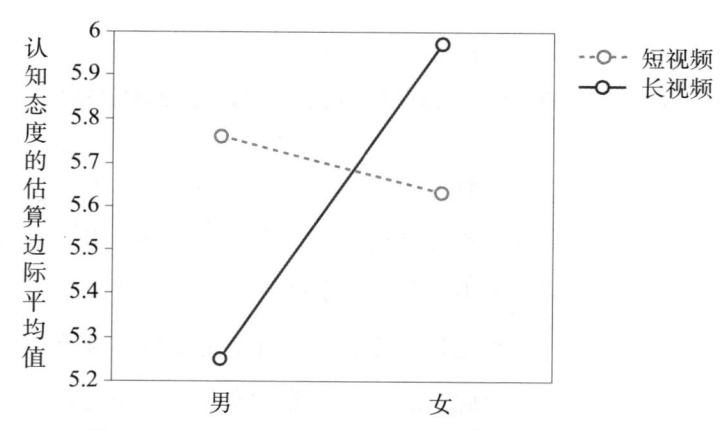

图 1-11　认知态度：视频技术逻辑与性别的交互作用

最后，研究引入视频呈现形式、视频技术逻辑、性别的交互项，拟对三者对于受众对城市形象的认知态度的交互作用加以探究，结果显示交互作用显著（$F=7.598$，$p=0.007$）。

2. 受众旅行行为意愿的组间差异分析：视频长短影响显著，男性更易受大屏幕影响

首先，通过 MANOVA 分析，对于受众的旅行行为意愿而言，视频呈现形式的主效应不显著（$F=0.880$，$p=0.351$），调整后的 R^2 为 0.295。而视频技术逻辑的主效应显著（$F=4.443$，$p=0.039$），调整后 R^2 为 0.314。这表明在受众的旅行行为意愿的改变上，只有视频技术逻辑这一因素起到了显著的促进作用。

进一步对两因素之间的交互作用，及其分别与性别变量的交互作用进行多变量检验，研究发现，视频呈现形式与视频技术逻辑的交互作用不显著（$F=0.496$，$p=0.484$），即在受众对于城市的旅行行为意愿方面，视频呈现形式与视频技术逻辑并不在各因素的单一水平上构成交叉影响，如图1-12所示。无论在大屏幕端还是小屏幕端，短视频都较长视频更加正向地促进了受众的旅行行为意愿的提升。同理，无论是以短视频的形式还是长视频的形式，大屏幕呈现都较小屏幕更加正向地促进了受众旅行行为意愿的提升。

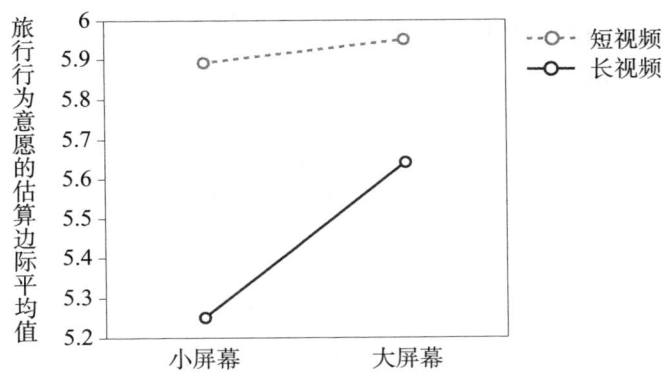

图 1-12　旅行行为意愿：视频技术逻辑与视频呈现形式交互作用

其次，视频呈现形式与性别的交互作用显著（$F=3.210$，$p=0.047$），如图 1-13 所示，相较于小屏幕，大屏幕更易提升男性的旅行行为意愿，男性旅行行为意愿改变在大小屏幕上的组间差异值为 0.5231。相反，相较于大屏幕，女性更容易在观看小屏幕呈现的内容之后，发生对该城市的旅行行为意愿的变化，女性旅行行为意愿改变在大小屏幕上的组间差异值为 0.1927。在视觉呈现形式不同水平对不同性别的受众旅行行为意愿影响的层面上，研究发现，小屏幕引发的旅行行为意愿改变（男女差值为 -0.6125）要远强于大屏幕（男女差值为 0.1637）。从差值的明显区别可见，在受众旅行行为意愿改变上，小屏幕呈现的作用要显著高于大屏幕呈现。

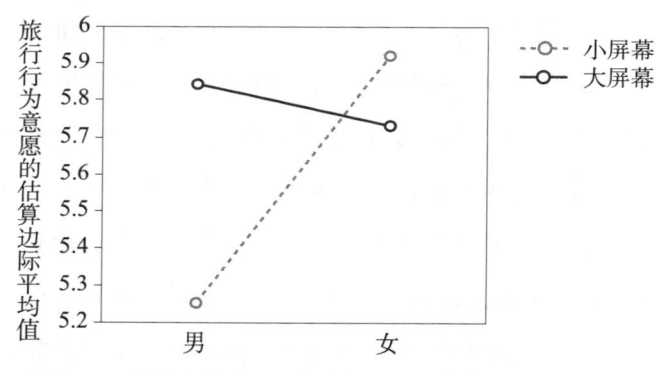

图 1-13 旅行行为意愿：视频呈现形式与性别的交互作用

再次，视频技术逻辑与性别的交互作用显著（$F=6.612$，$p=0.012$），如图 1-14 所示，相较于长视频，短视频更易提升男性的旅行行为意愿，男性旅行行为意愿改变在长短视频上的组间差异值高达 1.0076。相反，相较于短视频，女性更容易在观看长视频形式之后，发生对该城市旅行行为意愿的变化，女性旅行行为意愿改变在长短视频上的组间差异值为 0.1927。在视频技术逻辑对不同性别的受众旅行行为意愿影响的层面上，研究发现，短视频引发的旅行行为意愿改变（男女差值为 0.2357）要远强于长视频（男女差值为 -0.7031）。从差值的明显区别可见，在受众旅行行为意愿改变

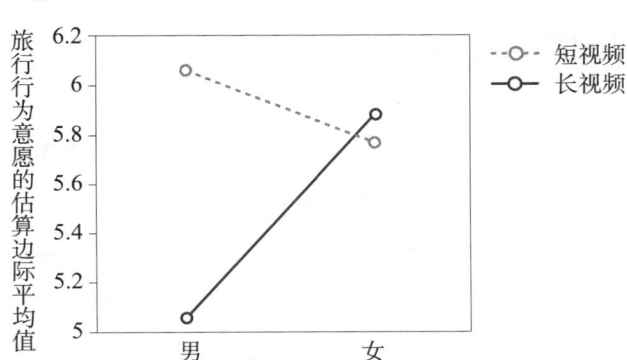

上，长视频的作用要显著高于短视频。

图 1-14 旅行行为意愿：视频技术逻辑与性别的交互作用

最后，研究引入视频呈现形式、视频技术逻辑、性别的交互项，拟对三者对于受众对城市旅行行为意愿的交互作用加以探究，结果显示交互作用显著（$F=6.217$，$p=0.015$）。说明三个变量在对城市形象传播视频传播效果的作用上相互影响，并最终作用于受众的旅行行为意愿的改变。

综上，为更清晰地展现不同的变量操纵对受众情绪唤醒程度、认知态度与旅行行为意愿的作用效果，研究分别将视频呈现形式的主效应、视频技术逻辑的主效应、视频呈现形式与视频技术逻辑的交互效应和视频呈现形式、视频技术逻辑与性别的三重交互效应对于三个因变量的相应影响结果展现在表1-4中。

表1-4 实验变量主效应与交互效应对因变量的作用效果对比

	情绪唤醒程度	认知态度	旅行行为意愿
视频呈现形式	×	√	×
视频技术逻辑	√	×	√
视频呈现形式*性别	/	×	√
视频技术逻辑*性别	/	√	√
视频呈现形式*视频技术逻辑*性别	/	√	√

五、研究结论与讨论

本节研究借助媒介生理心理学实验的方法从多个视角揭示用户在观看不同视频技术逻辑与视频呈现形式的城市形象传播视频时，情绪唤醒程度、认知态度以及旅行行为意愿的差异。一方面，情绪唤醒程度的测量加入了认知加工的"瞬间效果"指标，结合行为实验的自我报告，提供了更为精细的受众生理客观数据，为短视频城市传播逻辑和效果的测量提供了实验证据；另一方面，研究跳出以往直播短视频研究聚焦单一呈现手法的思路，综合分析了视频呈现形式、视频技术逻辑和性别的交互效应，具体明晰了长短视频技术逻辑各具特色的说服效果，为以往研究对于短视频说服效果的争议或者"盲点"提出了新的解释证据，并将其应用于城市传播领域，以期为内容生产主体"以人为本"地评估用户体验、增进传播效果提供框架借鉴。

（一）渠道可沟通：传播主体"以碎为通"再现城市特色形象

尽管传统城市形象传播视频叙事角度丰富、制作精良，但对习惯于短视频平台碎片化、表层化内容浏览方式的受众而言，其铺陈式的展现逻辑、模式化的呈现风格无法迅速吸引受众注意，甚至会触发受众观看的回避情绪、分散受众注意。相反，短视频富有律动感的音乐、转场和特效的使用，加深了视频的感染力，快速调动受众情感从而达到亢奋状态，更适应于受众的观看习惯与微传播的流行趋势，也更有助于转变或加强受众的旅游意愿。

（二）媒介补偿：适应当下长短视频相互渗透、融合发展的趋势

媒介形态之间并非"替代"的关系，而是相互补偿的关系。以往的

研究倾向于认为，短视频和小屏幕的移动媒介，使得用户在媒介接触时的注意程度更高，认知态度更易发生改变；本研究则发现，视频不是越短越好，屏幕也不是越小越好。在相同视频技术逻辑下，大屏幕较小屏幕而言，提升了受众的旅行行为意愿，具有较强的说服效果；而在相同视频呈现形式下，长视频较短视频而言，则更易正向改变受众的认知态度、具有更高的可信性。此外，在观看直播短视频时，男性使用大屏更易提升旅行行为意愿，女性则相反。因此，新媒体时代的信息传播不是"播种"般无差别地分发，不同视频技术逻辑的媒介可供性有助于满足用户的个性化需求和情感连接。传播者需适应"长短视频相互渗透、融合发展"①的新趋势，挖掘不同媒介形态的长处，推出兼具表现力和创新性的内容。

（三）城市"人设"：后城市传播打造直播短视频中可接近、可对话的城市品牌形象

城市形象的短视频传播不仅需要"形似"还需要"神似"，打造属于城市本身的独特精神内核，以及千城千面的鲜明"人设"。路易斯·威尔斯（Louis Wirth）认为，城市是一种生活方式，是虚拟血缘群体的聚集与交往，同时也是一种审美的空间。"后城市传播"理念在于情感因素和关系共振，依据"次级群体"的圈层与趣缘传播特色，以及掌握流量的"大多数定律"，来促成社交共创、认知情感与审美资源的集体调动。城市传播可以善用社交媒体短视频平台，进行模因传播和人格化的叙事，在传播内容独特性、渠道针对性、受众细分度上下足功夫，建立符号显著性、情感亲近性、旅游互动性与日常生活接近性，有助于打造可接近、可对话的独特城市品牌形象。

---

① 第47次《中国互联网发展状况统计报告》（全文）[EB/OL].（2021-02-03）[2023-02-10］. https://www.cac.gov.cn/2021-02/03/c_1613923423079314.htm.

总之，在人类社会时空距离加剧浓缩的今天，城市既是需要被传播的客体，也是跨地域、跨文化传播的主体。直播短视频讲好城市故事，还需要考虑当地视角和空间体验的活力、情绪数据的保护和累积，以及有界空间的意涵和拟形。诚然，由于实验环境和材料所限，本节研究无法完全还原直播短视频的自然接触情境，这对测量也会产生一定的影响。在今后的研究中，可以采用设置场景和线上实验的方式，进一步扩大样本范围，收集全面有效的数据。此外，由于控制实验的严格操作对照限制，研究对长短视频的区别维度划分较为单一，依然为二分法。在当下网络营销环境中，"中视频"形式开始出现，成为长短视频之外，城市形象传播的新选择，因此还可在后续研究时结合中视频的概念，对于视频长度这一视频技术逻辑变量重新审视，并探索更完善、关键的传播效果影响因素。未来，借助沉浸式的传播与优质的场景化内容，研究也将探索媒介如何更好地在区隔、叠加、交织和流动的空间框架中打造出更具特色的直播短视频"脚本"，构建富有生命力的城市形象。

本节小结

本节旨在从城市传播的直播视频呈现形式与视频技术逻辑两方面入手，在受众认知态度和旅行行为意愿研究的基础上，结合媒介心理生理学实验，以情绪唤醒程度反映受众观看城市形象传播视频的情绪唤醒和信息加工过程，解释受众认知态度变化的影响机制。实验结果发现，直播短视频可以显著吸引受众注意，同时影响受众的认知态度、旅行行为意愿改变，不同的视频呈现形式对认知态度的作用具有显著差异；同时，受众性别与视频呈现形式对旅行行为意愿有交互作用，受众性别与视频技术逻辑对认知态度及旅行行为意愿均有交互作用。对此，研究探讨了直播短视频作为

"取景框"的城市传播，对于再现城市形象和空间呈现，以及人对于时空的认知的影响；并认为，沉浸式观看技术将进一步塑造未来城市传播的"脚本"，进而为传播者打造长短直播视频融合的跨屏传播模式、拓宽城市传播的渠道和理念提供依据。

第三节 技术的即时性：空间纹理与地理媒介视角下的直播短视频

空间是人类发展基本的物质向度之一。近代西方社会理论研究的新转向，为"空间"一词赋予更多主动权。法国哲学家亨利·列斐伏尔（Henri Lefebvre）的社会空间理论，将空间分为物质、精神与社会等三种形式[1]，其中作为"社会关系的容器"的空间拥有最强的媒介性特征，承载着主体所创造的话语及意义，反映着物质存在的自身。

在传播学早期，空间往往只作为传播活动的场景要素，而未与传播自身产生更多的互动。当下传播技术的发展，使媒介逐渐渗透到人们的日常生活，人们不仅与媒介共存，而且就生活在媒介之中[2]，技术可供性也蕴含着空间的因素。传播学界正在重新发现"空间媒介化"[3]的意义，实践"媒介空间化"[4]，探索新型媒介技术在其中扮演的角色。"媒介空间既是社会的

---

[1] 包亚明. 现代性与空间的生产[M]. 上海：上海教育出版社，2002：48.
[2] DEUZE M. Media life[J]. Media, culture and society, 2011, 33(1): 137-148.
[3] 李彬，关琮严. 空间媒介化与媒介空间化：论媒介进化及其研究的空间转向[J]. 国际新闻界，2012, 34(5): 38-42.
[4] FALKHEIMER J, JANSSON A. Geographies of communication: the spatial turn in media studies[M]. Goteborg, Sweden: Nordicom, 2006: 9-25.

建构，同时也建构着社会"[1]。媒介重构着苏贾（Soja）所说的"空间本身的生产"，虚拟空间的自我繁殖带来物质性空间与符号性空间的融合，以及人的情感、态度的在场与迁移。

一、地理媒介与空间的生产

在此视域下，地理媒介为媒介空间生产的研究提供了创新视角。地理媒介意指网络数字媒体在整个城市空间的延伸，被用于探索以数字为媒介的城市空间生存，包括人与媒介技术交互而形成的外显轮廓（contours），以及技术无意识之下的内隐体验（implicit experience）[2]。在地理媒介的视角下，传统意义上的"单面镜式"的媒介概念被打破，取而代之的是"多棱镜式"的观照。融合性（convergence）、遍在性（ubiquity）、位置的觉知（location-awareness），以及瞬时的反馈（real-time feedback），是地理媒介生成的观念过程。其中，地理媒介的融合性，意指当代城市中媒介技术的空间化，以及空间逻辑在信息传播和社会实践中的突出作用[3]；遍在性，意味着媒介技术的持续可供和持续可用；位置的觉知，则是媒介信息流和内容如何更加适应用户的位置和移动；而瞬时的反馈，指的是以社交媒体平台为代表的，多对多的即时信息流动，以及情感与判断的瞬间效果。

（一）地理媒介与空间生产的阐释维度

地理媒介与空间生产，可以从地理媒介的关系性、复杂性、丰富性、

---

[1] 邵培仁，杨丽萍. 转向空间：媒介地理中的空间与景观研究[J]. 山东理工大学学报（社会科学版），2010，26（3）：71-79.

[2] BAUER D B. Review on "geomedia: networked cities and the future of public space"[J]. New media & society, 2016, 20（11）: 4410-4412.

[3] MCQUIRE S. The city without qualities: inventing urban computing[J]. New media & society, 2022, 24（11）: 2396-2418.

流动性、实践性等五个维度来阐释。

第一，地理媒介作为一种"关系媒体"，为用户提供了体验感和互动感[1]、归属感和依恋感[2]，助推个体身份和数字记忆的形成[3]，并在个体与他者的互动和对话中，帮助个体走出认知的过滤气泡[4]，重新校准中介化的身体、技术和空间之间的关系[5]，形塑更加有意义的空间和连续的环境；从而达成"数字场所的制造"（digital placemaking），以辅助人们更好地应对现代社会的不确定性，也就是卡斯特所说的"流动性"（space of flows），以及鲍曼所说的"液态性"（liquid modernity）。

第二，地理媒介反映空间生产的"复杂性"，从而重新形塑了当代媒介的风貌和气候，重新将复杂性引入媒介研究之中[6]。这种复杂性来自个体、技术、算法、惯习等，反映了多元本体论以及中介性的技术社会政治效应[7]。有

---

[1] EVANS L. Being-towards the social: mood and orientation to location-based social media, computational things and applications [J]. New media & society, 2014, 17 (6): 845-860.

[2] HALEGOUA G, POLSON E. Exploring "digital placemaking" [J]. Convergence: the international journal of research into new media technologies, 2021, 27 (3): 573-578.

[3] SAKER M, EVANS L. Locative media and identity: accumulative technologies of the self [J]. SAGE open, 2016, 6 (3): 1-10.

[4] ATTENEDER H, HERDIN T. The role of geomedia in building intercultural competence [J]. KOME-an international journal of pure communication inquiry, 2020, 8 (2): 1-22.

[5] HARDLEY J, RICHARDSON I. Digital Placemaking and networked corporeality: embodied mobile media practices in domestic space during Covid-19 [J]. Convergence: the international journal of research into new media technologies, 2021, 27 (3): 625-636.

[6] BAUER D B. Review on "geomedia: networked cities and the future of public space" [J]. New media & society, 2016, 20 (11): 4410-4412.

[7] SADOWSKI J, BENDOR R. Selling smartness: corporate narratives and the smart city as a sociotechnical imaginary [J]. Science technology & human values, 2019, 44 (3): 540-563.

学者借喻"银翼杀手"（blade runner）来形容地理媒介的复现性、后人类性和数字孪生性，认为"技术需求、可供性和大数据被置于物质空间之上，可以形成反乌托邦的未来逃离"[1]。在媒介考古视域中，电报电线被看作地理媒介的典型，遥远的地方和即刻的当下被媒介技术的"无远弗届"所连接；当前，社交媒体所形成的"永恒在线、永远连接"的状态，同样体现了地理媒介的复杂性和中介性。

第三，地理媒介强调媒介的"丰富度"，并且关注人、媒介与空间在互动中所产生的动态活力（dynamism）。这种动态、具身和嵌入式互动过程[2]，不仅涉及"硬环境"，即城市基础设施，也涉及"软环境"，即人与人关系的纹理、媒介环境的复调，以及"迭代的、递归的、可延展的"传播模式。值得一提的是，在媒介认知的"DHCCST理论"中，同样强调这种以人为中心的动态传播模型，认为人与平台和环境的互动构成了一个动态的网络系统，在具体的阅听过程中，形成媒介的接触和认知资源的分配[3]。

第四，地理媒介反映城市传播的"流动性"。地理媒介反映了基础设施、环境和实践境况的综合体，既是一种固定的、可视化的记录痕迹，又是一种流动的、形成（becoming）中的状态，这也就反映了一个悖论，即"中介化移动的人类身体处于稳定的位置，而周围环境是流动的"[4]。根据勒温的场域理论，个体的行为和环境之间的信息和能量交换，会受到个

---

[1] LAPENTA F. Geomedia: On location-based media, the changing status of collective image production and the emergence of social navigation systems [J]. Visual studies, 2011, 26 (1): 14-24.

[2] LANG A, BAILEY R. Understanding information selection and encoding from a dynamic, energy saving, evolved, embodied, embedded perspective [J]. Human communication research, 2015, 41: 1-20.

[3] LANG A. Dynamic human-centered communication systems theory [J]. The information society, 2014, 30 (1): 60-70.

[4] THIELMANN T. Environmental conditioning: mobile geomedia and their lines of becoming in the air, on land, and on water [J]. New media & society, 2022, 24 (11): 2438-2467.

体的需求动机、紧张或平衡、效价和矢量的影响，形成个体的心理空间（lifespace）；也受到环境中自然、社会和概念事实的影响，正如梅罗维茨所指的"混合场景"[1]带来消失的地域、环境的去中心化和流动性，也即本雅明所称的"瞬时性和非连续性"。同时，罗萨所指的"加速技术"，也将景观空间转变为地理空间，形成全景观看的视觉范式[2]，从而影响个体的感知和体验。

第五，地理媒介所蕴含的"实践性"。正如列斐伏尔所说，地理空间不是一个固定的实体，而是思想与媒介的表征，以及日常实践的协商过程，并且是过去、现在与未来的纠缠与融合[3]。地理媒介在空间研究中的探索，并非完全超越现实/虚拟的二元范式，而是站在城市空间、数字技术、文化实践交叉的"十字路口"，试图找到一种真正的日常文化实践的方式[4]。按照勒温所言，效价是在行为、经验与实践中产生的概念，事物是否有"价"来源于主体根据自身需求的观察方向趋近或者远离，是一种主体见之于客体的特质；而环境的可供性则是客观于主体之外的，不会随着主体需求的变化而变化，也就是"地理对象"（geographical object）[5]。因此，在地理媒介的视角下，媒介和空间两者都并非先验的，而是在生活实践中相互影响和纠缠的。

---

[1] 梅罗维茨.消失的地域：电子媒介对社会行为的影响[M].肖志军，译.北京：清华大学出版社，2002：125.
[2] 林云柯."快速"还是"加速"？——"加速批判理论"作为视野[N].文艺报，2020-07-13（2）.
[3] LEFEBVRE H. The production of space[M]. NICHOLSON-SMITH D, trans. [S.l.]: John Wiley and Sons Ltd, 1991: 6.
[4] WANG C. Review on "Geomedia: networked cities and the future of public space"[J]. Global media and communication, 2016, 14（1）: 165-167.
[5] GIBSON J J. The ecological approach to visual perception[M]. New York: Psychology Press, 2015: 130.

（二）地理媒介、空间纹理与城市传播

城市空间是由实体空间和人们主观感知与构想的空间相结合所建构的，是社会、文化和实体边界的"场所"，能够形成人们据之展开行动的情境[1]。当场所与建筑、社会结构等要素进一步汇聚于城市之中，形成传送信息和能量的网络，城市就成为"媒体—建筑的复合体"，即媒介技术与空间发生联系的舞台。对于这种感知空间的解码，有助于我们揭示真正的社会空间实践；而这种解码的过程，既基于人的观念的表象化，也需依托日益发展的技术手段，特别是媒介符号的表征和再现，最终形成既是"作品（work）也是产品（product）"的空间[2]。

媒介影响着城市的生活方式、空间样态、意义的再生产与社会关系的再造，也在虚拟空间中形塑着城市形象呈现的特征、方式，以及城市与城市之间的抽象关联。数字技术助推"基础设施的平台化"（platformization），以及"平台的基础设施化"（infrastructuralization）[3]，科特勒从城市营销的角度认为，城市传播是通过多方位、立体化的营销与品牌传播交互创造的结果[4]。"我们从讨论技术的驯化，转而讨论技术的城市化（urbanization）"[5]，即技术系统对于整个生活世界的重塑。传播技术的发展使得城市传播被分野出来，

---

[1] MASSEY J, MASSEY D, JESS P. A place in the world? Places, cultures and globalization [M]. New York: Oxford University Press, 1995: 46.

[2] LEFEBVRE H. The production of space [M]. NICHOLSON-SMITH D, trans. [S.l.]: John Wiley and Sons Ltd, 1991: 48.

[3] PLANTIN J C, LAGOZE C, EDWARDS P, et al. Infrastructure studies meet platform studies in the age of Google and Facebook [J]. New media & society, 2018, 20 (1): 293-310.

[4] KOTLER P, HAIDER D H, REIN I. Marketing places: attracting investment, industry, and tourism to cities, states and nations [M]. New York: The Free Press, 1993: 103.

[5] MOTTA W. Review on "geomedia: networked cities and the future of public space" [J]. European journal of communication, 2016, 32 (4): 384-391.

成为传播领域的经典命题,"专业的媒介空间与同空间之间有了一个清晰的界限"[1]。

因此,地理媒介,将"人—媒介(数据与智能中介)—城市空间(地方环境)"之间的连接性、关系性和物质性体现得更加清晰,使与人交互的地理空间成为"活的空间"[2];体现后人类思潮视角下的动态性、移动性和能动性,用"纹理"反映"社会—物质"关系,超越单向度的文本介质,体现符号与实践的互构,及其在城市传播的空间生产与再生产中的重要意义[3]。

二、地理社交媒介视角下短视频设计与城市传播

(一)直播短视频作为一种地理媒介

虽然地理媒介并不单指某一类媒介实体,或者某一类型的平台及软件,不过在很多学者的后续研究中,依然会使用个案进行深入探讨,如社交媒体(如Facebook)、电子地图(如Google)等。同时,也有学者将地理媒介概念扩展为"地理社交媒介"(geolocative social media)。尽管这类媒介并不依赖于地理位置算法作为其设计的基础,但是"地理社交媒体的可供性,使其成为用户可以在非物质空间中积极构建、实时体验的位置中心"[4]。特别是当下迭代的、多感知渠道的短视频社交媒体。

---

[1] 复旦大学信息与传播研究中心课题组,孙玮. 城市传播:重建传播与人的关系[J]. 新闻与传播研究,2015,22(7):5-15,126.
[2] 袁艳. 当地理学家谈论媒介与传播时,他们谈论什么?——兼评保罗·亚当斯的《媒介与传播地理学》[J]. 国际新闻界,2019,41(7):157-176.
[3] 王维涛,张敏. 地理媒介与第三空间:西方媒介与传播地理学研究进展[J]. 地理科学进展,2022,41(6):1082-1096.
[4] WALTERS P,SMITH N. It's so ridiculously soulless:geolocative media, place and third wave gentrification[J]. Space and culture,2022,27(1):94-109.

直播短视频作为当今发展最为快速的媒介形式之一,其技术、内容呈现及其分发算法,带来数字化(datafication)的城市。直播短视频展示"美食美景、公共设施和市政服务等深入城市生活毛细血管的符号",为"网红城市"形象建设做出了贡献[1];直播短视频媒介的流动性、空间性,视听呈现的丰富性,低门槛的制作技术,直观便捷、平民化的文化风格和叙事视角,使城市与社会群体的文化符号通过个体生产的媒介文本展现在第三空间之中,为受众带来在场的感官体验[2];短视频的联结性与转化性[3],也与人类对地理天然的延伸想象相结合,将不同地域空间相联系,达到城市传播的效果。麦奎尔(McQuire)提出"第二代城市屏幕"(second-generation urban screen)将会激励公众构筑参与式、开放式、共享式公共空间的取景框,而短视频更强的移动性、位置性,使其有可能成为未来的"第三代屏幕"模式,通过视听符号的传递增进知识的认知、积累和流动。

(二)短视频设计与城市传播的未来

"我们即是我们居住的空间"(we are where we live)。正如麦奎尔所言,如何设想和实施城市数字化(datafication)和公共空间网络化(networking),如何应对这一阈值,对于人类未来的实践空间,以及人类未来自身生存的模式[4],以至参与性的地理公共领域(geosphere)[5]的建设尤为重要。当下,短

---

[1] 短视频与城市形象研究白皮书[EB/OL].(2018-09-25)[2019-12-01]. https://mp.weixin.qq.com/s/6Pu7TrWxjwIeJZcG31y0JA.

[2] 姬德强,杜学志.短视频平台:交往的新常态与规制的新可能[J].电视研究,2017(12):33-36.

[3] 李耘耕.从列斐伏尔到位置媒介的兴起:一种空间媒介观的理论谱系[J].国际新闻界,2019,41(11):6-23.

[4] MCQUIRE S. Geomedia: networked cities and the future of public space[M]. Cambridge: Polity Press, 2016: 65-90.

[5] LAPENTA F. The infosphere, the geosphere, and the mirror the geomedia-based normative renegotiations of body and place[M]//WILKEN R, GOGGIN G, et al. Mobile technology and place. New York: Routledge, 2013: 213-226.

视频成为空间和社会关系在虚拟空间和数字孪生中的映射，而城市空间在人们的谈论、交织以及技术的取景框中获得新生。

第一，智能媒体时代短视频的"引力模型"优势明显。

传统意义上的"引力模型"（gravity model），指我们是否关注甚至有意愿去某一城市，取决于我们距离该地区的远近，以及当地的人口数量，"就像体积和密度更大的行星会产生更大的引力一样"[1][2]。但在智能媒体时代，借由短视频等地理媒介为平台中介的城市呈现方式，网络热度和话题性可能会取代距离远近，成为认知的重要锚定点和"参照系"，形成卡普兰所说的，"视野从'不知道在哪里'（nowhere）到'现在在这里'（now here）的转换"[3]。

基特勒（Kittler）认为，"媒介会对其他媒介产生反应，按照逐渐升级的策略性应答节奏相互跟随，是一种让其他媒介获得自由的独特媒介"[4]。韩炳哲论述过神圣时间的消散、工作时间的绝对化，使得节日的快乐时刻与日常的庸常时间两者之间的界限模糊不清。在此意义上说，抖音、快手上的网红城市、庆典刹那，成为日常劳作者的慰藉和麻醉剂。短视频同样记录了一种短暂而不再消逝的时刻，一种新的生活形式、生命状态，"把我们从飞转的停滞状态（rasen der stillstand）中解救出来"[5]。短视频富有律动感的音乐、转场和特效的使用，则加深了视频的感染力，快速调动受众情感

---

[1] 库哈尔斯基.传染：为什么疾病、金融危机和社会行为会流行[M].谷晓阳，等译.北京：中信出版社，2020：194.

[2] ODLYZKO A. The forgotten discovery of gravity models and the inefficiency of early railway networks [J]. OEconomia, 2015, 5: 157-192.

[3] KAPLAN C. The balloon prospect: aerostatic observation and the emergence of militarized aeromobility [M] //ADEY P, WHITEHEAD M, WILLIAMS A, et al. From above: war, violence, and verticality. Oxford: Oxford University Press, 2013: 19-40.

[4] 温斯洛普-扬.基特勒论媒介[M].张昱辰，译.北京：中国传媒大学出版社，2019：77.

[5] 韩炳哲.倦怠社会[M].王一力，译.北京：中信出版社，2019：87.

从而达到亢奋状态，更适应于受众的观看习惯与微传播的流行趋势，增强受众在地化、在场感的观看体验。

第二，地理媒介作为物质符号的载体和城市景观的"取景框"。

短视频为中介的城市传播提供了一种"想象的移动"（imaginative mobility），重新定义了旅游城市的概念。短视频技术呈现城市的样态，以及短视频的取景框，都给予受众一种"时空的方块"（blocks of space-time）之感，其中技术逻辑的影响甚至超过了视频中的人、事和景象[1]。

传播研究的空间转向，在一定意义上讲，也是物质转向[2]。延森（Klaus Jensen）将媒介分为三个维度：人的身体、传播的技术性生产手段、数字技术。这一分类同样也适用于地理媒介。从身体角度来看，人的身体"是使不可见之物隐喻式地显现为在场之物的重要媒介，把陌生的、异质的、不可见的事物转化成可感觉的、可见的、可理解的事物，从而在人与世界之间创造出一种关系和意义"[3]。从数字技术来看，地理媒介这种元技术，同时是"物质和符号的载体、表达的话语或情感形式，以及全社会对于交互活动的形成与限制加以规范的制度"[4]。城市景观是在"在场与不在场交互作用下而诞生的"，观看者坐在家中可通过媒体与网络来凝视任何地方，媒体凝视与游客凝视相互叠、彼此强化[5]。

---

[1] 厄里，拉森. 游客的凝视 [M]. 黄宛瑜，译.3 版. 上海：格致出版社，2020：378.

[2] 王斌. 从技术逻辑到实践逻辑：媒介演化的空间历程与媒介研究的空间转向 [J]. 新闻与传播研究，2011，18（3）：58-67，112.

[3] 埃洛阿. 感性的抵抗：梅洛-庞蒂对透明性的批判 [M]. 曲晓蕊，译. 福州：福建教育出版社，2016：120.

[4] 延森. 媒介融合：网络传播、大众传播和人际传播的三重维度 [M]. 刘君，译. 上海：复旦大学出版社，2014：61，85.

[5] FEIFER R. Going Places [M]. London：Macmillan，1985：24.

第三，技术逻辑影响人对时空的认知，沉浸式观感塑造独特"脚本"。

当下国内的城市传播呈现媒介化与后现代交融的特征。一方面，地理媒介"通过改变社会生活的场景地理"来塑造人们的行为[①]；另一方面，城市空间也是一种"重构的社会马赛克"，苏贾将其描述为"流动的色彩、不规律的拼贴、糅杂的文化"，以及中心与边缘之间模糊的界限[②]。

在环境、社会、心理等多元因素的作用下，面对媒介依照空间现实与艺术想象建构出的城市形象，人们已无法再依据简单的、固定的认知基模对其概括。在地理媒介视角下，在时间、空间和文化相融的传播网络中，城市拥有了极富创作者主观色彩的动态面貌，甚至伴随着反光晕、语境坍塌，以及视觉奇观的建立。智能社交媒介、通用人工智能技术的迭代，也在助推现实生活与虚拟世界进一步交织。视频形式的多渠道、纹理性、丰富度，超越文本介质，结合人工智能以及虚拟现实技术的运用，可以在现实和虚拟的双重空间中传播与互构，为受众带来增强式的、沉浸式的媒介体验，以致"我们显然已经被'抛进'了增强与沉浸的虚拟空间、媒介和地域的混合场景之中，无法简单地'关闭'地理媒介"[③]。

第四，地理媒介形塑城市空间生产有组织的复杂性变革，形成可持续发展。

地理媒介是一种认识论的转变，重新定义了中介表征和真实参考对象之间的感知和符号关系，是鲍德里亚拟像（simulacrum）四阶段之后的"第五阶段"，图像、视频等纹理性媒介，被看作人们的信息关系系统（空

---

① HARTMANN M, JANSSON A. Gentrification and the right to the geomedia city [J]. Space and culture，2022，1-10.
② 黄继刚.爱德华·索雅和空间文化理论研究的新视野[J].中南大学学报（社会科学版），2011，17（2）：24-28.
③ 王瑞，徐雷.地理媒介驱动下环境行为变化机制[J].建筑与文化，2020（8）：170-172.

间和时间）与外部世界客观对象所构成的系统，是一种相互关联的物理世界和社会关系的表征总和[1]。在整体视域下，媒介系统自组织与社会、空间环境相互塑造，以"从旧质产生新质、低层次到高层次、机械型到涌现型的动态演化为中心"，自组织化程度越来越高，产生可持续发展的动力[2]，从而推动媒介、社会与空间系统从去组织、自组织到再组织的转变，建立去中心化、自组织的平等沟通、协商和治理模式。

地理媒介从基础设施的视角，加速了空间位置的流动性，同时为不同媒介内容的传播提供了稳态的平台和网络，如同拉图尔所提出的"不变的移动物"（immutable mobile）。从行动者网络（ANT）视角出发，如何发现城市传播实践和表征中的不均衡与不和谐之处，将空间作为一种生产和再生产的过程，形成空间生产和再生产有组织的复杂性变革，兼顾多利益相关行动者，对于媒介的中介、渗透和再现进行反思，以超越单纯以经济增长和数据、技术决定的合力[3]，是未来可探索的方向；从而超越"智慧城市主义"（smart urbanism），打造人类数字网络化城市生活的未来。

---

[1] LAPENTA F. Geomedia：on location-based media, the changing status of collective image production and the emergence of social navigation systems [J]. Visual studies，2011，26（1）：14-24.

[2] 姜广举."一带一路"战略思维的系统哲学分析：从自组织涌现律视角阐释（系列四）[J].系统科学学报，2020，28（2）：54-57.转引自：喻国明，滕文强，郅慧.ChatGPT浪潮下媒介生态系统演化的再认知：基于自组织涌现范式的分析 [J].新闻与写作，2023（4）：5-14.

[3] BENGTSSON R L, BRAUNERHIELM L, GIBSON L, et al. Digital media innovations through participatory action research：Interventions for digital place-based experiences [J]. Nordicom review，2022，43（2）：134-151.

三、地理媒介与短视频城市传播的反思

（一）当地视角的忽视和重现

直播短视频呈现的城市景观，在原有物理空间的拓扑结构上叠加了"数字层"（digital layer），便利了城市传播；但是也有学者提出，这种叠床架屋式的城市中介影像，有可能忽视了当地的视角，以及地域文化和社会因素的复杂作用①。同时，短视频为自身叠加了原有空间不存在的经济和关系意义，所谓的"属性赋予"也可能扩大受众认知和社会现实间的罅隙②。

麦奎尔曾提到20世纪30年代的"大众观测项目"（Mass Observation Project），参与者自愿用日记的方式记录日常的平凡生活，从而使得研究者可以从真正的"人"的层面更好地了解社会。当下，短视频似乎已经部分取代了传统意义上的文本日记，成为这一类似记录的新型载体。因此，在数据化的社会中，如何重新发现短视频、直播等技术本应带来的共同体验、仪式重构和空间"活力"（liveness），即一种由机构、平台、用户、地方和社会环境的互动所促成的富有成效的建构③，重新发现当地视角，可以成为短视频城市传播未来探索的思考。

---

① JANSSON A. The transmedia tourist: a theory of how digitalization reinforces the de-differentiation of tourism and social life [J]. Tourist studies, 2022, 20(4): 391-408.

② 王建磊. 空间再生产：网络短视频的一种价值阐释 [J]. 现代传播（中国传媒大学学报），2019, 41(7): 118-122.

③ SCHAFER M T, VAN ES K. The datafied society: studying culture through data [M]. [S.l.]: Amsterdam University Press, 2017.

（二）情绪数据的累积和保护

在麦奎尔的叙述中，空间是城市，而时间则被定义成"即刻性的当下"。人们即时的反应、瞬时的情绪，同样在城市传播中具有重要的观测意义。情绪是个体的心理活动过程，也是一种心理动机力量，具备多维度的结构[1]。个体经历某种情绪时，会在平静放松与激动兴奋，即非激活与激活之间变化[2]。二维情绪理论认为，情绪包括效价与唤醒两个维度。其中唤醒指情绪激活的水平和程度，可显著调节人们对于高度、距离等具体因素的感知[3]，甚至影响人们的某些决策和记忆[4]。因此，探索人的情绪等感知觉作为"复杂系统星座"[5]的中心，可以预测受众认知和行为[6]。

同样，在地理媒介的视域中，提到了诺尔德（Nold）设计的可穿戴设备测量项目，目的是收集参与者在公共空间中的情绪唤醒状态，并用数据分析创建和分享受众共同的情感地图。不过，麦奎尔也认为，此类情绪数据的累积似乎也在测试可以记录和公开分享内容的极限。如何在城市传播中合理记录情绪生理唤醒数据，并且建立在个体隐私保护和知情同意的

---

[1] 孟昭兰. 当代情绪理论的发展［J］. 心理学报，1985（2）：209-215.

[2] RUSSELL J A. A circumplex model of affect［J］. Journal of personality and social psychology，1980，39（6）：1161-1178.

[3] STEFANUCCI J K，STORBECK J. Don't look down：emotional arousal elevates height perception［J］. Journal of experimental psychology：general，2009，138（1）：131-145.

[4] EASTERBROOK J A. The effect of emotion on cue utilization and the organization of behavior［J］. Psychological review，1959，66（3）：183-201.

[5] FISHER J T，HUSKEY R，KEENE J R，et al. The Life of a model：commentary on "How the LC4MP became the DHCCST"［M］//FLOYD K，WEBER R. The handbook of communication science and biology. New York：Taylor & Francis Group，2020：409-415.

[6] FALK E，SCHOLZ C. Persuasion，influence，and value：perspectives from communication and social neuroscience［J］. Annual review of psychology，2018，69：329-356.

基础之上，避免生理数据成为被监视的情感（surveillance of feelings），成为设计者需要思考的伦理问题。此外，情绪数据的累积，也会成为覆盖在短视频物质内容之上的新的信息层（novel information layer），有可能并未真正和人的真实反应、城市空间融合在一起，那么，如何避免重新回到技术和数据的牢笼之中，也是当下短视频城市传播领域研究者需要思索的问题。

（三）有界空间的意涵和拟形

此外，也有学者提出，城市视角下的地理媒介同样是一种有界空间（bounded space），带有一种中产的权力意涵[1]。短视频有可能在虚拟空间定义并塑造了一个中产社区（gentrifying neighborhood），并消除了现实社会中的复杂性[2]。在麦奎尔看来，地理媒介的浪漫主义本质，在于一种基于媒介中介的人与人之间的"偶然相遇"（serendipitous encounters）。然而，在数据、平台、算法发展的当下，社会规范、数字技能和社会资本在城市空间中被合法化或者边缘化[3]，从而导致审美的平台化、模式化，地方对于技术的依赖性等，也使得数字鸿沟进一步扩大，那些无法联网或者被算法制约主体性的群体，例如疫情期间无法提供位置二维码乘车的老人，"困"在平台算法里的网约司机、外卖员等，成为地理媒介之外或者置身其中的弱势群体。不过，短视频社会普及的广泛性，也的确使得来自民众生产的、朝气蓬勃的内容得以发声和呈现。对此，后人类学者海勒（Hayles）提出

---

[1] FAST K. Who has the right to the coworking space? Reframing platformed workspaces as elite territory in the geomedia city [J]. Space and culture, 2023, 26（3）：1-15.

[2] JANSSON A. The mutual shaping of geomedia and gentrification: the case of alternative tourism apps [J]. Communication and the public, 2019, 4（2）：166-181.

[3] HARTMANN M, JANSSON A. Gentrification and the right to the geomedia city [J]. Space and culture, 2022：1-10.

的"拟形"（skeuomorph）的设计特征，即强调人在环境之中，协调好自我与组织关系的动态平衡①，可能是未来一种更好的地理媒介设计实现方式。

四、总结与余论

正如拉图尔所言："我们青睐所有的（技术），可以将铭写的痕迹从一个空间传输到另一个空间，使其加快流动性或者使其保持原状。"②城市的面貌由城市的物理背景和文化背景构成③，根据基特勒的描述，城市"不仅仅是一种内容，更是一种媒介，是由传播构筑的网络化的中介关系"④。地理媒介的视角打破了技术逻辑和空间逻辑的二元对立。技术的发展构筑了人与外部世界的连接，让我们看到"椰壳碗外的人生"。如雅卡尔（Jacpuard）所说，"这些信息仿佛一道道闪电，轮番地并且偶然地照亮了一块巨大拼图的小小的局部，社会的真正变迁往往是循序渐进的，各种缓慢的小变化最终导致了社会的重大变革"⑤。因此，在技术逻辑之外，城市传播的观照领域还应扩展到其他的层面，如城市文化、历史脉络、城市模式等，如城市传播在影响个体认知、意愿之外，是否也会影响城市新移民的地区与文化选择、融入和同化，以及地理公共领域的建构。

---

① 海勒.我们何以成为后人类［M］.刘宇清，译.北京：北京大学出版社，2017：26.
② LATOUR B. Drawing things together［M］//LYNCH M, WOOLGAR S. Representation in scientific practice. Cambridge：MIT Press，1990：19-68.
③ 郑也夫.城市社会学［M］.3版.北京：中信出版社，2018：142.
④ 复旦大学信息与传播研究中心课题组，孙玮.城市传播：重建传播与人的关系［J］.新闻与传播研究，2015，22（7）：5-15，126.
⑤ 雅卡尔.科学的灾难？——一个遗传学家的困惑［M］.阎雪梅，译.桂林：广西师范大学出版社，2004：5.

本节小结

空间是人类发展基本的物质向度之一。传播学界正在重新发现媒介空间化的意义,实践媒介空间化的转型,而"地理社交媒介"为媒介空间生产的研究提供了创新视角,可以从地理媒介的关系性、复杂性、丰富性、流动性、实践性这几个维度来阐释。直播短视频,正是当下正在实践中活跃的地理社交媒介之一,作为物质和符号的载体为城市传播提供新的"取景框"。智能媒体时代短视频的"引力模型"优势明显,技术逻辑和即时性传播影响人对时空的认知,具身沉浸式观感进一步塑造未来城市传播的独特"脚本"。在人类社会时空距离加剧浓缩、不断加速的今天,城市既是需要被传播的客体,也是跨地域、跨文化传播的主体。正如麦奎尔所言,城市本身就是一个传播系统[1]。未来,借助地理媒介的纹理、具身、互构、在场的传播与沉浸的场景化载体,研究者将探索媒介如何更好地在区隔、叠加、交织和流动的空间框架中打造出更具特色的城市"脚本",构建人与地方和谐共生、富有生命力的城市空间,从而提出短视频媒介创新设计(media innovation design),为平台经济注入活力,以及探索新型智慧城市和数字基础设施的未来可持续发展的思考。

---

[1] MCQUIRE S. The city without qualities: inventing urban computing [J]. New media & society, 2022, 24 (11): 2396-2418.

第四节　技术的可见性：直播短视频内容生产和流动的主体性

一、交叉性视角与数字劳动：直播短视频平台中的乡村女性研究

本节以数字劳工与交叉视角为理论坐标系，探讨乡村地区女性主播群体的数字实践与主体性建构。通过分析其特殊的群体形象与短视频创作特征，探讨其内容生产对社会性别意识的影响，勾连流媒体直播短视频平台的数字劳工视角与性别分析视角，弥合目前学界对于乡村地区女性创作群体的研究缝隙。当前，直播短视频内容的广泛网民基础、丰富的感官通道与多模态的虚拟展演，为来自城乡的创作者提供了自我呈现的平台。不过，当前关于直播短视频的内容生产研究大多聚焦于城市或者平台的头部网红，而乡村地区主播群体作为内容生产的主体，在精神和文化层面不断边缘化。

目前，国内对于直播短视频平台与乡村社会的研究逐渐增多，但是对于特定群体如乡村女性群体关注依然较少，基于数字劳工与社会性别意识的研究尚待加强。由此，提出本节的研究问题，在本体层面，乡村地区女性主播群体呈现出何种特质；在平台生产层面，乡村地区女性主播的直播短视频内容生产呈现出何种特征；在理论折射层面，乡村地区女性主播群

体在数字劳动和交叉性的社会角色方面呈现何种特质。由此，在动机与去动机、劳动与非劳动、自由与必然之间，探讨乡村地区女性主播群体的内容生产、赋权机制、社会角色与主体意识。

（一）消费与劳动：从数字参与向数字劳动的转变

20世纪70年代，达拉斯·斯麦兹的"受众商品论"开启了政治经济学视角下的受众研究。数字经济时代，传播技术的进步增强了受众的媒介依存，受众线上线下空间由于媒介实践紧密交织，"数字劳工"（digital labor）的概念兴起。数字劳工并非一种明确的职业，而是指代数字化生存境况下，媒介技术与平台"使用以及应用集体劳动力"的一种复杂关系[1]，劳动者与劳动关系被其服务的媒介产业所定义。受众既是媒介产品的消费者也是生产者，"产销者"（prosumer）的身份让他们更加紧密地被连接到平台规则与算法链条之中，从消费到劳动、从数字参与向数字劳动转变。

马克思主义非物质劳动的思想启发了受众商品论，也引发了对于"一般智力"作为生产力参与非物质劳动的探讨。非物质劳动，指的是生产的产品同主体的生产行为无法分离的劳动。虚拟空间的主播展演与直播短视频内容生产，在一定程度上符合非物质劳动的划分。同时，非物质劳动还可以分为商业性与非商业性两种，其区分标准主要在于平台资本对于劳动的介入，以及平台和主播之间劳动关系的界定。如果主播是"从事科学和艺术生产的工匠或行家，和资本无关"，那么这种劳动则是非商业性的劳动；如果主播或者播主的生产过程被平台所弥散性地吸纳，主播自身提供劳动者的身体、关系与情感，并共享劳动的资料，即一般智力；同时提供劳动的材料，即直播或者短视频内容产品，那么在一定程度上就形成了

---

[1] FUCHS C. Digital labour and Karl Marx [M]. New York: Routledge, 2014: 4.

"生产剩余价值"[①]的商业性非物质劳动过程，即主播成为"数字劳工"。

就经济逻辑而言，传统媒介时代的"二次售卖"理论似乎依然适用。一方面，媒介平台先将内容产品出售给消费者；另一方面，将消费者的注意力出售给广告主。在社交流媒体时代，这种注意力经济依然存在。以短视频内容产品来说，根据其内容质量，主播可以获得平台收入，如点击分成、创作激励等，以及受众的部分打赏；同时，受众的注意投入也为主播获得赞誉度、影响力、粉丝量、点评赞等，主播以此可以获得商业收入，如广告、品牌合作，还可以通过衍生品形式获得盈利，比如直播电商、出版物、知识付费等。在此基础之上，"具有超强中枢节点的平台生态系统，实现了对劳动本身和社会公共性的双重吸纳"[②]，主播等劳动者也有可能重新成为"局部的工人"，即旧的"零工"，如何重现劳动的价值和生产的意义成为平台化、算法化的智能进程中需要关注的议题。

（二）乡村女性主体交叉性：被数字边缘化的群体与角色

当前的数字劳工研究，主要分为两个研究方向，其一以数字经济的产业从业者为研究对象，例如"亚马逊的仓库"；其二是以"产销合一"的数字劳动者作为研究对象[③]。本节主要着眼于数字劳工研究的第二个方向，关注以快手为代表的短视频中的乡村女性用户群体。在网络用户的研究中，多数研究从网络用户的劳工化着手，为互联网用户的内容生产提供了批判检视的视角。例如有研究提出，乡村女性群体常被视为社会的"边缘群

---

① 马克思恩格斯全集：第26卷［M］.北京：人民出版社，1972：442-443.转引自：孙乐强.马克思"机器论片断"语境中的"一般智力"问题［J］.华东师范大学学报（哲学社会科学版），2018，50（4）：10-18，172.
② 吴静.平台资本主义的劳动协作与剩余价值形成的政治经济学解读［J］.马克思主义与现实，2022（5）：169-176.
③ 夏冰青.数字劳工的概念、学派与主体性问题：西方数字劳工理论发展述评［J］.新闻记者，2020（8）：87-96.

体"，可以通过另类媒体和数字工地的开拓来扭转社会对于该群体的刻板印象[1]。不过，这一视角在乡村女性的短视频生产和形象建构研究中是否契合还需要进一步的探索。

"交叉性"（intersectionality）视角关注女性群体内部差异，从不同身份的视角出发，探索如何在宏观社会过程，以及微观个体和群体层面交织的体系中探讨差异的形成以及社会性的影响[2]。在方法论层面，研究者概括了交叉性的使用，认为交叉性理论在方法上经过了从"范畴内"到"范畴间"分析、从过程分析到系统分析的变迁[3]，不仅考虑到交叉权力视角下个体身份的建构过程，还对于社会技术双系统变革背后的多元结构性力量进行探讨，体现宏观制度与微观个体之间的抵抗与收编。

交叉性理论视角可以用于审视我国女性群体内部的社会分化，分析不同地区女性差异化的日常经验、情感和物质需求。在这一视角下，乡村地区女性群体成为天然的分析对象。同时，短视频媒介的可供性，也为乡村女性群体提供了自我形象展演与内容生产的平台。研究者发现，短视频中乡村女性可见性生产，是她们与数字平台之间动态协商和资源争夺的结果，这种生产一方面是自我能动性的展演，另一方面则是平台规训、城乡二元结构和消费文化下的产物[4]。同时，短视频平台也隐含了空间生产与消费价值悖论[5]，作为中介宏观社会制度与微观个人身份之间的媒介景观，也为交

---

[1] 吴鼎铭. 网络"受众"的劳工化：传播政治经济学视角下网络"受众"的产业地位研究[J]. 国际新闻界，2017，39（6）：124-137.
[2] COLLINS P H. Black feminist thought：knowledge，consciousness，and the politics of empowerment[M]. 2nd ed. New York：Routledge，2000：18.
[3] 苏熠慧. "交叉性"流派的观点、方法及其对中国性别社会学的启发[J]. 社会学研究，2016，31（4）：218-241，246.
[4] 陆新蕾，单培培. 可见与不可见：短视频平台中农村女性的身体叙事研究[J]. 新闻与写作，2022（11）：42-50.
[5] 何志武，董红兵. 可见性视角下移动短视频的空间生产、消费与价值悖论[J]. 新闻记者，2019（10）：12-19.

叉性视角分析提供了平台。不过，当下短视频与女性形象展演的研究，多集中在媒介化与可见性、可供性的视角，而短视频呈现对于社会性别意识与性别文化的影响，以及数字劳动与非劳动、自身动机与去动机之间的关系，还需进一步探讨。

二、研究方法和研究对象

本节采用个案研究法与交叉视角下的系统分析方法（systematic model）。通过选取快手短视频平台上乡村地区女性主播所发布的直播短视频内容材料，进行观察和分析，提炼出乡村地区女性主播的直播短视频内容生产的特点表现与行为规律。

研究对象是快手平台上的国内乡村地区女性主播。选取标准是视频内容显示其长期生活在乡村地区；同时，因为快手用户多集中于国内的二、三线以及更为下沉的城镇乡村，所选取的样本具有代表性。在研究的过程中，借助快手的算法推荐机制，通过热门推荐接触到各类乡村女性的短视频，以及通过"乡村幸福带头人"等相关排行，研究在2021年6月到8月选择并观察了20位乡村女性主播的短视频和直播，分为五类呈现主题，并选取其中具有代表性的14位乡村女性主播进行分析，如表1-5所示。

表1-5　研究对象的基本情况

呈现主题	昵称	快手号	粉丝数[①]	所在地
美食	农村会姐	287915601	1406.6W	河南濮阳市
	乐小米	S152886851	35.2W	陕西安康市
	李子柒	1038345419	959.5W	四川绵阳市

① 注：粉丝数的数据截止到2023年8月。

续表

呈现主题	昵称	快手号	粉丝数	所在地
美食	农村孙老太	Sunguangying888888	378.4W	辽宁沈阳市
	大晶姐的弟弟	6700470	30.4W	辽宁
婆媳关系	农村婆媳燕姐	Jn413838	76.6W	山东潍坊市
	幸福婆媳12护肤品14包①	Lei6444498756	72.2W	山东泰安市
	八零田野一家人	1581168794	12.4W	辽宁沈阳市
个人才艺	云南山歌糖豆豆	Mo1634560959	48.8W	四川成都市
	二妹吖	Thenan666	479.9W	河北邯郸市
日常生活	刘妈的日常生活	Lm520666	1338W	内蒙古通辽市
	80小影子	Kying8911	170.4W	辽宁大连市
民族文化	贵州苗家姑娘	W55882357	39.9W	贵州黔东南苗族侗族自治州
	侗家七仙女	langmannvshen	116.5W	贵州黔东南苗族侗族自治州

三、"差异化的面向"：乡村地区直播短视频女性主播的形象构建

通过梳理快手平台的女性主播发现，美食、婆媳关系、个人才艺、日常生活和民族文化是其生产的主要内容。戈夫曼的拟剧理论认为，个人形象存在前台与后台的展演，前台形象是自我有意识所构建的，呈现"多维的身份"和"构造的生活"。在快手短视频平台上，乡村地区女性主播通过拍摄和呈现短视频的方式，构建自己独特的形象和生活体验，可以概括为淳朴善良的乡村女性、多才多艺的活跃女性以及夸张搞笑的诙谐女性等几种类型。

---

① 注：原"农村幸福婆媳"账号。

（一）淳朴善良的乡村女性

淳朴善良的乡村女性在直播短视频中一般拍摄自己的乡村生活和劳作过程，如生火做饭、田间劳动、家长里短、融洽的婆媳关系等内容。例如主播"80小影子"居住在辽宁大连市，视频内容主要记录了一些鲜见的乡村生活，其置顶视频是"小鸡炖蘑菇"和"栽土豆"；"小鸡炖蘑菇"拍摄了从杀鸡到做饭的全过程，"栽土豆"展现了土豆栽种的全过程。视频场景通常是自家的院子和室内，也有一些田间地头的场景，如"抓稻田蟹""瓦片烤鱼"。这种淳朴的田间生活、原始粗糙的食物制作方式与现代都市风格和精细加工形成了鲜明对比。同样地，"李子柒"的视频也记录食物从栽种到加工的过程，这些视频大多经过后期美化加工，呈现田间美学；而"80小影子"则是在力图展现真实的乡村生活，在视频中同一套服装也反复穿着，体现了淳朴的形象特征。

乡村女性主播呈现的生活内容，很大一部分还来自家庭传播领域中的关系问题，如家长里短、婆媳关系等。例如主播"农村幸福婆媳"位于山东泰安市，有463个作品，主要记录乡村家庭生活，直播视频中的家庭成员包括婆婆、公公、老公和孩子，呈现如"婆婆在家给我染头发意想不到得好看""和婆婆一起逛超市从来不让我付钱""儿媳妇在车上睡着了婆婆这样做太暖了"等视频内容。与其他反映家庭矛盾的视频内容不同，这些视频主旨都体现了融洽的家庭关系，展现了淳朴善良的乡村女性特质。主播"八零田野一家人"位于辽宁沈阳市，主要内容是带领受众回忆20世纪80年代的东北乡村生活，视频服饰和场景搭建均是模仿怀旧风格，记录了婆媳关系、夫妻关系、随礼、拜年等民间习俗。

（二）多才多艺的活跃女性

多才多艺的活跃女性通常是通过展现自己的个人才艺进行形象建构。

例如主播"二妹吖"展示了1118个作品,392场直播,作品全部是个人的歌唱表演,歌曲内容多是乡村爱情生活,如"来生俺就嫁给你""泪蛋蛋"等作品,场景是田间地头和湖边等自然风光。还有部分女性主播通过打造怀旧风妆造、制作饮食等,带受众回归淳朴的饱含年代性的美食与文化。例如主播"大晶姐的弟弟"通过反串表演,以及整体服装造型、作品配乐和主播场景装饰,展现了具有怀旧意味的乡村生活;也有很多女性主播运用自己的专长加入电商直播,成为"巾帼新农人"。

(三)夸张搞笑的诙谐女性

夸张搞笑的诙谐女性以恶搞和戏谑的风格进行破圈传播,如一些直播视频中展现"土味形象"、夸张的表情和言语等,也引来了众多的模仿。这些主播在构建自身类型时,特意避开了主流文化,呈现出亚文化的特征。展演形象诉诸滑稽与怪异的戏剧渲染,在乡野舞台上进行才艺表演,其中也隐含着对自我文化的认同。许多短视频平台流行着妆前妆后的对比,展现出令人惊艳的美妆技术;而在很多其他乡村地区女性主播身上则是并未经过美化的形象,没有精心设计的服装和道具、真实展现生活的样貌与趣味,呈现与城市精致生活和流行文化不同的"乡土文化"和审美观。

四、"构造的生活":乡村地区直播短视频女性主播的内容生产特征

(一)场景:再现乡村地区女性日常生活状态

乡村女性主播的内容生产大多以乡村美食、日常生活为主题,展现乡村女性在山间田野劳作、一日三餐的生活。热度很高的"李子柒"视频,虽然呈现的是简单的乡村生活,但背后投入了大量专业制作团队的时间和

人力成本。以《芋头的一生》为例，整个视频围绕芋头的生长和做法展开，视频制作周期长达几个月，以种植为主线但放入大量的空镜，如星空、露水等，将女性务农耕作营造得极具浪漫主义色彩。这也在一定程度上解构了传统叙事中对乡村女性土气无趣的刻板印象，展现出当地乡村女性的淳朴自然之美。

不过，在大多数女性主播的展演中，展现乡村风貌的直播短视频并非"李子柒"这类田园牧歌式的生活，更多的是乡村生活的真实呈现。以"80小影子"和"农村孙老太"为代表的乡村女性主播更多的是用一种直观、简单的拍摄方式，呈现最为朴素的乡村女性生活常态。这些短视频的符号呈现方式具有很高的相似性，视频背景往往都是乡村的土路、自家房子的水泥墙或者院子瓦房前，主播用一个支架将手机进行固定，然后取中近景进行拍摄。民族地区的乡村女性直播短视频生产也会展示当地的民俗风情，如服饰、歌谣、食物等。

（二）人物：投射乡村女性的多元标签

在选取的研究样本中，乡村地区女性主播的年龄、职业、地域较为丰富，从东北土炕到西南田园，其中大量内容是对乡村女性个人才艺的展示和表演。过去对于乡村女性的印象往往停留在单调的劳作，很少将其与搞笑幽默和艺术才能联系在一起，似乎多样丰富的休闲生活只能是城市女性的特权。随着直播短视频内容的传播，这一刻板印象逐渐被打破，乡村女性身上的标签变得更为多元。例如以"云南山歌糖豆豆"为代表的乡村女歌手在田间清唱民谣山歌；"农村会姐"的家庭成员展现幽默和谐的家庭关系氛围。总之，多元标签展示了现实社会中乡村女性的多重劳动身份，通过符号与情感叙事进行角色展示或故事演绎。这些女性主播借助短视频打开了自我表达的窗口，专业技能或者轻松搞笑的表演风格，让她们快速赢得了受众的关注和喜爱。

（三）叙事：空间地域性强、引发怀旧共鸣

对于乡村女性主播而言，其拍摄地点大多是自己生活或者较为熟悉的地方。一般来说，基于老乡的情感纽带，许多女性主播在自己的个人简介页面中都加入了所在城市地区。例如网红"刘妈"在内蒙古通辽市，很多视频都是关于蒙古舞的，视频中从饮食习惯到语言风格都展现了强烈的当地特色。另外，为了吸引同区域的粉丝，许多乡村女性主播会采用"家人们""老铁们"等亲切的称呼方式，以及将本地方言或者少数民族语言加上普通话字幕的形式，拉近与当地观众之间的距离，展现一种乡土价值与"附近"关系的建立。

这些乡村女性直播短视频也常常会通过怀旧的形式，引发受众情感的共鸣。如在视频文本中加入大量怀旧的陈述，"教你做小时候吃过的""过年吃点啥"等，唤醒主要受众群体在童年和青年时期的乡土"集体记忆"。这种日出而作、日落而息的生活方式和现代城市的快节奏形成了鲜明的对比，更容易引发受众回归田园的情感共鸣。

五、乡村女性直播短视频创作的数字劳动与可见性

从交叉性和数字劳工的视角，根据上述对女性形象特征和内容生产特征的分析，研究认为，这些乡村女性主播的短视频内容获得平台的推广和受众的关注，是乡村地区女性嵌入与脱嵌社会结构和智能技术的过程，也经过了从主体反抗、自我想象到社会认同的过程，对其社会性别与主体意识的发展也产生了一定的影响。

（一）话语权的复归，重塑女性媒介形象

从交叉性视角来看，直播短视频平台为乡村女性群体提供了表达自己

的平台，不同于其他短视频平台的消费文化，样本中的大多乡村女性主播暂时并未被消费文化裹挟，而是借助平台展现独一无二的自我。这一展演打破了大众媒体构建的刻板女性形象，将话语权复归至个体。以往大众媒介所呈现的乡村女性，"通常聚焦于都市外乡人，如打工妹、家政工等，或者是乡村传统女性，如陪读妈妈、农村婆婆、留守妇女等"[1]；直播短视频平台乡村女性的发声和自我展演，刻画了"新乡村"的风貌，重构了乡村地区"新女性"的形象。

此外，这种展演也是对当下现代性消费文化的一种抵抗。商业媒介对于女性形象的刻画集中在年轻貌美的女性，对于女性审美标准也存在刻板化甚至病态化的问题。这些审美将女性物化，假设女性是"被观看"的客体，否认了女性作为独立主体的形象。由于流量的红利，女性媒介形象不仅没有更加饱满，反而充满了后现代主义的迷思。在此层面上，乡村女性主播的出现，有助于打破这一刻板印象，在新媒介上展现了新女性和另类女性的自我身份认同，并且也获得了其他群体的认可。

（二）乡村空间的复归，打破城乡二元叙事

空间的使用和占有背后隐藏着交织在一起的各种权力关系，空间的分布也为人们的社会互动提供了可能，成为交叉性分析的新媒介[2]。乡村女性主播的空间场景构建，一般都是自家房屋、院落、田间地头等自然风光，这与城市面貌和摄影棚的场景形成鲜明对比。这种空间性的复归，刻画了新的乡村媒介景观，发扬了新乡村文化，使得乡村文化不再只是停留在人们头脑中简单的"乡村爱情"，而是更加细致具体的乡情和乡风。以乡村文

---

[1] 王琴，刘雨. 短视频传播的乡村新女性图景 [J]. 中华女子学院学报，2021，33（3）：66-72.

[2] GRZANKA P R. Intersectionality: a foundations and frontiers reader [M]. Colorado: Westview Press, 2014: 99-101.

化为主的短视频,"重新界定了城市与乡村的关系与连接方式,乡村空间的复归打破了城市话语的权力格局,两种权力在博弈和角力中给予了文化发展的活力"[1]。

随着乡土结构与乡村生活在短视频媒介空间中的呈现,"乡村"成为一种新的媒介景观,引起受众的"点赞""打卡"等互动参与行为。不过,这种空间的展演和媒介的朝觐[2],与其说是乡村空间和乡村文化的流行,不如说是在城市想象中的乡村文化的复现。这种乡村样貌的呈现类似列斐伏尔所说的构想空间,即通过符号与权力编纂出的概念化空间。[3]从直播短视频展演中的个体来看,空间承载了个体的社会关系,空间的铺陈也是个体能力、阶层、品位的体现,短视频中的乡村空间体现了乡村地区的家庭关系、性别关系,以及"礼俗文化"等,体现出乡村与城市两种文化之间的差异、交织与相互渗透。

(三)多元主体的认知差异,性别意识的矛盾呈现

在直播短视频的内容呈现中,女性主体呈现出对性别和社会的多元认知,体现出了矛盾的性别意识,构造出"消极性主体"与"生成性主体"并存[4]的二元框架。其中,消极性主体假设了束缚在社会结构中消极被动的主体,而生成性主体则认为主体在社会结构中依然具有创造性、想象力与自治性来实现积极能动的社会行为,体现在认知和资源不同摆置下的"混

---

[1] 刘娜.重塑与角力:网络短视频中的乡村文化研究——以快手APP为例[J].湖北大学学报(哲学社会科学版),2018,45(6):161-168.

[2] 崔瑶.媒介朝觐:对媒介地域景观的想象和向往[J].青年记者,2019(20):13-14.

[3] 潘可礼.亨利·列斐伏尔的社会空间理论[J].南京师大学报(社会科学版),2015(1):13-20.

[4] MCNAY L. Agency, anticipation and indeterminacy in feminist theory[J]. Feminist theory,2003(2):139-148.

合主体"[1]概念。

具体表现在，乡村女性群体在阶层、性别和经济地位的结构性问题中，部分女性消极、被动地服从于商业逻辑与阶层和地位，强化了性别差异，导致女性话语权力的失衡。例如，许多关于家庭关系的短视频中所塑造的儿媳妇的形象，是符合男性视域下的"贤妻良母"，会做菜、收拾家务，孝顺婆婆，照顾儿女，把家里打理得井井有条，这将女性的朴素和能干当成理所当然的品质；大多数乡村女性主播所呈现出的形象并非容颜姣好，而是皮肤粗糙黝黑，脸晒得通红，干起活来十分利索，这已然成为乡村女性的固有标签。虽然许多关于家长里短、婆媳关系的视频都是在讲述其和睦的一面，但背后所隐含的男女分工不同导致的性别差异依然被进一步强化，乡村女性的话语权依旧失衡，不利于其社会性别意识的树立。

不过，在平台多元文化和多维角色的呈现中，积极主体的女性形象与积极性别意识形态的传播，也有助于更多乡村女性主播建构起能动的形象。在短视频中，许多女性主播开始反思特殊地域的"彩礼文化"，打破性别二元对立的迷思，强调女性的独立劳动和经济地位。例如"璇妈努力生活"通过在短视频中强调自己的经济独立和精神独立，呼吁更多女性群体做新时代女性，也展现了乡村地区的女性群体并非"铁板一块"，很多个体也在试图撕掉旧观念下乡村女性的标签。

（四）看与被看，乡村女性主播数字劳动的可见性与公共性

在直播短视频的智能算法下，注意规模所产生的"可见性"形成了可见社群或注意社群，成为圈层传播中的舆论基础。[2]在社交媒体所给予的性

---

[1] 苏熠慧.从"一元主体"到"多元主体"："90后"打工女性主体的类型学分析[J].妇女研究论丛，2021（6）：44-57.

[2] 周葆华.算法、可见性与注意力分配：智能时代舆论基础逻辑的历史转换[J].西南民族大学学报（人文社会科学版），2022，43（1）：143-152.

别可见性方面，女性群体既可以呈现"反叛的身体"，也逐渐形成虚拟场域的"姐妹情谊"。[1]这种从个体经验出发的可见性，逐渐在公共领域对话中呈现出公共性的特征，同时，性别与边缘群体的可见性也折射出乡村女性群体嵌入智能技术与社会结构中的数字化生存与适应的问题，也即，作为乡村女性的个体或者群体，如何打破数字鸿沟，如通过平台上的自我表露、展演来获得流量分配，如何进行算法对抗，找到自己的独特生存之路。

不过，由于用户的注意力资源有限，直播短视频平台中的内容创作者被迫卷入了激烈的市场竞争之中，以注意力和流量作为评价指标，女性更容易成为媒介环境中被凝视的对象；媒介内容生产的原始娱乐性动机可能转变为被平台流量驯化的赢利动机，具身的呈现成为被平台驯化的身体，女性从数字参与者转向数字劳动者。例如，一些主播为追求流量，在短视频和直播中使用过分夸张语言甚至低俗语言，将审美变成审丑。这样的外在呈现，表面上看是自我的"表演"，实际上是剩余价值的不断让渡，使其成为资本所偏好的流量和数据。这本身也是对于独立女性、自我意识的摒弃。

因此，在数字劳工的视角下，虚拟空间的数字痕迹转化为数据资产，创造性的数字内容转化为内容资产；因为兴趣，在休闲时间"玩手机"的用户，变成无意识的数字"玩工"（playbour）[2]，兴趣、注意与情感的投入变成"情感与注意力资源"，成为商品化环节中的无偿劳动。同时，数字劳动的过程也逐步规则化和游戏化，通过直播获得打赏、金币、火箭等行为，使得主播疲于"赶工游戏"，获得虚假的满足感，逐渐将女性主播有意识的娱乐动机内化为无意识的打开短视频、模仿他人等"去动机"

---

[1] 曾丽红，叶丹盈，李萍. 社会化媒介赋权语境下女性"能动"的"可见性"：兼对B站美妆视频社区的"可供性"考察［J］. 新闻记者，2021（9）：86-96.

[2] KUCKLICH J. Precarious playbour：modders and the digital games industry［J］. The fibreculture journal，2005（5）.

（amotivation）的行为，将自由的意志转变为无形资本和"监视资本主义"下的必然行为。劳动者将私人领域家庭生活的展演，转化为公共领域他人的消费对象，休闲的时间成为劳动时间，成为平台资本的增值时间，将日常的社交生活、普通人的喜怒哀乐转化为"社交图谱"和"情绪密码"，而对于主体性本身形成挑战，新的女性角色似乎难以逃避旧"零工"的窠臼。

不过，地域再现和性别再现，同样是直播短视频新媒介呈现"可见性"的新样态。短视频记录了女性的"声音"，也记录了她们生活和劳作的"影像"，从这一层面上讲，的确是女性自身能动性（agency）的体现。若简单将乡村女性主播在短视频上的身体呈现与展演行为都归结为劳动异化与数字剥削，同样忽视了主体的能动性和资本的二重性。有研究发现，短视频的数字劳动本身存在劳工分层现象[1]，交叉性的视角可以帮助我们重新审视劳动关系的形成与发展。短视频直播这一新兴媒介技术，从客观上讲仍然是为社会大众提供媒介生产和媒介消费行为的中介物，在一定程度上为去流水线工业化的"温暖定制"提供了人性化趋势的缝隙。不仅如此，我们还需要区分数字媒介与数字媒介的资本主义；乡村地区女性主播群体的广泛性和多元性，仍待未来研究具体考察。此外，在生成式人工智能发展的今天，技术不仅被看作"人的延伸"和对象化的器官客体，还更多地被赋予主体的地位，"人机协同"成为新的考察视角，智能技术作为重要赋权主体的社会作用突显，一般智力、技术与劳动者的关系，也成为研究数字劳动的一个重要视角。

本节小结

本节以交叉分析的视角，关注流媒体时代乡村地区女性短视频主播的

---

[1] 倪小帆，刘勇."劳工分层"：快手平台乡村主播的数字劳动研究[J]. 传媒观察，2023（11）：32-38.

数字劳动和情感劳动，以期为新时代乡村新女性的数字化生存和社会性别意识的变迁提供启发。从数字劳工与媒介可见性之间的张力，落脚于社会性别与主体意识的建构，提出"新女性"与"旧零工"之间的对话。乡村地区女性群体的短视频数字实践，既通过数字介质实现了可见性，也存在被算法逻辑驯化重返免费劳工角色的困境，以流动的主体性表征深植于平台经济下。同时，通过剖析宏大社会结构、中观家庭景观与微观媒介探索乡村女性群体在标签反抗、自我想象和找寻身份认同的过程中，构造自己的多维生活样态、差异化的面向和性别意识。因此，研究认为，需要尊重一般智力与主体劳动的重新结合，认可乡村女性主播群体数字化生存的付出与实践，以及她们情绪、创意与灵感的价值，即从旧的"零工"（zero work）到新的"灵工"（free work），自主工作、灵活工作、创意工作，重归劳动的本真性与鲜活性，获得真正自由的身心发展。

第二章
网络视频直播影响力的产业逻辑

本章导读

　　从产业逻辑来看，直播进一步重塑了商业与社会中的实践规范，助力直播电商行业消费新形态日趋成熟，直播带货成为流量入口变现的重要工具，以及连接上下游产业链"人、货、场"的中介。直播以符号化互动，借助直播的在场感、沉浸感与便利性的基因，打通公域、私域和心域流量，促进消费变现和平台社群关系，助力主流媒体深度融合，打造内容健康生态。

第一节 "场域"与"基因":直播技术助力电商行业的SCP分析

在SCP(structure-conduct-performance,结构—行为—绩效)产业组织分析范式中,市场结构、企业行为、市场绩效三者之间并不完全是传统的单向关系,而是市场结构和企业行为共同作用于市场绩效的"双向关系"[①]。市场结构决定企业在市场中的行为,而市场行为又决定了企业运行的市场绩效,同时,结构、行为、绩效之间还存在着反向互动的关系。在既有研究中,很多学者采用SCP范式对于我国新媒体产业、电影产业、短视频产业等进行了研究。本节将用双向的SCP范式研究我国直播视频产业的外部环境、行业结构、平台行为、经营表现和生态健康。

一、后疫情时代的数字经济:电商直播行业发展背景

(一)宏观经济环境持续稳定恢复,新动能持续成长

总体来看,以数字经济为代表的新动能在对冲不确定性时,比以传统

---

① 张耀辉,卜国琴,卢云峰. 市场交易制度与市场绩效关系的实验经济学研究:对SCP分析范式的修正 [J]. 中国工业经济,2005(12):34-40.

产业为代表的旧动能展现出更大的发展潜力[①]。后疫情时代为新一轮科技和产业变革的浪潮按下了快进键，在数字"新基建"的政策指导与5G商用的技术支持之下，电商直播作为数字经济的重要组成部分，已经成为新零售产业发展的共识方向。在后疫情时代，数字技术和电商直播等新行业将为宏观国民经济系统注入更强的"韧性"。国家统计局指出，2022年面对复杂严峻的国际环境和国内疫情散发等多重考验，国家科学统筹疫情防控和经济社会发展，坚持稳字当头、稳中求进，国民经济持续稳定恢复，新动能继续成长，互联网市场整体信心趋于正向。

后疫情时代，人们对互联网的依赖猛增，从线上办公、线上教育、线上娱乐到网络电商产业都迎来了繁荣发展。数据显示，在移动互联网覆盖整体趋于饱和的趋势下，用户规模依然保持小幅增长，截至2021年12月，全网用户再次创11.74亿新高[②]，较2020年12月增长2175万，互联网普及率达71.6%。中国已形成了全球规模最大、应用渗透最强的数字社会，互联网应用和服务的广泛渗透构建起数字社会的新形态。

一方面，从网络用户接触时间来看，短视频使用时长已超越即时通信，截至2023年6月，我国短视频用户规模达到10.26亿人，用户使用率高达95.2%，成为占据人们网络时间最长的行业。另一方面，从线上消费来看，据国家统计局2022年1—2月数据显示，我国社会消费品零售总额74426亿元，同比增长6.7%，比2021年12月加快5个百分点。服务业持续恢复，文化体育娱乐等行业商务活动指数均升至57.0%以上较高景气区间。同期，网上零售额19558亿元，同比增长10.2%。其中，实物商品网上零售

---

① 陈维宣，吴绪亮. 疫情将如何重塑数字经济新范式［N］. 金融时报（中文版），2020-04-10.
② Mr. QM. QuestMobile2021中国移动互联网年度大报告：社交、购物、视频及金融四大行业用户超10亿，短视频总时长占比增至26%［EB/OL］.（2022-02-22）［2022-08-23］. https://36kr.com/p/1625677694121473.

额16371亿元，增长12.3%，占社会消费品零售总额的比重为22.0%。[①]

（二）直播电商的消费新形态趋于成熟

在直播带货潮的影响下，互联网广告与营销的边界得到进一步的融合与拓展，昔日电商的价格战已变为以构建消费场景为主要营销手段的能力比拼。直播行业在游戏和秀场内容逐渐遇到天花板后，发挥自己隐藏的互联网"工具"功能，与电商相结合，挖掘出全新变现途径和发展方向；而电商行业在遇到直播这种能立体展现商品属性、堪比线下促销环境的商业场景，则一改以往销售略显疲软的状态，重新焕发活力。根据中关村互联网营销实验室的数据，电商与视频平台成为2021年"唯二"的两个广告收入超千亿的媒体平台类型[②]。

疫情的影响助推了"宅经济"效应，电商直播成为连接"暂停营业"的实体店面商家与"足不出户"的消费者的桥梁。疫情使得消费者的行为转变为虚拟空间的线上行为，增强了消费者对新业态、新模式、新应用的沉浸体验。电商直播行业利用新模式、新应用进行市场推广的"成本高墙"被打破，用户渗透率得到系统性提高，其对网站及应用的偏好和黏性得到增强。

消费者行为的规模化线上转移促进了消费领域的新形态，以及商业模式新变革，加速推动了数字消费和电商直播的蓬勃兴起。不过，数字消费新形态与传统消费形态之间并非完全的替代关系，需要通过进一步挖掘消费者的潜在需求，进一步扩大需求市场，并对传统消费产生带动作用。

数字技术带来的"宅经济"消费新形态主要体现在三个方面。首先，科技赋能"宅人消费时代"来临。依托人工智能、VR、5G等技术的发展，

[①] 国家统计局：2022年1—2月份国民经济恢复好于预期［EB/OL］.（2022-03-15）［2023-06-30］. https://baijiahao.baidu.com/s?id=1727330304839220554&wfr=spider&for=pc.

[②] 喻国明，陈永. 中国互联网营销发展报告：2021［M］. 北京：人民日报出版社，2022：序言.

消费中的沉浸式体验迅速发展。电商直播作为一种新形式的直播导购，是新的沟通方式，更是新的消费习惯，其最重要的就是社交属性，满足了宅家一族的购物信息需求和情感需求。其次，消费类型多元，社交类消费、粉丝类消费和泛娱乐消费兴起。社交进一步引导消费，线上消费从过去的目的性购物，逐渐向"边逛边聊边买"演变，进而提高用户消费时长。直播带货兴起，将商品调性与目标客群相匹配，丰富选择范围、缩短决策流程、刺激瞬间消费潜力，当红明星也会在电商平台参与到带货模式中。消费者的购物决策链发生变化，网红经济带来的KOL（Key Opinion Leader，关键意见领袖）"种草"，以及消费者大量非计划性购物需求通过社交场景得到满足。数据显示，61.0%的消费者曾经被周围好友推荐购买了原本没有计划的商品；30.0%以上的消费者经社交平台KOL"种草"产生了非计划性的购物需求（图2-1）。[①]最后，"云"消费场景重塑消费方式，如"云健身""云看房"等新的"云消费"场景。疫情期间人们被抑制的消费愿望提振，新品类的消费决策出现。

渠道	比例
经周围好友推荐	61.0%
经朋友圈推送链接	53.0%
经社交平台KOL"种草"	30.0%
其他	2.0%

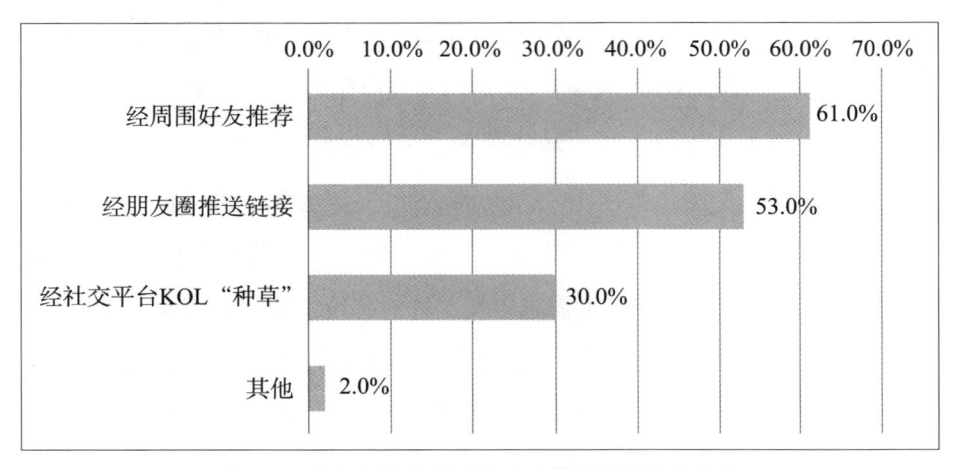

图 2-1　直播与社交带来的用户非计划性购物需求

---

① 王密.2019年中国直播电商总规模4400亿元及未来直播电商行业发展前景分析［EB/OL］.（2019-11-22）［2023-06-30］. http://www.chyxx.com/industry/201911/808602.html.

（三）行业竞争：直播带货成为流量入口变现工具

疫情期间，电商直播显示出强大的转化率和流量优势。疫情之后的电商直播行业呈现两个明显的竞争格局。一是互联网公司争相入局。面对人口红利消失、流量见顶的局面，很多企业都陷入用户增长变慢和新增用户成本增加的困境，而电商直播的高转化率使互联网企业看到了入局直播电商的最佳时机，直播带货成为流量入口的变现工具。各大互联网公司与品牌方紧锣密鼓地加速布局直播电商业务，微博宣布正式推出"微博小店"、斗鱼上线"斗鱼购物"等。二是传统电商直播平台如淘宝、快手、抖音等之间的竞争也进入白热化阶段。对于电商直播平台而言，新入局的互联网公司利用原本的公域流量优势，品牌方则凭借长期积累的私域流量，一经上线就成为传统电商平台的竞争对手。新入局的互联网公司和品牌方大多缺乏成熟的商品供应体系做支撑，从短期来看，利用流量优势可以获取一定的经济效益，但构建成熟稳定的产业链体系，是决定新入局的互联网公司能否在电商直播领域取得长足发展的关键因素。

对于三大产业来说，第一产业重在打通销售链路，如通过电商、直播、短视频等技术为农产品从生产到售卖的各个环节赋予媒介互联性，使营销活动从传统的"广而告之"模式转向全链路价值创造。第二产业重在打造工业互联网，建立与互联网直播营销不可脱离的基础数字设施，覆盖国民经济大类。第三产业则重在加强数实融合，覆盖主要生活服务场景，如网上外卖、在线办公、在线医疗等，打造虚实结合的直播营销新场景和新场域。

（四）行业监管：电商直播发展与有序规范的平衡

电商直播作为数字经济的新业态、新模式是数字时代的新兴事物。当前对于电商直播的监管面临着发展与规范如何平衡的问题。值得关注的是，当前直播电商生态圈呈现寡头垄断的格局，而监管部门已开始着手治理野蛮生长的乱象，预计行业未来头部集中的局面将逐渐被打破，整个生态发展更健康、更平衡。

一方面，疫情的冲击使人们意识到电商直播对经济拉动内需的价值和作用。电商直播作为实体企业重要的线上销售渠道具有强大的韧性，政府有关部门也关注电商直播平台，鼓励、扶持实体企业转向线上经营，电商直播的有序发展对于后疫情时代提振经济、促进消费颇有助益。另一方面，为规范当前电商直播中流量造假、夸大宣传、诱导消费等乱象，有关部门出台了相关政策予以规制。例如，2019年《国家广播电视总局办公厅关于加强"双11"期间网络视听电子商务直播节目和广告节目管理的通知》要求加强规范网络视听电子商务直播节目和广告节目服务内容，节目中不得包含低俗、庸俗、媚俗的情节或镜头，严禁丑闻劣迹者发声出镜，网络视听电子商务直播节目和广告节目用语要文明、规范，不得夸大其词，不得欺诈和误导消费者。

从现有制度体系来看，《广告法》《消费者权益保护法》《互联网广告管理暂行办法》以及2019年最新实施的《电子商务法》等相关法律法规均对网络交易中经营者的责任、义务有所涉及。2021年8月17日，商务部发布《商务部关于加强"十四五"时期商务领域标准化建设的指导意见》，促进直播电商、社交电商等规范发展。从长远来看，政府各监管部门如何进一步厘清对电商直播的监管空间与监管边界，针对直播电商形成完备的监管体系，平衡监管与效益的关系，推动电商直播新业态、新模式的健康有序发展，成为后疫情时代电商直播行业监管面临的关键问题。

二、我国电商直播行业发展现状

（一）基本情况和基本类别

1. 基本情况：直播成为电商标配和新常态

自从电商行业在我国兴起后，网购在人们生活中的重要性不断提高，网购已成为消费者消费的重要渠道。随着网购用户突破10亿人，电商体系已发展成熟，用户规模逐渐触达网民规模天花板，流量获取成本也越来越高，"电商直播"的形式成为电商行业发展的新风口。

2016年，适值移动直播风口，淘宝、蘑菇街、京东等电商平台率先探索电商直播模式，并借助形式创新带来的红利持续发力，着手孵化直播红人体系、供应链整合等。与此同时，快手、抖音、美拍等短视频平台开始试水电商直播，服务于电商直播的MCN（Multi-Channel Network，多频道网络）机构快速成长。电商直播从最初的探索阶段逐步向精细化运营阶段发展。腾讯、百度等互联网巨头也加入电商直播大军。2019年，电商直播行业迎来了爆发期，直播带货GMV（Gross Merchandise Volume，商品交易总额）暴增，淘宝处于行业领跑位置，各个平台也开始加码主播培养，拼多多、小红书、知乎等平台也相继上线直播功能，MCN机构不断深化商业变现模式的探索。

2019年，全国网上零售额首次突破10万亿大关。从2017年至2021年，我国直播电商市场交易规模分别为196.4亿元、1354.1亿元、4437.5亿元、12850亿元和23615.1亿元（图2-2）。其中，2018年直播电商市场交易规模增速高达589.46%，2019年和2020年增速分别为227.7%和136.61%。到2022年，我国直播电商交易规模预计可达34879亿元，同比增长47.69%[①]。

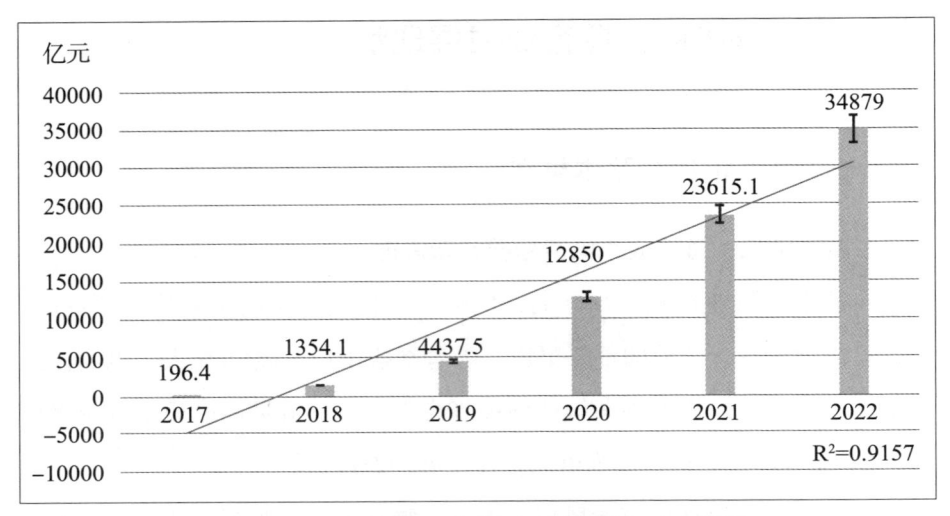

图 2-2　2017—2022年我国直播电商市场交易规模

2.基本类别

根据平台的属性，电商直播主要可以分为两类：一种是"电商+直播"，另一种是"直播+电商"。具体来说，前者指传统直播电商，即传统的电商平台开辟直播区域，如淘宝直播、天猫直播、京东直播、拼多多直播、蘑菇街直播、小红书直播、唯品会直播等。传统直播电商依托长期培养的消费者的购物路径依赖与成熟的供应链条，借助直播的形式改变传统的"人找货"模式。传统电商平台在用户黏性和时长占据方面，显著低于内容和社交平台，但是引入高时间消耗的直播购物形式后，电商平台就被注入了一定的内容属性。特别是随着电商业务不断下沉，直播带货的形式也有助于提升下沉市场的用户渗透（图2-3）。

---

① 网经社：《2022年度中国直播电商市场数据报告》发布［EB/OL］.（2023-03-23）［2023-06-30］. http://blog.eastmoney.com/t1461385578867856/blog_1289342242.html.

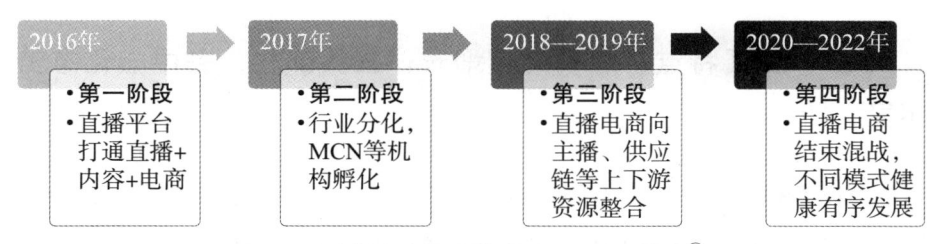

第二章　网络视频直播影响力的产业逻辑 / 089

2016年	2017年	2018—2019年	2020—2022年
•第一阶段 •直播平台打通直播+内容+电商	•第二阶段 •行业分化，MCN等机构孵化	•第三阶段 •直播电商向主播、供应链等上下游资源整合	•第四阶段 •直播电商结束混战，不同模式健康有序发展

图 2-3　直播电商行业发展历程及主要特点[1]

从更深远的商业模式切换角度看，在围观直播的过程中，消费者实现了从"买完即走"到"边围观边购物"的转变，而后者则是指社交电商直播，即娱乐型社交直播的平台新增电商业务，如抖音直播、快手直播、虎牙直播、斗鱼直播、花椒直播等。社交电商直播的本质是依托平台社交属性积累的流量和社交关系的价值挖掘，借助网络红人号召力和影响力，将在社交平台积累的粉丝转化为产品消费者，将用户对平台和直播的信任转化为消费力。这种"直播+电商"的模式更容易帮助用户快速决策、提升产品销售转化率。2018年至2021年，直播电商的渗透率分别为1.6%、4.3%、8.6%和17.97%，渗透率增速依次为492.59%、168.74%、100%和108.95%。

当前的直播电商基本类别可细分为综合电商类、MCN机构类、直播App类、服务商类和电商主播类等五大类型。其中，综合电商类包括抖音直播、快手直播、淘宝直播、京东直播、多多直播、蘑菇街直播等；MCN机构类包括如涵、谦寻文化、交个朋友、聚匠星辰、宸帆集团等；直播App类包括微拍堂、有播等；服务商类包括有赞、微盟等；电商主播类包括瑜大公子、广东夫妇等[2]。

---

[1] 2020年中国直播电商行业发展历程、主要特点及市场规模分析［EB/OL］.（2020-02-14）［2023-06-30］. https://xueqiu.com/4375159485/141252920.

[2] 2023年（上）中国直播电商市场数据报告［EB/OL］.（2023-08-24）［2023-09-30］. https://www.100ec.cn/zt/2023zbdsscsjbg/.

（二）发展特点：规模持续增长，去头部化、去中心化态势明显

电商直播的发展主要有以下四个特点。第一，发展势头迅猛，产业规模迅速扩张。电商直播自2016年发展至今，短时间即完成了对线上线下资源的整合，吸纳了大量线下实体企业与互联网公司入局。第二，用户规模持续高速增长。据第49次《中国互联网络发展状况统计报告》显示，截至2021年12月，我国网络直播用户规模达7.03亿，电商直播用户规模为4.64亿。第三，直播电商垂直领域、多种业态蓬勃发展。以淘宝、京东、拼多多等平台为代表的综合类电商直播平台布局完成，小红书、知乎、Bilibili等平台依托各自的平台特征和流量深耕细分领域。抖音上线货架电商，快手推出"新市井"电商。第四，经历了爆发式的野蛮生长时期，如今直播电商行业正呈现去头部化、去中心化的态势，内容和形式也在不断丰富充实。

（三）上下游产业链："人、货、场"的有机融合

电商直播通过后向供应链的整合、前向流量的引导，以及底层算法技术的支持，将"人、货、场"进行了高度的有机融合，使上下游产业链贯通。电商直播的产业链主要有两种，一是C2M（Customer to Manufacturer，从消费者到生产者）模式直接供货，二是商家自播模式。

首先，C2M模式直接供货，在供应链端，批发商、品牌方、经销商、工厂等上游供应方将货源提供给淘宝、京东等主流电商平台，主流电商平台则成为下单渠道。在流量端，主播借助直播平台或新兴电商平台将产品推介给用户，用户下单购买。以快手主播通过对接淘宝联盟卖货为例，假设商品原价为100元，商家设定推广佣金为20%；若主播在快手平台上引导消费者实现一笔成交，则淘宝联盟首先收取原价6%的内容场景专项服

务费，在佣金余额中，淘宝、快手、主播及机构按照1∶4.5∶4.5的比例，分别获得商品原价的1.4%、6.3%和6.3%。①。同时，用户的活跃度、复看率、直播间停留时间、下单转化率、售后满意度等指标也成为衡量主播带货能力的重要评价体系。

其次，商家自播模式，即生产者或者商家借助直播平台或新兴电商平台直接将产品推介给用户，无须专业主播和机构的参与。如2020年4月，继罗永浩之后，携程董事局主席梁建章古装打扮进行直播，四折预售湖州高星酒店，一小时内创造2691万GMV。特别是2022年的"618"期间，在超头部主播缺位之时，品牌商家自播已占比六成。据淘宝直播数据，2020年，淘宝直播一共诞生了近1000个亿元直播间，其中商家直播间占比达55%②；2022年，店群和"商家自播"矩阵已经成为品牌直播电商的两大布局方向，"不足50万的品牌自播号贡献了75%的直播场次"③。

电商直播的出现重构了"人、货、场"，提升了交易效率。其中，人即主播和团队，货就是商品，场就是直播的场景。在"货"的方面，直播电商实现了去中间商、拉近产品原产地的目标，过去商家需要采购，把货存进仓库然后再上架，而现在不管是货品展示还是货源仓储，直播电商都更加拉近了距离；在"场"的方面，依靠技术和设备的升级革新，商家通过手机移动直播可以在任何时间、任何场景展示产品，可以是工厂、档口、原产地、专柜、直播间，也可以直接入驻直播基地，同时解决货源问题；

---

① 王密.2019年中国直播电商总规模4400亿元及未来直播电商行业发展前景分析［EB/OL］.（2019-11-22）［2023-06-30］. http://www.chyxx.com/industry/201911/808602.html.

② 李立.达人主播"退烧" "店铺自播"撑起下半场［EB/OL］.（2022-04-02）［2023-06-30］. https://baijiahao.baidu.com/s?id=1728941778556393849&wfr=spider&for=pc.

③ 蔺雨葳.自播占比达六成 "6·18"品牌打响独立战［EB/OL］.（2022-06-16）［2023-06-30］. https://baijiahao.baidu.com/s?id=1735805184013455551&wfr=spider&for=pc.

在"人"的方面，电商直播以人为核心，把主播、嘉宾、买家、看客等聚集到同一个面对面的场景中来，再把厂家、商家、生产者提供给市场所需要的商品，以及购买商品的买家勾连到同一个场景中，通过主播对商品的点评、推荐，使"人、货、场"高度有机融合[①]，形成贯通的产业链条。

（四）行业格局：梯队明显，传统电商和社交视频平台发展迅猛

综观电商直播的整个行业格局，整体规模庞大，入局企业众多，发展初期表现为头部效应显著，行业集中程度高，当前表现为去中心化、去头部化趋势明显。从平台角度看，早期淘宝、快手、抖音三家平台处于行业领跑位置，其中淘宝在所有直播电商企业中独占鳌头，已形成了包含直播基地、机构、产业带和供应链在内的完整产业链。2021年"双11"期间，淘宝直播平台共有超10万个品牌在自播间与消费者互动，其中43个品牌自播间成交额超1亿元，510个自播间超千万元。

根据雪球数据，2022年"618"期间，抖音、快手等直播电商平台GMV的同比增速为124%，大幅超过其他类型的零售电商平台。据QuestMobile，快手和抖音销售额最高的品类均为护肤（占比30%—37%）、休闲零食（占比10%—17%）和彩妆（占比7%—8%）[②]。抖音和快手的发展逻辑也有所不同。抖音2018年正式入局电商直播，以内容为主要流量分发逻辑，平台控制力强，容易制造爆款，打造快手"春雨计划"和电商平台创作者守则；快手深耕下沉市场，比抖音早一步进行了直播带货的商业化，通过短视频和直播方式导流，打造快手"新市井"电商，实现流量变现。

---

① 直播电商，始于网红终于供应链［EB/OL］.（2020-05-05）［2023-06-30］. https://www.sohu.com/a/393037417_395766.
② 王密.2019年中国直播电商总规模4400亿元及未来直播电商行业发展前景分析［EB/OL］.（2019-11-22）［2023-06-30］. http://www.chyxx.com/industry/201911/808602.html.

此外，位于第二梯队的京东、拼多多、腾讯的实力也不容小觑，2016年9月"京东直播"上线，成为最早几个布局电商直播的平台之一。2019年11月拼多多入局电商直播，凭借其病毒化营销模式与对下沉市场的深耕发展势头强劲。以社交为起点的腾讯在疫情期间加快了在电商直播领域的布局，依托强大的社交关系纽带与私域流量优势，微信视频号的电商战略以及实际执行层面仍在探索阶段，发展未来可期。一方面，腾讯直播有微信这一强大的私域流量池，商家可在其中完成流量转化和粉丝沉淀，带来高转化率和高复购率；另一方面，微信域外的多个内容产品组成的流量池体量庞大，商家或达人可以从多个渠道中直接触达亿级用户。除综合类的互联网巨头之外，小红书、蘑菇街、Bilibili、知乎等也依托自身的分众化资源优势，进行垂直领域的电商直播探索。

本节小结

本节以SCP范式对我国直播产业进行了分析研究，试图构建出直播产业的市场结构、主要直播平台的市场行为，以及在此市场结构下和市场行为下的市场绩效。通过对基于不同受众基础的直播平台的对比分析，以及剖析产业参与方以内容和形式为基础的差异化表现，在此基础上，对直播产业主要参与方的行业格局、上下游产业链、市场绩效进行详细勾勒。对直播行业的市场结构、市场行为、市场绩效进行分析并提出发展对策，有利于激发行业市场活力，进一步发挥技术、用户和流量优势，保持直播行业发展的稳定增速。

具体来说，直播成为电商直播行业的标配，也是电商市场GMV增长的新驱动力，构建了直播电商主播和消费者之间的新产销关系和商业逻辑，即从根本上改变了传统电商的"人、货、场"链路模式。当前五大直播电商类别，即综合电商类、MCN机构类、直播App类、服务商类和电商主播类发展趋势良好，用户规模和时长有进一步增长的空间，广告业务维持高增，商业化变现空间较大。其中，传统电商如淘宝及社交视频平台抖音、快手发展迅猛。抖音和快手在广告主的分布上存在差异化，抖音商业化起步较早，定向智能投放、后端优化等技术迭代较为成熟，广告变现较为成熟，广告加载率较高；快手广告的行业、兴趣标签细分程度高，便于垂直品类营销，主站的社区属性更偏私域的流量，而极速版利用公域流量，带动整体广告加载率[①]。

因此，直播技术从产业角度，助力后疫情时代新经济模式的建设，推动平台经济规范健康发展。从流量端看，直播电商的流量入口相对多元，核心机制依托于算法控制的内容分发，平台会根据用户的兴趣点分发匹配用户需求的电商直播，用户与商品之间的关系超越传统电商的"人找货"，实现"货找人"；从需求端看，直播电商互动性强，更能满足细分群体，特别是Z世代的个性化多元需求。

[①] 孙晓磊，崔世峰，刘京昭.数字内容行业深度报告：2021年综述及2022展望[EB/OL].（2022-05-10）[2022-08-23].https://baijiahao.baidu.com/s?id=1732421997298532280&wfr=spider&for=pc.

第二节　公域、私域与心域：直播短视频平台社群关系与赋权影响

一、场域视角下的直播短视频平台流量特征

"场"（field）的概念源自物理学，社会学家皮埃尔·布尔迪厄（Pierre Bourdieu）将场域理论普遍化于各学科。所谓场域，是由附着于某种权力或资本形式的各种位置间的种种客观历史关系所构成。布尔迪厄通过对20世纪七八十年代法国新闻场域的研究，提出了"媒介场"（media field）的概念。此概念着重考虑的是媒介的关系性而非结构性，其中有两个最关键的概念——"资本"与"惯习"。所谓"资本"，包括经济、社会、文化、象征等多个方面的资本和有效资源；而"惯习"则是"持续的、可转换的性情倾向系统"。惯习是在历史过程中形成的，是经验积淀并且内在化的秉性系统，是一种个人和集体在实践中形成感知、行动、思考的倾向。因此，场域关系系统的核心影响来自资源的作用，同时也促成人类惯习的养成以及影响的施加。

对于网络直播短视频平台的场域而言，最重要的资本就是流量资源，这是各平台争夺的对象，也围绕其发生社会权力关系的场域转移；而背后不同平台的基因和文化又塑造了内部个人和集体的不同惯习，从而与整体平台流量资源的分配机制相互影响。因此，本节将从流量视角以及延伸的

文化商业影响视角，对比抖音和快手两大直播短视频平台的媒介场域差异。

虽然抖音和快手的产品表面数据和内部功能有趋同的走向，但如果从媒介场域理论的核心概念"资本"和"惯习"的视角来审视，同为直播短视频平台的双方，无论是其核心资本即流量资源的分配与机制设计，还是文化基因所影响到的平台惯习和商业路径，都明确区分出这是两种不同属性的平台；而且，流量机制的不同，也反过来影响生产者和使用者的惯习。

例如，抖音生产者更注重内容和质量，做头部与腰部账号；而快手生产者更注重细分圈层、粉丝黏性。这同时使得用户的使用心理和行为也产生差异。同时，抖音和快手也是市场上社群类直播视频平台最具代表性的两类场域呈现，一种是围绕着"内容"的媒体场，重消费友好、强中心化运营，造星和爆款的概率极高，对接商业转化势能；另一种是围绕着"人"的社交场，去中心化的运营逻辑为大多数的普通人和长尾内容赋能，对接人际转化势能。这种先天基因和场域特性的差异，也使得两类直播平台在新的市场挑战和机遇面前，以不同的思路和方式来应对，从而走出各具特色的发展道路。

二、两大平台流量特征和流量分配机制

本节通过对两大直播短视频平台的用户行为和流量分配特点、机制等进行对比分析发现，抖音和快手的媒介场域有明显不同，最大的分野在于，抖音属于"中心化"的基于"内容"的媒体场，而快手则是"去中心化"的基于"人"的社交场。

（一）流量特征：用户行为和标签偏好

两大平台直播媒介场域的属性差异，首先表现在用户的互动行为上。

直播短视频用户最典型的互动行为是"点赞"和"评论"。抖音用户的互动行为以点赞为主，而快手的用户综合互动行为更显著。

从行为偏好来看，抖音的算法是基于用户的观看行为偏好，给其推荐最可能感兴趣的内容。随着用户参与度和沉浸度提高，这种推荐也会逐步精准，用户在抖音上看到自己喜欢内容的概率也会越来越高，观看视频时很容易点屏幕上的"小红心"，也就是给内容点赞，但在评论区却少有人评论，表现为用户是观看而非参与。相比之下，快手用户对于自己喜欢的网络关键意见领袖（KOL），互动行为则丰富得多，不仅有点赞，还包括参与评论、主动转发分享等。

从标签分类来看，抖音和快手两个平台对于生产者都有不同维度的标签分类，便于后续商业开发管理。从抖音星图的达人标签来看，短视频生产者的分类属于突出内容风格的细分，共计有如剧情搞笑、萌宠、音乐、二次元等26个细分内容类别。对于优质的MCN机构，在视频、直播内容权限、数据管理、内容培训、商业转化等方面，平台都会有相应的政策倾斜和扶持。这种突出内容标签的分类方式，让生产者的内容主题和调性鲜明区隔。而从快手快接单的网红标签来看，快手短视频生产者的分类是属于突出生产者职业的细分，标签包括三农、服饰、手工匠人等共计19个类别。相比抖音，快手生产者更趋向于个体"草根化"，因此职业逻辑更利于用户找到同圈或同好的标签链接。快手生产者的这种强职业标签形成的圈层可以引发人际聚拢效应，形成更具社交浓度的场域，也成就了快手独特的"老铁文化"，同时开拓出人际转化的商业氛围。

（二）流量分配：界面设计、初始流量和内容使用期限

两大平台直播媒介场域的属性差异，集中体现在流量资源的分布数据。在用户注意力的流量资源分布上，抖音相比快手呈现明显的头部效应，尤

其是平台上极具人气的明星通过少量的视频就可保证大量流量，也展现了抖音流量聚集效应的媒体属性。而快手则更看重小圈子的社交属性，在流量分布上呈现更重长尾的特征。

从界面设计来看，两大平台之所以呈现不同的流量分布特征，背后平台的整体设计思路和流量分配机制是核心推动力。抖音打造的"瀑布流"沉浸式观看体验，鼓励用户连续"刷视频"，降低了用户离开平台的风险。另外，抖音的页面中还专门设置了"明星榜"等系统编辑榜单集中引导用户，形成扶持头部内容的流量入口。而快手打造的是以人为核心的内容分发机制，去中心化特色明显。早期快手选择的是双列设计，用户一次性能看到更多视频的封面，更鼓励用户的主动选择；"上下滑"式界面，在单个视频下滑的动作之后则进入该视频的评论区。这种设计也是充分体现快手鼓励用户和创作者建立互动、信任的社交关系，提升圈层的私域流量。

从初始流量分配来看，抖音的初始流量分配一般包括两个流向：一是通过算法将视频推送给可能感兴趣的潜在用户，二是推送给已关注视频生产者的粉丝群。卡思数据统计，抖音粉丝能看到新发视频的概率为10%左右，更多初始流量分配用来推给更大范围的用户群，这让头部内容能迅速获取大量新流量，从而提高打造爆款的效率。这也证实了抖音基于"内容"而非"粉丝"的内容分发逻辑。而相比抖音，快手同样会推送给关注视频生产者的粉丝，概率为30%—40%甚至更高。这远高于抖音给粉丝推送的概率，也反映了快手基于粉丝关系的分配原则。同时，快手根据视频生产者的地理位置，把初始流量分配推荐给附近的用户，而地理位置上的接近也利于产生心理上的共鸣感，从而促使视频生产者和用户之间建立起新的社交链接。

从内容适用期限来看，由于两个平台流量分配逻辑的出发点不同，其对视频内容适用期限的算法也不尽相同。内容适用期限是指视频内容上传到平台内容池中，平台给予的头部露出时限。抖音瀑布流设计，让用户更有沉浸式体验，但同时也造成抖音用户对于内容的宽容度相对要低，"一言不合就刷走"是大概率事件，因此抖音内容适用期限比较长，一般高达90天；而快手更鼓励用户自主选择观看的内容，相比较来说用户心理宽容度比较高，因此内容适用期限一般为24小时至48小时，而且平台还会把视频发布时间纳入初始流量分配规则之中，更偏重于新发布的视频，以更好地维系账号粉丝对关注内容的新鲜度和忠诚度。

三、抖音与快手的公域流量与私域流量

长期以来，抖音和快手都有着各自清晰的标签，代表了私域流量与公域流量的典型模式。这一区别的底层逻辑在于，抖音更加依赖算法分发机制，流量多集中在智能算法搭建的推荐页，形成巨大的流量池，因此平台对流量有着更大的话语权；而快手更加注重流量的普惠，在平台"去中心化"的理念下，流量向内容创作者倾斜，因此创作者更容易建立自己的私域流量池，与粉丝建立强联系。此外，在2020年7月之前，抖音与快手在平台UI（User Interface，用户界面）结构上也有所差异。抖音采用的是单列内容展示，受众处于被动，接收到的信息量有限，这种依靠算法的分发形式使得流量更加集中于头部创作者，类似于"金字塔结构"；而快手则采用双列结构，用户能够同时看到多个短视频，在内容选择上更具主动性，并且在一定程度上将流量的分发权赋予用户，这也使得许多腰部创作者收益，形成"橄榄型"的流量走向。不过，随着快手极速版的上线，快手也逐渐形成了单列、双列UI的结构互补模式。

（一）抖音：依托庞大用户的公域流量

根据《2020抖音数据报告》，截至2020年12月，抖音日活跃用户突破

6亿。[①]2021年除夕当天主站日活跃用户达5.8亿,而快手当天为2.8亿,两者的用户数量差异较大[②]。同时特有的算法系统为抖音提供了在互联网广告领域甚至能够比肩谷歌的技术支持[③],使得抖音的智能分发系统能够洞察用户的需求,挖掘其潜在的喜好。用户会不自觉地沉浸在平台的智能推送中,通过主页的"上下滑"功能索取更多内容,2022年6月开始测试的"自动播放"功能更是使很多用户可以"解放双手"。

抖音庞大的用户体量以及智能算法推荐吸引了大量的商家与创作者,公域流量池正是在这样的背景下不断壮大,信息流广告已经成为抖音的主要盈利方式,据报道,抖音预计2021年广告业务的收入规模将达4100亿美元[④]。抖音依靠平台公域流量还推出了开屏广告、搜索广告、DOU+广告业务,将流量作为宣传推广的变现手段。2020年天猫"38女王节"在抖音投放了3个视频,总曝光量达507万,总点击率为2.7万,点击率均值为0.15%—0.4%,互动率均值为3%以上。[⑤]抖音平台国货品牌迅速增长,2021年第四季度销售额同比增速达630%。

在抖音发展初期,新用户数量增长,流量并不是稀缺资源,庞大的新用户群使得公域流量相对容易获取。品牌或创作者只要购买平台的推广服务就能够在短时间内依靠曝光涨粉。平台提供的这类服务,通过内容投放提升视频的曝光率以及互动率,帮助广告主以及创作者将平台用户转变为

---

① 2020抖音数据报告(完整版)[EB/OL].(2021-01-05)[2022-08-31]. http://www.199it.com/archives/1184841.html.

② 2021年第一季度抖音日活数据:峰值约7亿、平均值超6亿[EB/OL].(2021-03-29)[2022-08-31]. https://baijiahao.baidu.com/s?id=16955479232838 31730&wfr=spider&for=pc.

③ 卫夕.不要神化字节跳动[EB/OL].(2020-11-03)[2022-08-31]. https://baijiahao.baidu.com/s?id=1682333245541496152&wfr=spider&for=pc.

④ 翟元元.抖音"快手化",私域流量故事好讲吗?[EB/OL].(2021-08-09)[2022-08-31]. https://mp.weixin.qq.com/s/2kyf0LoVtU6yFHOFWyaSFg.

⑤ 抖音广告矩阵全方位大盘点[EB/OL].(2020-03-27)[2022-08-31]. https://www.July-brand.com/h-nd-51.html.

粉丝，实现导流。巨量星图、DOU+综合的数字化营销服务平台，最大限度实现了内容分发的智能化，并且在广告内容、呈现策略、效果预估等方面提供了智能灵活的工具支持，使得抖音的公域流量最大限度地由平台调取分发；凭借"春雨计划"等优质内容扶持计划提供优质流量、荣誉头衔、功能权益等资源扶持，抖音聚集了大量的商家以及创作者。

（二）快手："基因"中的私域流量

快手虽然与抖音的功能相似，均为短视频内容社区，但自诞生以来似乎就打上了私域流量的烙印，并通过扶持私域流量实现营收。财报数据显示，2022年第一季度，快手日活跃用户规模达3.46亿，月活跃用户规模达5.98亿；快手电商GMV同比增长47.7%，达1751亿元。[①] 相较于抖音对公域流量和算法的把控，快手更加注重优质的内容与创作者。快手将基尼系数的概念加入分配机制中，想要创作一个流量"普惠"的社区，让每个用户都有得到曝光的机会，这种社区文化也为快手的粉丝经济以及私域流量提供了生长环境。

抖音注重培养用户对平台算法的黏性与依赖，而快手更加注重创作者与粉丝之间的关系，通过创作者与粉丝建立的信任关系来使平台聚集更多用户。据《2020快手电商生态报告》，快手电商买家平均月复购率达到60%。这在一定程度上形成了快手"家族化"的特点，不仅主播之间互相以"师徒"相称，形成"家族关系网"，粉丝也逐渐家族化成为"家人"，培养出牢固的信任关系。私域流量在这种关系下逐渐汇聚，主播通过粉丝群等方式联系粉丝并且送出福利，进而使双方关系保持良性状态。快手新市井成为生活和生意融合的所在，创作者的商业价值加速释放。主播的直

---

① 2022快手光合创作者大会：全年十亿现金、千亿流量补贴创作者[EB/OL]．（2022-07-29）[2023-06-30]．https://baijiahao.baidu.com/s?id=1739667888550232327&wfr=spider&for=pc．

播、带货等行为也会得到粉丝的支持与反馈，粉丝会通过互动、打赏、消费的方式支持自己喜爱的主播。根据飞瓜快数，2021年1月，主播"蛋蛋小盆友"直播带货排名第一，总销售额达到4.56亿；主播"美食猫妹妹"销售额为4.53亿，排名第二，均属于"辛巴家族"。[①]2021年"818新潮好物节"，"辛巴家族"进行6小时的直播带货，单场直播成交额超3.7亿，其粉丝的购买力不可小觑。与公域流量分发的智能、精准化不同，快手平台在私域流量池中倾注着粉丝的情感和信任，这也是快手平台直播电商快速成长的关键。私域流量能够在快手上不断累计并且转化为购买力和复购率，与平台始终坚持的流量普惠相关。相较于抖音智能算法下的流行内容，快手似乎更有"烟火气"和"江湖气"。

（三）心域流量：基于公私域的直播营销新阵地

当前，心域流量成为基于公私域流量的平台健康生态建设的新阵地。知萌咨询机构在《2022中国消费趋势报告》中提出，品牌需要思考如何和消费者更好地沟通，建立更加深层的联系，在现有的公域流量和私域流量的基础上，建立信任和达成用户共鸣，建设心域流量。也就是说，如果让消费者感觉到温度，让公域流量和私域流量更能打动用户，需要考虑更多的情感价值、精神价值或文化价值；不仅重视流量的获取，也要重视在流量中流动的内容建设，打造可以持续获得流量和健康生态的平台，打造动态的内容引领场、用户参与场，打造品牌价值、品牌调性、品牌个性认同的积极正向的"心流"。[②]

---

① 一组图，带你看辛巴团队主播1月直播带货数据分析报告［EB/OL］.（2021-02-09）［2023-06-30］. https://tech.ifeng.com/c/83hJZwLtW5y.
② 肖明超. 心域流量：数字时代的品牌建设"心法"［EB/OL］.（2022-06-27）［2023-06-20］. https://www.163.com/dy/article/HARS5VE50514HDQI.html.

四、媒介化视域下的社群强弱关系与赋权影响

媒介化视域强调技术与社会的互动，认为媒介既是一种技术手段，也是一种文化形式。媒介化可以促进媒介的融合，形成新的连接和传播业态的重构。借鉴媒介化的视角，探讨短视频在提高用户的主动性、促进同类聚集、形成社会交往和社群活跃度，以及推动资源流通和赋权中所起到的价值和作用。

从品牌口号"抖音：记录美好生活"和"快手：拥抱每一种生活"可以看出，抖音与快手有着差异化的平台调性和不同的流量走向，这些基因本质和流量形塑了平台的结构、关系以及文化。有学者研究发现，不同的网络平台架构以及网络社群生态结构对于用户的强弱关系、个人赋权与群体赋权的差别会造成影响。结构、沟通关系、多样性等传播要素是媒介化的重要属性。相较而言，公域流量更强调知名度、社会资本的程度，更强调内容，是被动的、低容量的、金字塔形的；而私域流量则更强调归属感、圈层和生活方式的认同，更强调关系，是主动的、高容量的、橄榄形的。

因此，快手与抖音不同平台结构和场域流量的特征，在"个人—群体"（横轴）与"关系资源—赋权资源"（纵轴）所构成的群己网络空间资源象限内发挥着作用，如图2-4所示。

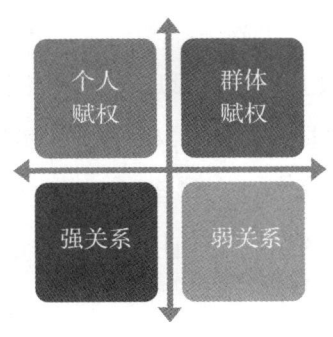

图2-4　网络直播社群群己网络空间资源象限构成

（一）视频直播平台上的强关系与弱关系

关系是一个宽泛的概念，格兰诺维特对其进行了基础界定。学者边燕杰提出关系是"人与人之间、组织与组织之间由于交流和接触而存在的一种纽带联系"。格兰诺维特将关系区别为强关系与弱关系，并将圈子的重叠程度作为评判关系强弱的标准。[①]随着互联网的发展，人们在网络平台上复刻现实关系的同时，也在建立新的虚拟关系。虚拟关系的强弱程度不再完全由圈子的重合度所决定。在抖音与快手等短视频平台上，用户与平台、粉丝与创作者、用户与用户之间的关系呈现出不同的强弱程度。

1.用户与平台的关系

在用户与平台的关系层面，抖音的平台黏性更强，与用户的关系更为紧密。通过对用户基本信息以及行为数据的分析，智能算法推荐实现了千人千面的内容推荐，用户能够持续获取喜爱的内容。由此，抖音平台并未将用户的关注页放在开屏后的第一位置，而是将推荐页作为首页，其中的内容大多由用户未关注的账号发出，不乏广告或者推广视频。用户在打开应用的第一时间，便进入了公域流量池，并且在其中获取大量新鲜的内容。与此同时，用户作为流量，被平台转化为曝光量售卖给被推广对象。

因此，平台想要维持公域流量的稳定，达到预计曝光率，必然要加强对用户注意力的引导与掌控，进而实现更加精准的广告投放。在此逻辑下，抖音不断升级算法，收集用户数据，努力了解用户画像和兴趣，缩短与用户的距离，延长用户的使用时间，形成"全域兴趣"。QuestMobile发布的《2020年中90后人群洞察报告》指出，爱奇艺、腾讯视频、抖音是"90后"用户最喜爱的前三位视频类App，抖音短视频的月人均使用时长接近2000分钟，在视频类App中位列第一，使用黏性高，已经成为年轻人的"时间

[①] 李继宏.强弱之外：关系概念的再思考［J］.社会学研究，2003（3）：42-50.

杀手"。①用户对平台内容的沉迷使用形成强关系，并且这些为平台不断输送流量，使得公域流量池不断扩容。

相较之下，快手平台与用户的关系较弱。一方面，快手自成立起就更类似社区而非平台，对私域流量的培养使得用户对平台的依赖十分有限。快手用户大多能够凭借自身的意愿选择观看的内容，平台在其中仅起到初步推荐的作用，而不是直接"投喂"，因此形成算法依赖的可能性较低。另一方面，快手官方在许多用户看来不是"老铁"或"家人"，更像是"他者"。用户将平台看作维护者、服务者、监督者，而这些角色的生命力以及人格化程度依然有限，两者之间自然无法形成强关系。

2. 粉丝与创作者的关系

在粉丝与创作者的关系层面，快手的粉丝黏性更强，更易转化为私域流量。抖音与快手都不乏千万级粉丝的头部创作者，但快手创作者的粉丝规模相对要更小一些。同时，两个平台的头部创作者也显现出不同的特点。在抖音粉丝量庞大的账号中，不乏有一定粉丝基础的明星或者专业自媒体，素人出身的网红相对于快手数量较少。正是因为缺乏"草根基因"，抖音对于私域流量的培养缺乏一定的情感基础；而快手创作者中素人居多，从"草根"一路涨粉成为具有话语权的"KOL"，这种类似"相互扶持、共同成长"的情感使得粉丝和创作者之间更易形成强关系。

相较于抖音平台，快手的内容更下沉、接地气，能够引发三、四线城市以及乡村地区用户的共鸣。这些用户不再是互联网中的"失语"人群，而是可以在快手自由地表达和记录生活。这种转变使他们更加珍惜发声的机会，共情能力也会更强。例如，快手上拥有1400多万粉丝的美食账号"刘妈妈的日常生活"，主播是内蒙古一位普通妇女，因一条吃饭视频意外

---

① 90后报告：用户数破3.62亿，抖音月人均使用时长近33小时［EB/OL］.（2020-09-04）［2023-06-30］. https://baijiahao.baidu.com/s?id=1676889274066001006&wfr=spider&for=pc.

在快手走红，发展成为拥有千万级粉丝的网红。[①]粉丝将其作为乡村的"代言人"，并且在评论区像"唠家常"一样与刘妈妈进行互动。从拟剧理论视角来看，社交媒体将人们的线上行为分为"前台"与"后台"。抖音的时尚、潮流、年轻化的趋势更贴近于包装与管理后的"前台"，而快手的真实与下沉更像是不加包装的"后台"，将日常真实的生活记录下来，而由此产生的连接情感也更加真切。

快手虽然是短视频平台，但其直播业务也有大量用户。根据《2020快手内容生态半年报》，快手直播日活跃用户达1.7亿，有80亿对"互相关注"。直播相较于短视频有着更强的陪伴感，维系加强与用户的"拟社会关系"，也需要主播投入更多时间和精力。直播期间，粉丝可以通过点赞、评论、打赏、连麦等方式与主播进行互动，主播也可以通过抽奖、送虚拟币的方式回馈粉丝。快手上有许多专业的情感主播，通过连麦的方式帮助粉丝化解生活中的情感难题。例如，黑龙江广播电视台主持人叶文，通过与女性粉丝连麦帮助她们在家庭矛盾中寻找出路，很多女性粉丝寻求帮助与建议，她们的离婚、家暴、婆媳关系、结婚彩礼等问题在直播间被讨论，粉丝们或是倾诉者、倾听者，或组成"智囊团"参与其中，在家长里短中与主播成为"一家人"，心理距离被大大缩短。

3. 用户与用户的关系

在用户与用户关系层面，抖音与快手都在努力打通并延长关系链。作为具有社交属性的短视频平台，用户关系的沉淀是平台长久发展的关键。在用户的强关系方面，两个平台均推出了通讯录朋友推荐、共同关注好友等常见功能。

除了现实关系，维系好用户的平台原生关系，帮助用户在平台上找到

[①] 收入千万的农村大妈坐拥1500万粉丝！曾因5块钱生活费掉眼泪！[EB/OL].（2020-03-06）[2023-06-30]. https://mp.weixin.qq.com/s/fAdDNu9sO-g8cmxLo4K4qA.

归属感和"朋友"也是抖音与快手的努力方向。以私域流量为重心的快手在建立和加强用户关系方面有着天然的优势,由于创作者与粉丝的紧密联系,喜欢同一创作者的用户间的联系也会随之加强。例如,在短视频直播间,粉丝送"穿云箭"等礼物不仅会得到主播的感谢,还会引起其他粉丝的关注,观众榜单的前几名用户也会收获一定的粉丝;加入主播粉丝团的用户在直播间评论时也会显示特殊的"灯牌",如"某家军"等,帮助他们在直播间、评论区产生归属感。

快手平台的用户职业包括卡车司机、群众演员、赶海渔民、快递员、小卖铺店主、垂钓爱好者等,他们有着不同的身份和爱好,能够在快手找到"组织",形成趣缘社群。据报道,快手上有着近1200万卡车司机,其中很多司机通过短视频相识,从而建立互助群,不仅交流工作经验还互相介绍工作、转卖卡车、提供救助等。类似的如垂钓群等趣缘社区,用户在平台上找到志同道合的朋友,一起分享垂钓经验,展示垂钓成果。这些社群虽然小众,但充满活力,用户间不再是毫不相关的陌生人,而是有共同语言和互相帮助的朋友,由此产生的关系也更加密切、质量更高。

(二)视频直播平台与赋权

赋权最初是一个社会学概念,后来延伸至传播学、管理学、政治学等学科。赋权的定义可以从个人和群体两个层面分为动机性概念与关系性概念。[1]个人层面的赋权,主要强调个人效能感与自我控制能力的提升,使得个体强化达成目标的动机;而群体层面的赋权是一个动态、跨层次、关系性的概念体系,是社会互动的过程。随着数智技术的发展,赋权与媒介技术相结合,正如尼葛洛庞帝在《数字化生存》中提出的,"赋予权力"是数字化生存的特征之一。社交媒体上不同群体的话语权大小存在鸿沟,但面

---

[1] 丁未.新媒体与赋权:一种实践性的社会研究[J].国际新闻界,2009(10):76-81.

对平台与算法的强大力量，大多数普通用户都是弱势群体；平台赋权使部分权力向用户或用户群体流动，给予个人或群体更多权力的空间。

1. 个人赋权

从拓宽自我表达方式、丰富社会链接、拓宽实践空间等层面来看，快手和抖音等社交类短视频都为用户提供了更多可能，赋予了更多权力。通过短视频找到亲人的老兵、通过直播带货创造收入的主播、借由短视频筹集善款的乡村教师，都是媒体技术赋权的受益者。短视频平台降低了网络表达的门槛，并且表达效果更加直观。就具体平台而言，抖音与快手的赋权对象及方式都存在差异。

一方面，抖音和快手的赋权对象有着明显差异。抖音虽然为用户带来了更加直观、生动的表达和记录方式，但是其更加注重头部和优质计划账号的培养，这也形成了平台的"马太效应"。由于快手的流量分发逻辑，每位用户的作品都有100人左右的基础流量，也就是说通过审核的每个作品都会被推荐到100位左右的用户主页，如果数据达到标准，那么这个作品则会被投放到更大的流量池中，推荐给更多用户，获取更多曝光。

另一方面，抖音与快手的赋权方式也有所不同。运用平台实现变现是抖音与快手赋权用户的重要表现，变现方式主要以广告和直播带货为主。在广告变现方面，抖音具有公域流量优势，并且配套的巨量星图平台具有帮助广告主决策、供需匹配、高效流程、数据复盘的功能。广告主下单后，巨量星图会在平台发布任务，达到要求的用户便可接受任务，平台会根据播放量计算收益，结算给用户。此类广告推广在抖音的公域流量池更容易被优先推荐，保证广告的传播效果。同时，快手的变现方式则以直播带货为主。据《2021快手创作者生态报告》，2020年1—9月，2300万人在快手上获得收入[①]。据《2020快手电商生态报告》，66%的快手商家粉丝量低于

---

① 快手大数据研究院. 2300万用户在快手获得收入！［EB/OL］.（2021-04-21）［2023-06-30］. https://mp.weixin.qq.com/s/W6Q8SXzewlE07p6xeXeUBQ.

1万[1]。快手创作者的粉丝数量可能很难达到超大量级，但粉丝忠诚度较高，愿意为喜欢的KOL买单，因此平台内实现变现并非难事。

2. 群体赋权

群体赋权更倾向于关系性的概念，不仅是个人的赋能，更是关系与关系的联结、群体内外的互动。目前，在抖音和快手上已经形成一些基于兴趣的规模社群。从社群关系的强弱来看，快手作为强关系平台，用户间的联系更加紧密，因此更容易形成粉丝社群或趣缘、业缘社群。快手推出的群聊功能，能够通过群名检索到相关群聊，类似于QQ群，为社群的形成与发展提供了支持。同样，抖音也推出了群聊功能，且更倾向于熟人社交，类似于微信群，弥补了熟人社交的空白。此外，私域流量集聚也为快手社群化提供了机会，当粉丝流量聚集到一定程度便有可能出现组织化的社群；而社群文化一旦形成，则会反过来加固用户关系，使私域流量更加稳固。

快手的社群细分更加多样，很多职业和有共同兴趣的群体也能够在快手找到交流空间。例如，在快手有许多大棚建造、种植交流群，感兴趣的农民可以通过群聊联系厂家，分享经验。因为平台的下沉特点，快手将不同地区四、五线城市的工人、农村的农民、海上的渔民、草原上的牧民等一直在互联网沉寂的个人与群体相连接，在记录他们生活的同时，将他们的故事向更多用户传播。

虽然抖音与快手在公域流量与私域流量上各有侧重，但是随着两者市场份额的不断扩大，差异化发展的方式很难获取更多新用户，两者的发展策略已经开始趋向同质化。抖音正在努力打造私域流量池，在平台内推出了企业号功能，将企业和粉丝连接起来，培养强关系，培养优质内容创作者；同时抖音在直播带货赛道持续发力。同时，快手虽然一直坚称"得私

---

[1] 快手大数据研究院. 快手电商GMV：2年增长1000倍［EB/OL］.（2020-11-10）［2023-06-30］. https://mp.weixin.qq.com/s/hNh9Dz1PE9zhi6jJd8Rkdg.

域者得天下",但依靠私域变现的收入远不及抖音公域流量带来的变现能力。因此快手也推出了类似于"巨量星图"的"磁力聚星"平台,推动平台广告变现的脚步,从私域走向公域。

当然,公域流量与私域流量其实不是非此即彼的关系,尤其在平台想要利用一切流量扩容的时期,更是要将公域流量与私域流量相结合。做大公域流量能够为私域流量提供更多积累粉丝的机会,而私域流量池内沉淀的"真爱粉"能够反哺公域流量,提升平台变现能力。抖音与快手虽然有着已经积淀下的结构与格局,但随着竞争的加剧,平台的流量大多处于流动、持续的状态,对于社群强弱关系以及赋权的影响也并非一成不变。当前,从认知传播的视角建立在公私域流量基础之上的"心域流量"似乎能够为流量密码重新洗牌,将注意力的争夺转移到品牌质量提升、用户信任打造与正能量健康平台生态的建设之中。

本节小结

根据国家互联网信息办公室《数字中国发展报告(2021年)》,从2017年到2021年,我国网民规模从7.72亿增长至10.32亿,互联网普及率提升至73%。特别是农村地区互联网普及率提升到57.6%。最新的《中华人民共和国2023年国民经济和社会发展统计公报》显示,我国当前互联网上网人数10.92亿人,其中手机上网人数10.91亿人。互联网普及率为77.5%,其中农村地区互联网普及率为66.5%,明显提升,"数字中国"建设发展迅猛[①]。互联网市场规模也逐渐稳定,流量红利正在消退,平台获客成本不断上升,流量的价格不断增长,同时在算法分发机制下,用户触达效率的不

---

① 国家统计局发布2023年国民经济和社会发展统计公报[EB/OL].(2024-02-29)[2024-06-30]. https://baijiahao.baidu.com/s?id=1792200877111245278&wfr=spider&for=pc.

确定性提升，导致了"流量内卷"的形成。因此，直播短视频平台不得不找寻新的流量入口，提升自身变现能力，以及用户的促活及留存率。

本节以场域理论中的"媒介场"为基础，围绕其核心概念"资本"和"惯习"，以直播短视频平台最重要的"资本"流量资源为切入点，探究和对比当下直播短视频市场的两种代表性媒介平台的场域特性及文化商业的影响和表现，认为抖音和快手的媒介场域有明显不同，抖音属于"中心化"的基于"内容"的媒体场，而快手则属于"去中心化"的基于"人"的社交场。

在此基础上，私域流量池建设成为互联网平台的焦点。私域流量相较于传统的公域流量，其成本更低、触达率更高、灵活性更强，能够随时随地触及目标受众，成为备受追捧的新赛道。随着各大互联网平台入场，私域流量的玩法也更加成熟，除了淘宝、微信等传统互联网企业，近几年崛起的短视频巨头抖音与快手也纷纷布局私域流量，打造"社交电商"模式。近两年出现的心域流量，则是立足认知传播的视角，在公域流量和私域流量的基础之上建立用户信任、达成用户共鸣，沉淀健康、持续、有温度流量的行为。当前，公域流量、私域流量和心域流量不仅成为社交短视频平台的商业模式，更是成为平台健康生态建设的关键，影响着社群强弱关系与圈层赋权。

第三节 网络直播电商行业内容生态健康指数

一、网络直播电商行业内容生态健康指数的构建及其意义

电商行业是社会媒介化进程中最具活力和热度的行业，在经济建设和人民生活中扮演着举足轻重的角色。当前，电商内容的供给侧已经进入移动互联应用和品牌发展时代。"美好数字生活新图景"、移动电商消费转型、农村数字化市场体系振兴，成为当前电商的主流趋势。5G、人工智能、移动支付、短视频、直播、大数据等技术成为移动电商加速结构性迭代、品牌传播升级、市场生态化发展的基础动力。在消费端，"90后"等新青年"后浪"成为移动消费主力人群，更加注重内容的个性化、品位化、多元化，更接近新场景、新生态、新圈层和新渠道，更加关注品牌、品质和健康。在这一新电商生态的变化中，内容是电商行业生命之本，是连接用户和商品的中枢系统。

当下电商行业，尤其是直播带货向着2.0阶段进化，呈现新发展格局。电商平台更加注重打造消费内容生态的流量闭环，注重圈层归属、情感黏性和个性化市场，选择精准化、差异化、人格化的内容路径，让用户精神

情感领域与物质领域的需求在高度融合的状态下完成消费升级。如哈佛大学管理学专家萨尔特曼（Zaltman）所言，消费者绝大部分的购买决策过程发生在阈下知觉的阶段[①]，注入情感、品质、知识、场景营销等精细加工模型中边缘路径因素的影响不容忽视。同时，平台正逐步告别流量收益分成的粗放模式，越来越倾向于打造内容丰富的生态圈层、塑造多元消费场景，提升电商内容生态的社会溢出效应，为商家提供更精准的场景营销和内容营销。基于此，电商行业内容生态健康指数（E-commerce Content Ecology Health Index，ECHI）的构建就显得非常重要而紧迫。

应该说，电商行业内容生态是一个将电商与内容进行整合的综合性概念，但并不是所有的内容都可以与电商进行整合，只有PGC（Professional Generated Content，专业生产内容）与UGC这类内容才是与电商进行整合的优质载体，内容平台价值越高，消费与推广的场景也会越来越丰富，电商植入的可能性也越高，商业价值也就越强，这种公共领域和私人领域逐步集成分布的电商内容生产和内容消费的比例也就会越高。概言之，生产方、销售方、平台方和用户等均参与到电商内容生态之中，通过内容生产，通过KOL、短视频、直播、热点、IP等优质内容和关键节点，在自有平台或第三方社交平台创造内容，连接消费者和商品，以实现用户流量的流通和转换。

二、电商行业内容生态的现状

（一）电商行业内容生态的六大主体及其行动者角色

内容成为电商发展新阶段的根本和抓手，让消费者"边逛边学"，不再

---

① ZALTMAN G. How customers think: essential insights into the mind of the markets [M]. Boston: Harvard Business School Press, 2003: 223.

是简单的物质的低层次满足，知识付费、专业性知识、KOL 等 PGC 内容开始在电商直播中成为差异化转型的标配。综合来看，电商行业内容生态的参与主体至少包括平台方、商家、专家、专业协会、用户、监管方等六类。

其一，直播平台方是电商内容生态的枢纽和空间载体；商家是电商内容生态的主体，是内容生产者和传播者。以往电商通过低价宣传、粗暴刷屏式的直接推荐方式，带动用户在高情绪场景下购买商品；而如今，商家将商品销售转成了情感陪伴、社交链接和知识付费。用户对于优质直播账号的正向反馈，也体现了消费者直播购物理念的变化，以及优质内容对消费者的留存作用。

其二，专家和专业协会则借助自身的知识标签和身份，扮演着专业知识的传播者和推广者的角色。某些具有专业知识支撑的产品，需要专家进行知识普及与维护，聚合多方力量，推动行业建立共识和标准，并将业界的专业知识翻译成消费者易懂的科普内容，促进科普传播，让用户"边逛边学"。

其三，用户既是商品的消费者，又是内容的消费者和口碑的生产者。近些年，需求侧用户的购买心智和消费者素养逐渐提升，表达出日益增长的对于优质平台、优质内容、优质商品和优质生产者的极大需求，这也反过来促进供给侧的电商内容产业的持续升级，以及电商内容生态和发展环境的不断优化。

其四，监管方则是内容生态的保驾护航者，为内容生态的健康发展营造出鼓励创新、规范有序的市场环境，从监管和创新"两翼助力"[1]。一方面，通过惩劣奖优进行内容行业的引导和完善，推动技术创新和模式创新；另一方面，理顺不同内容生态参与主体的责任和权利，实现整个内容生态向阳发展，在实现经济利益的同时也兼顾社会效益。

---

① 刘艳.平台经济健康发展需"监管+创新"两翼助力［EB/OL］.（2022-02-22）［2023-06-30］.https://m.gmw.cn/baijia/2022-02/22/35535343.html.

（二）案例解读：直播平台情感与知识带货的"温室管理"模式

相关数据显示，社科人文、情感、动物、美食和科普类视频成为近年来播放量上升最快的五个内容品类，其中科普类视频的播放量增长高达1994%，知识型短视频播主备受关注[1]。以"东方甄选"的知识带货模式为例，打造优质内容成为直播电商转型的"流量密码"。近期，《网络主播行为规范》《网络直播营销活动行为规范》等出台，为网络主播直播营销行为划定"红线"。内容差异化发展、公域私域联动协同以及"兴趣电商"和"信任电商"的提法正在拓展电商行业边界。

有调研显示，随着电商直播市场日益成熟，消费者对于电商直播主播的文化底蕴、知识储备和专业能力均提出了更高的要求。艾媒咨询发现，69%的直播用户认为有必要提升直播内容的质量，65.1%的用户则认为主播筛选机制仍有改进空间[2]。因此，"东方甄选"双语带货和"课堂师生互动式"的直播模式一经出圈，就被用户称为"最有文化的直播间"，同时以新东方的激情、励志和幽默特质进行直播带货，给用户带来快乐正向的精神满足。这反映了电商直播平台力图打造专业化、精品化商家和内容，培育优质作者精神和正向价值体系，提升社会舆论引导力的趋势。

优质、专业、差异化的内容是电商行业的"硬通货"。若要吸引直播间受众的注意力、提高用户留存率和黏性、拉升GMV，内容才是根本。优质内容的生产和输出，需要优质的创作者和主播的培育。因此，如何正确引导直播商家、扶持新型内容营销主体、鼓励优质内容创作，成为电商行

---

[1] B站迎成立12周年 过去一年科普播放量增长1994%［EB/OL］.（2021-06-28）［2022-08-30］. https://baijiahao.baidu.com/s?id=1703780730794259221&wfr=spider&for=pc.

[2] 艾媒大文娱产业研究中心，艾媒网.艾媒咨询｜2021—2022年中国MCN行业发展研究报告［EB/OL］.（2021-12-28）［2022-08-30］. https://www.iimedia.cn/c400/82822.html.

业当前的重要命题。以抖音电商为例，近两年来推出《电商内容创作规范》和《2022抖音电商优质内容说明书》。前者包含真实、专业、可信、有趣等四个关键词，明确了电商内容的平台底线和质量标准[1]；后者围绕原有准绳，建立了一套内容生态分级标准制度，从"声画质量、信息价值、直播交互、作者影响力、品牌价值、商品品质"六个维度，对创作者发布的内容质量进行分级，"手把手"帮助创作者深入理解平台优质内容标准，使其在各个行业得到更好的实践、延伸和表达[2]。

此外，优质内容扶持的基础环节和资源倾斜也必不可少。抖音电商于2022年3月28日启动"春雨计划"，对优质正向内容充分倾斜资源，引导电商创作者建立明确的价值导向，并以此对其经营行为进行校准。7月26日，"春雨计划""美好生活方式"首期主题活动收官，平台电商优质内容供给协作机制正式建立，共计挖掘优质内容超37万条，奖励流量约160亿。[3]可以说，优质电商直播账号符合电商平台健康内容生态分级的标准和发展趋势；电商内容生态治理和引导的一系列制度和措施，也营造了有利于一大批电商直播账号创作与传播优质价值内容的基础环境。

从这个意义上说，商家必须具有长远的战略眼光，不能局限于一时的流量和销量，需要打造"温室管理模式"，即在市场大环境下，电商平台企业通过规则、管理和程序要素的设定，合理设计并动态调整平台层面的"小环境"[4]，从而引导商家自组织成长、规范卖家行为，兼顾宏观社会价值、

---

[1] 抖音电商内容创作规范［EB/OL］.（2022-03-09）［2022-08-30］. https://school.Jinritemai.com/doudian/web/article/aHHpV15T8p6J/.

[2] 流量突围新引擎：2022抖音电商优质内容说明书［EB/OL］.（2022-03-14）［2023-06-30］. https://school.Jinritemai.com/doudian/web/article/aHRVyinPZExN?from=shop_school_required.

[3] "春雨计划"首期活动收官 抖音电商跑通优质内容供给机制［EB/OL］.（2022-07-28）［2023-06-30］. http://www.100ec.cn/home/detail--6615594.html.

[4] 汪旭晖，张其林.平台型电商企业的温室管理模式研究：基于阿里巴巴集团旗下平台型网络市场的案例［J］.中国工业经济，2016（11）：108-125.

中观平台战略、微观商家目标的统一。

三、电商行业内容生态健康指数

（一）若干有代表性的健康指数及其构建

健康是衡量人们身体生理指标的一个核心概念，同样，对不同的主体、行业来说，健康也是社会各主体得以运行的核心基础指标。因此，健康指数是指将研究对象作为一个复杂的生命组织系统，研究其生态状况和运行情况；若是生态"健康"，则表示其运行处于一种良好状态。目前学界、业界有这样几类既有健康指数：

一是国家健康指数（NHI）。由中国科学院提出，将国家健康划分为国家代谢、国家免疫、国家神经和国家行为等四个子系统，指子系统自身运行良好，以及相互之间整体自洽、平衡、协调、和谐的状态。具体指标包括，第一，免疫指数，如自然禀赋、经济系统、社会系统；第二，责任指数，如裁减军备、消除贫困、发展援助、资源节约、保护环境。国家健康水平分为四类，健康盈余型、健康达标型、健康透支型、健康脆弱型；长期趋势来看可分为成长型、均衡型、衰退型[1]。

二是产业健康指数。产业生态系统要想维持其健康和活力，需要该系统的外部环境与内部机制共同作用，达到较为均衡、稳定和安全的状态，从而实现生态系统的可持续性和韧性，保持动态均衡。具体指标包括：第一，生物多样性，即产业组织结构多样化、均衡化，企业之间有效竞争，保持活力；第二，外来生物入侵，即跨国投资企业对于竞争环境的适应性，以及在本国与外来产品的竞争能力和生存空间；第三，生态

---

[1] 编辑部.中国科学院发布《国家健康报告：第1号》[J].人口与计划生育，2013（6）：59.

系统恢复能力，即自救能力、抗压能力和学习能力；第四，生态系统服务功能，健康的生态系统可以提供数量较多、质量较高的生态服务，也会使系统保持健康循环；第五，生态安全预警系统，即产业生产力如外部环境的政策与经济因素，产业控制力如外部资本和竞品的应对、产业内部均衡性等。①

三是上市公司健康指数。由中国上市公司协会指导，以仿生管理学为基础，包括法人治理结构和机制系统、外部监督系统、创利能力系统、竞争态势系统、价值再造系统、产品销售系统、资产资本结构系统、内控制度系统、企业文化系统这九个层面，综合健康诊断评价体系，为公司市场价值提供前瞻和预测②。

四是政务舆情健康指数。该指数由人民网舆情数据中心提出，具体包括：第一，舆情能力指数，科学评估舆情的素养、处置技巧、舆情管理能力、抗压能力；第二，组织健康指数，调研、评估政务舆情工作组织建设及资源筹备能力；第三，机制健康指数，全面分析、评估政务舆情工作机制完善程度和保障能力；第四，生态健康指数，科学评估地方政府的舆情生态健康程度。③

（二）电商行业内容生态健康指数及其构建

内容生态是指内容生产相关主体在运营中进行的生态化发展，只有几者之间都能相互关联、互助和谐发展才能实现内容生态。如果竞争模式不

---

① 王晓云，许芳.产业安全问题研究：基于生态学视角［J］.郑州航空工业管理学院学报，2008（3）：5-10.
② 程凤朝，王竞达，张秋生.中国上市公司健康指数报告：2021［M］.北京：中国财政经济出版社，2021：36.
③ 人民网舆情数据中心"舆情健康指数"课题组.人民网舆情数据中心发布"政务舆情健康指数"评估体系［EB/OL］.（2022-06-13）［2023-08-30］.https://mp.weixin.qq.com/s/I44CvQ1Q5VidZPCZbr8eRw.

健康，买流量、买内容、买用户等"自杀性高投入"则不可持续，大量补贴确实推动了一段时间内的注意力热潮，但也很容易导致低俗化泛滥不可遏制，给商业化和政府监管带来极大风险。从内容生态的长远发展来看，确保健康的核心不是无节制的炒作，也不是塑造缺乏正能量的"空心偶像"，而是真正发现和服务于用户的核心需求。

因此，电商行业内容生态健康指数的构建，是借鉴上述思路，立足电商行业的特色和关键问题所提出的健康指数。按照产业创新理论，产业创新系统包含三部分，第一，知识与技术，指支撑产业的关键性基础技术、知识创造与交换；第二，行动者与网络，是企业与其他社会组织与个体的市场和非市场互动，个体行为者如用户的内容生产及其商业化；第三，外部环境，如制度规范、公序良俗、法律和标准等。[1]由此可见，电商行业内容也包括：首先，专业性、原创性内容的创造、传播与保护，满足社交化电商流量和移动场景支付的底层技术架构；其次，用户生成内容的激活、维持和商业化；最后，外部环境如政策、标准、伦理要求等。

产业内容健康指数的测量，可分为内部生长力、外部竞争力、运行整合力等三个部分[2]。具体到电商行业内容，内容的结构合理性、多样性，内容数量规模、差异化、个性化，内容质量，以及与组织目标的一致性、协同性、稳定性，都是需要考虑的指标。基于此，研究提出了电商行业内容生态健康指数，如表2-1所示。

---

[1] 戚聿东，朱正浩.Malerba产业创新系统理论述评及中国情境下的研究展望[J].当代经济科学，2022，44（1）：39-54.

[2] 吴承照，马林志.上海旅游产业结构健康指数及其应用研究[J].同济大学学报（社会科学版），2009，20（2）：108-113.

表2-1 电商行业内容生态健康指数

一级指标	二级指标	三级指标	具体要素
免疫指数 50	外部环境指数20	政策环境10	电商行业政策规范指导、内容和技术标准要求
		跨国出海10	海外产品适应性和竞争力
	内部生长指数30	内容均衡性10	头部电商主播比例
		内容多样性10	电商垂直品类数量
		内容活跃性10	用户生成内容数量
责任指数 50	健康产品指数25	内容正向度8.3	正向关键词的数量规模
		内容口碑度8.3	正向内容的社会舆论评价
		内容赞誉度8.3	是否得到相关部门认可推广
	健康标准指数25	内容标准性8.3	是否提出或协助制定行业内容标准
		内容正能量度8.3	正能量活动/策划的数量及比例
		内容引导力8.3	内容生产对社会舆论引导力

从表2-1中可以看出，该指数主要包括免疫指数和责任指数，其中免疫指数主要是电商内容平台自身面临的内外部环境，这些环境要素对其自身未来的发展如同预防针一样，具有很强的免疫力和健康度，应对外部环境的政策改变灵敏度较高，平台内部内容的均衡性、多样性和活跃性都较高，具有可持续发展的巨大潜力，因此，其又包括外部环境指数和内部生长指数两个维度。需要说明的是，外部环境指数均有一定的恒定性，因为政策是针对行业的，并不针对某个具体企业。

责任指数主要包括健康产品指数和健康标准指数两个方面，健康产品指数即内容平台整体的美誉度，包括内容正向度、内容口碑和内容赞誉度这三个具体二级维度；健康标准指数则包括内容标准性（是否具有可持续推广的价值）、内容正能量度和内容引导力，主要是持续考察内容平台在当前政策环境下的可持续性和可维持力。

在各指标赋值上，免疫指数50分，责任指数50分，共100分，由于外部环境是相对比较固定的因素，在征求专家意见形成共识后，赋值为20分，其余是均值赋值法，这样就得出了每个内容平台内部内容生态健康指数范围为0—100分。80—100分为健康盈余型，60—79分为健康达标型，40—59分为健康透支型，40分以下为健康脆弱型。

在数据获取上，数据来源（2022年）主要来自以下：一是对主要平台的数据进行抓取；二是第三方数据，主要来自公开发布的网站报告、数据，以及舆情软件平台数据；三是政府部委网站数据，主要使用爬虫进行抓取。相关数值都转化为标准值后，以最高值为二级指标的满分值来计算。

（三）国内直播电商行业内容生态健康指数评估

1.免疫指数评估结果

以抖音、淘宝、快手等平台为代表的"商家+主播直播"的内容生态建设模式的免疫指数最高，主要是这种模式内容多元且均衡，粉丝范围宽度大，覆盖群体多元，具有很强的免疫能力。据相关数据显示，三家平台月活跃用户均在3亿以上，这些都保证了平台在内容生态建设上具有稳固的粉丝数量作为强大支撑。整体上来看，电商综合平台类型免疫指数较高，垂直品类为主的平台免疫指数中等，新兴小型平台则还处于不断成长和发展的状态。

2.责任指数评估结果

在直播电商行业内容生态责任指数排行中，抖音、快手、拼多多、京东和淘宝在当年处于前五位，其中抖音和快手作为国内依靠社交直播短视频的内容平台，在内容生态建设上具有天然的优势和基因；而拼多多、京东和淘宝则是传统的主流电商平台，近年来不断发力直播带货模式，在内容生态建设上也获得了大量粉丝的关注。因此综合来看，在责任指数上，综合性大平台依然是整个电商行业内容生态责任建设的领头羊，是头部平台，也应当是进行社会正能量传播和价值引导的主力军。

四、基于内容生态健康指数的直播电商行业分析

（一）外部环境：直播社交电商和农村电商鼓励和监管政策

近年来，社交电商行业政策逐步完善，从鼓励发展向规范发展、健康有序发展、可持续发展的方向迈进。

2016年，《"十三五"国家战略性新兴产业发展规划》首次提出鼓励电子商务行业发展，指出加快重点领域融合发展，推动数字创意在电子商务、社交领域的应用，发展直播社交电商、粉丝经济等营销新模式。

2018年，《社交电商经营规范（征求意见稿）》成为商务部唯一批准的社交电商行为规范，旨在建立社交电商发展的良好生态环境，加快创建社交电商发展新秩序，促进直播社交电商市场健康有序发展，夯实行业自律，健全电商发展支撑体系；同年8月，电商领域首部综合性法律《中华人民共和国电子商务法》正式实施，鼓励发展电商新业态，创新商业模式，促进技术研发和应用推广。

2021年，中国服务贸易协会《社交电商企业经营服务规范》颁布，成为首部直接提及社交电商营销模式合规的标准，规定了社交电商服务体系、基础保障、交易过程和客户关系服务要求等；同年3月，国家市场监督管理总局《网络交易监督管理办法》，对于通过网络直播等网络服务开展网络交易活动的经营主体进行了规范。

从农村电商发展来看，2022年2月，中央一号文件提出实施数字乡村

建设发展工程，指出要全面推进乡村振兴重点工作，并明确了包含"加强县域商业体系建设""大力推进数字乡村建设"在内的多项任务。发展农村直播电商，实施"数商兴农"，提升农村数字化市场体系和农村消费扩容升级。

2022年4月，中央网信办等五部门印发《2022年数字乡村发展工作要点》，明确工作目标，到2022年底数字乡村建设取得新的更大进展，乡村数字经济加速发展，农产品电商网络零售额突破4300亿元。同月，农业农村部、财政部、国家发展改革委联合印发《关于开展2022年农业现代化示范区创建工作的通知》，提出重点发展农村电商等产业。农村直播电商发展，通过移动社交网络嫁接各种服务于农村的资源，拓展农村信息服务业务和服务领域。

由此可见，在政策监督、市场监管与行业自律的多元推动下，以社交移动平台直播电商为代表的新业态、新模式未来将驶上健康有序、可持续发展的快车道。

（二）内部生长：直播电商垂直品类全覆盖，注重推出"后浪"品牌

从市场发展角度来看，直播电商领域的所谓"后浪"品牌具有较高的发展潜力。根据易观品牌发展洞察数据，首先，服饰鞋包类，规模庞大，时尚个性服装具有较大潜力，属于中吸引力、高成功可能性的垂直品类；其次，休闲食品饮料等，市场规模已超过万亿，增速超过5%，消费妥协程度高，产品更新迭代速度快，能够持续吸引资本进入，极易产生细分市场的潮流爆品，属于高吸引力、高成功可能性的垂直品类，类似的品类还有美妆、宠物用品、汽车等；最后，母婴产品、小家电、3C数码产品等，规模大、增速快，特别是潮玩IP类品牌，增速可达到30%，属于高吸引力、中成功可能性的垂直品类。

当前，直播电商垂直品类更注重释放消费潜力，刺激提升边际消费。据中信证券数据，2021年上半年，线上消费需求提升，网上零售同比增长5.6%，占社会消费品零售总额的24.9%。从细分领域看，与居民生活关系密切的衣食品类，电商销售分别同比增长16%和6.3%。其中，食品类、休闲类和健康类消费需求较强，包括粮油食品、饮料烟酒、文化办公、书报杂志、中西药等，这些直播电商垂直品类表现出应对疫情冲击的韧性。

以抖音为例，直播电商围绕"全域兴趣电商"进行一系列业务布局。如发力云零售，帮助商家打通线下生意；建设供应链云仓，为商家提供解决方案、履约保障，为用户提供更好的物流体验；针对头部品牌商家推出"DOU2000计划"，同时继续推进针对新锐品牌的"抖品牌计划"，全面建设品牌阵地。2021年，180万商家新入驻抖音电商，每月超过2亿条短视频内容和900多万场电商直播，累计售出超过100亿件商品。抖音电商数据显示，2021年"818新潮好物节"，抖音电商直播间时长累计达2354万小时，商家自播总时长为1185万小时，占比超过50%；其中，国货品牌数量占比为74.9%，国潮好物销量增长了443%。

（三）健康产品：打造直播电商优质内容，传播正向情绪

对拓尔思数据平台获取的2022年4—7月的直播电商内容数据进行分析显示，在各品类的抖音电商直播内容中，正向情绪的内容占比达到95.4%；高频词为"新农人计划、好物推荐、助力三农、山货上头条、春雨计划、预制菜、乡村振兴、春天开阅季"等。

同期，快手发布《快手2022年度企业社会责任报告》[①]，指出快手在

---

① 张淼.快手发布Q2业绩：日活3.47亿创新高 总流量同比提升近40%［EB/OL］.（2022-08-24）［2023-06-30］. https://baijiahao.baidu.com/s?id=1742029823964033358&wfr=spider&for=pc.

2021年公益项目投入直播总时长为21663小时，联合湘西慈善总会推出"慈爱助孤计划"，关注孤儿及事实无人抚养儿童。同时，联合中国老龄事业发展基金会推出"养老服务机构视频直播创作者孵化计划"，开展直播短视频创作公益的培训。2022年8月，快手还启动"幸福乡村带头人计划"，预期未来三年将开展超过100万人次的"直播＋短视频"乡村振兴人才培训。

（四）健康标准：完善直播电商行业内容生态健康标准，最大化维护创作者和消费者权益

在直播电商行业层面，内容生态健康标准的倡导和完善，有助于最大化维护创作者和消费者权益，规范商品分享内容和形式，打造平台优质内容生态，从而反哺电商平台。以抖音为例，平台探索直播电商行业内容生态健康标准，在2021年先后发布《电商创作者管理总则》和《电商内容创作规范》，明确创作者的交易主体责任，以及真实、专业、可信、有趣的核心创作理念。2022年，发布《2022抖音电商优质内容说明书》和《行业特色优质内容指南》，前者明确了电商内容的平台底线、质量标准以及判断方式，后者是对前者的进一步延展和细化，鼓励创作者用优质内容传递美好生活。

在持续进行规则建设之外，抖音电商还于2022年3月28日启动"春雨计划"，配合《2022抖音电商优质内容说明书》，对优质正向内容充分倾斜资源，建设优质内容标准，指引创作者提高创作优质内容的能力。6月，抖音启动"100种美好生活方式"主题活动，分行业进行平台优质内容标准宣传推广，提供更多的流量激励、权益保障、内容活动和业务助力，旨在鼓励商家和达人创作优质电商内容，推动整个平台优质内容生态良性快速发展。

五、基于生态健康治理模型的针对性建议和对策

（一）多利益相关方实现电商行业内容生态健康指数与动态均衡

移动社交电商内容生态治理的多利益相关方，在内圈层部分包括平台企业承担主体责任、行业组织监督、消费者用户参与、服务商和网络运营商协同等，在外圈层部分包括政府主导、社交媒体生态等综合治理模式。根据平台型媒体内容生态治理的模式[①]，本节研究提出"平台型电商内容生态多主体综合治理模式"（图2-5），通过各个治理主体的协同作用，实现动态链接和有效运作，达到电商行业内容生态的健康、正向、有序和可持续发展。

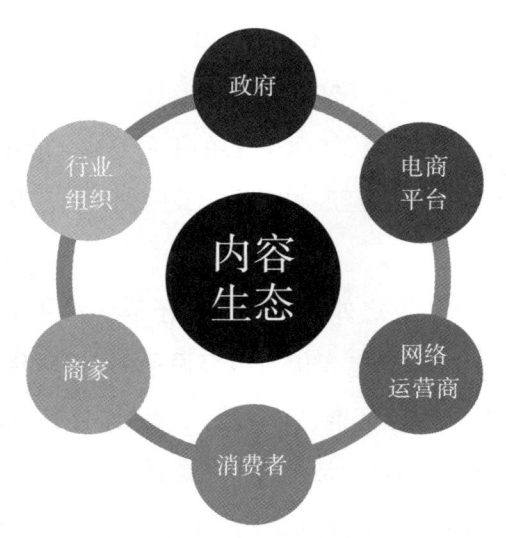

图2-5　平台型电商内容生态多主体综合治理模式

---

① 邹军，柳力文.平台型媒体内容生态的失衡、无序及治理［J］.传媒观察，2022（1）：22-27.

通过构建电商行业内容生态健康指数（ECHI）分析，目前电商生态健康程度在政策环境指标方面整体表现良好，近年来社交电商行业政策逐步完善，从鼓励发展向规范发展、健康有序发展、可持续发展的方向迈进；内容均衡性、多样性、活跃性表现优秀；内容标准性、正能量度和引导力，以抖音、快手、淘宝为代表的头部平台表现突出，而全行业效仿标杆企业先进做法，未来依旧有很大提升空间。

对于外部环境改善，中共中央办公厅、国务院办公厅印发的《建设高标准市场体系行动方案》指出，要实现社会电子商务行业的健康发展，长远来看，需要进一步改善和提升整体生态环境，从立法、执法、行业共治和企业自律等方面共同努力，形成有效的合力。除了加强日常监管和执法，包括行政处罚，还要从源头上对违法行为进行严格监控和管理，建立覆盖售前、售中、售后全过程的法律法规体系。执法部门、市场主体、消费者、媒体和非政府组织应建立有效的沟通渠道，形成行业共治力量，实现对社会公共产品的全面有效监督和管理。从农村电商发展来看，2022年2月，中央一号文件提出实施数字乡村建设发展工程，发展农村电商，实施"数商兴农"，提升农村数字化市场体系和农村消费扩容升级。

值得一提的是，推进电商跨境出海新探索，打造良好发展环境，是后疫情时代电商行业健康生态建设的新兴挑战和重要一环。例如，2020年底，字节跳动成立内部代号为"麦哲伦XYZ"的团队推进跨境电商业务，并着手建立各项基础设施，投资了亚马逊"跨境大卖"斯达领科和帕拓逊，以及跨境物流公司如纵横集团和iMle等，并于2021年底推出两种电商模式，TikTok Shop（抖音小店）和TikTok Storefront（合作店模式），平台负责商品展现和引流，而后续步骤可在品牌自身合作的独立站内完成。据36氪数据，TikTok在2021年GMV高达60亿元左右，交易主要来自印尼和英国。不过，国内电商跨境出海，面临的固有问题如文化基因、商业转化率，以及次要因素如流量、供应链、支付、物流等，同时遭遇老牌海外电商平台的激烈竞争，依然需要不断酝酿创新思路、打通市场链路。

对于内部结构提升，一方面，电商内容生态健康程度和质量整体提升，打造正向内容创作和管理标准。例如，抖音打造生态多元识别体系，全面监测平台内容质量分布及变化趋势，快速感知优质内容并给予扶持，同时快速定位劣质内容并及时监管。因此，标准化、规范化内容创作，将电商行业内容生态健康建设提升到一个新的维度，使得新渠道、新青年、新消费不只是形式上的创新，更是消费品质的整体升级。另一方面，传播稳定性和产品供应链优化，助力商业全链条实现价值增值，建立动态均衡机制。例如，抖音围绕全域兴趣电商经营，从云零售到云供应进行业务布局，在供应链云仓端，发布抖音电商供应链云仓产品，为商家提供解决方案和履约保障，商家将在物流商流、区域分仓、平台治理、极速收款等多个方面，享受入仓权益[1]，扣紧电商之路的"安全带"，为用户提供更好的物流体验。此外，电商行业还应打造自身的正能量舆论场域，提升公域引导力。

（二）"3W2H"模式实现电商行业内容生态健康的价值协同与共创

以内容创新为基础的"人、货、场"生态场域建设，是电商内容生态健康协同与共创的价值根本。"3W2H"模式，即目标市场（Where）、产品与服务（What）、用户价值（Who）、如何实现内容价值（How to Achieve）、如何实现企业盈利（How to Make Money）等五大要素[2]，如图2-6所示。其中，内容价值创新是基础，用户价值是核心。

---

[1] 抖音电商升级"全域兴趣电商"，披露供应链云仓项目成效 [EB/OL]. (2022-06-01) [2023-09-30]. https://www.sohu.com/a/553091894_343156.

[2] 刘湘蓉. 我国移动社交电商的商业模式：一个多案例的分析 [J]. 中国流通经济，2018，32（8）：51-60.

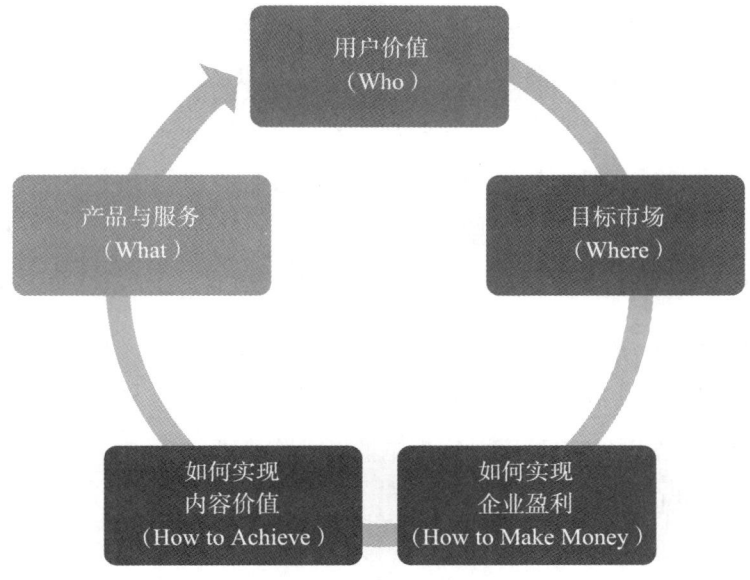

图 2-6 "3W2H"电商商业模式分析框架

就内容价值创新而言，当前电商行业的内容价值创新已经从"消费可及性"阶段，即满足消费者对于基本货品的基本需求、打造基础平台建设，过渡到"消费品质化"阶段，即满足消费者对于优质商品的品质需求，以至"消费兴趣化"阶段，充分挖掘和捕捉消费者需求，推广品牌建设，打造全域兴趣电商。

全域兴趣电商交易链路，可以将目标市场、产品与服务、用户价值这"3W"要素进行全链接、全覆盖、全打通。其中，前链路进行场景布局、种草营销，深度影响用户决策；后链路承接转化，拓宽内容场、中心场、营销场，组成完整场域[①]；联合商家阵地、主题活动、达人矩阵和头部"大V"，优化运用效率，实现品效合一。

就用户价值而言，直播电商的用户链条两端，一端是商家，一端是消

---

① 2021年种草内容平台营销价值白皮书［EB/OL］.（2022-02-28）［2023-09-30］. https://www.thepaper.cn/newsDetail_forward_16867399.

费者。电商企业盈利、实现生态繁荣的关键即服务好消费者用户，加速助力商家成长。以抖音电商为例，抖音号运营能力、直播带货能力、短视频带货能力、流量投放能力、店铺运营能力、服务履约能力等六大能力是服务商能力成长的"风向标"。抖音具备产业带服务商的成熟经营模式，包括代运营模式、陪跑伴教模式、培训模式、千川投流模式、达人分销模式、供应链组货模式和SaaS等工具服务模式。对于用户来说，平台通过商品分、物流分、服务分等打分标准对于服务商进行衡量，全面提升消费者的消费体验；设计粉丝福利机制，精细运营私域阵地，提高用户互动链接，提升消费者亲密度和忠诚度，实现电商行业中企业、用户、产品与服务的价值协同，共创健康内容生态。

本节小结

时至今日，虚拟空间信息量过剩，要通过直播视频内容吸引用户的停留时长，对于优质内容的需求已经提上日程。直播带货发展早期，直播间往往用折扣吸引用户，低价似乎成了唯一的卖点；而当下电商行业，尤其是直播带货进化为2.0阶段，即通过"知识和情感的场景代入"，则跳出了传统强调低价的套路，更注重调性、内涵的唤醒，让用户的情感需求与物质需求达到高度吻合。在竞争日趋激烈的今天，直播电商平台需要逐渐摒弃过去低价多销的策略，更加注重选择精品化、差异化、人格化的高品质内容来突围；逐步告别流量收益分成的粗放式模式，通过打造直播电商平台的健康生态，倡导与完善直播电商行业生态健康指数与治理规则，从外部环境、内部生长、健康产品和健康标准等层面，打造"免疫指数"和"责任指数"的双元创新模式，塑造多维消费场景来为创作者和消费者提供更精准、更优质、更正向的场景营销和内容营销。未来，从圈层到"破圈"，打造新物种、新渠道、新场景、新模式的社交类融合移动电商新媒介，创新音乐陪伴、生活服务、社交圈层相融合的电商内容新生态，将会且应当成为新型电商平台内容生态良性发展、商业模式快速革新、社会正能量积极赋能的助力者和主导者。

第四节　网络视频直播行业与媒介深度融合的新趋势

一、研究缘起：媒介融合短视频化转向渐成常态

数智技术革命、媒介迭代升级带来"万物皆媒""智能互联"的传播新图景。在新常态生活中，短视频和直播平台已经成为人们娱乐休闲、接触资讯、获取知识、消费购物的主要渠道，总体用户规模不断增加。第51次《中国互联网络发展状况统计报告》显示，2022年底我国短视频用户规模首次破10亿[1]，截至2023年6月，用户规模达到10.26亿[2]。5G大容量、高速率、低延迟技术的引入，以及直播短视频界面易上手、易普及的操作方式，使得社会表达和交流的方式以较低门槛呈现在普通民众面前，也正在重塑媒体的产业形态，重构信息的生产与风格，再造用户的心理和习惯。在内外动力的推动下，主流媒体也积极开展媒介融合实践，"短视频/直播+主

---

[1] 中国互联网络信息中心. 第51次中国互联网络发展状况统计报告［EB/OL］.（2023-03-30）［2023-09-30］. https://cnnic.cn/NMediaFile/2023/0322/MAIN16794576367190GBA2HA1KQ.Pdf.

[2] 喻思南，金歆. 我国互联网普及率达76.4%（新数据　新看点）［EB/OL］.（2023-08-30）［2023-09-30］. http://www.cac.gov.cn/2023-08/30/c_1695052264908601.htm.

流媒体"的技术业态创新逐渐成为媒体融合的重要特征。[1]在发展趋势上，短视频平台不断与直播技术这一"承重墙"相互融合；生成式人工智能与数据要素赋能短视频行业新的服务经济增长点；社交媒体和新型电商平台重点布局直播短视频业务；主流媒体作为国家治理的有机组成部分，主动占领舆论思想阵地、重塑舆论生态，积极拓展与直播短视频领域媒体融合，媒介融合开始迈出"短视频转向"的新步伐。

（一）媒体融合与直播短视频

"媒体融合"（media convergence）概念最早由伊契尔·索勒·普尔提出[2]，其定义呈现多样化的视角，意味着两种或者以上的媒介技术、特征以及业态之间的互补和结合，形成新型的传播态势[3]，且融合后的新功能大于之前单兵作战的简单叠加总和。[4]通过跨媒体融合以及媒体矩阵的重新构造，呈现出"资源共享、优势互补"的局面，提升媒体的整体传播影响力。有关媒体融合的理论探索与实践应用，已经从媒介技术融合，向媒介的内容生产、组织转型、所有权融合、文化融合以及多模态融合等多层面展开[5][6]。在直播短视频化的趋势下，媒体融合开始进入新的阶段。与生成式人工智能、数据要素、虚拟现实、全息投影等技术相结合的高质量的短视

---

[1] 黄楚新，许可. 2021年媒体融合：新引擎驱动新发展[J]. 中国报业，2022（1）：16-20.

[2] DE SOLA POOL I. Technologies of freedom [M]. Cambridge：Harvard University Press，1983：1-3.

[3] KAWAMOTO K. Digital journalism：emerging media and the changing horizons of journalism [M]. Rowman & Littlefield Publishers，2003：57-73.

[4] 刘琴. 主流媒体直播探索的理论基础诠释与实践解读[M]. 北京：中国书籍出版社，2019：20.

[5] 喻国明. 推进媒体深度融合需要解决的三个关键问题[J]. 教育传媒研究，2021（1）：12-14.

[6] KAWAMOTO K. Digital journalism：emerging media and the changing horizons of journalism [M]. Rowman & Littlefield Publishers，2003：57-73.

频产品，也已成为检验媒体深度融合的试金石。

（二）创新理论与传媒产业创新

产业创新理论主要起源于对产业革命的研究，并随着创新理论（theory of innovation）的研究不断深化[①]。1912年，经济学家熊彼特在其出版的《经济发展理论》中第一次系统地提出创新理论。创新是经济发展的根本现象，其核心原理同样适用于传媒产业，本质是"建立一种新的生产函数，即实现生产要素和生产条件的新组合"，包括传媒产业通常所讲的产品创新、技术创新、市场创新、资源创新和组织创新，这些要素的组合共同构成了创新理论的核心[②]，也为传媒产业面对各种技术与社会的新变化、新形态构筑了稳固的基础。

随着媒体融合在国家政策层面得到明确支持，媒介融合与创新发展已成为现阶段打造新型主流媒体工作的重心。2014年8月，中央全民深化改革领导小组第四次会议召开，审议通过了《关于推动传统媒体和新兴媒体融合发展的指导意见》，将媒体融合上升为国家战略。2016年2月19日，习近平总书记在党的新闻舆论工作座谈会上发表重要讲话，强调"尽快从相'加'阶段迈向相'融'阶段，从'你是你、我是我'变成'你中有我、我中有你'，进而变成'你就是我、我就是你'，着力打造一批新型主流媒体"。2019年1月25日，习近平总书记在中共中央政治局第十二次集体学习时强调，推动媒体融合向纵深发展，做大做强主流舆论，巩固全党全国人民团结奋斗的共同思想基础。2020年9月，《关于加快推进媒体深度融合发展的意见》明确了媒体深度融合发展的总体要求。在理论和实践层面，

[①] 赵劼，廉国恩.产业创新理论及实证研究文献综述[J].对外经贸，2016（4）：66-67，72.

[②] 刘琴.主流媒体直播探索的理论基础诠释与实践解读[M].北京：中国书籍出版社，2019：39.

新型主流媒体进行直播和短视频布局，开展媒介融合新尝试，成为传统传媒业生产与组织结构重组、产品形态与市场开拓的表现。因此，我们需从技术和经济相结合的角度，从创新理论出发，探讨直播短视频创新在新型主流媒体融合发展过程中的作用。

二、理论基础：媒介融合理论与实践发展的现状

本研究为更好地理解媒介融合，探讨当下媒介融合理论与实践发展的现状，借助CiteSpace知识可视化分析工具绘制了科学知识图谱（mapping knowledge domain），回顾媒介融合研究的知识脉络和学术动向，分析国内媒介融合的核心议题和前沿动态。

研究样本来自中文社会科学引文索引（CSSCI）数据库和北大核心数据库。选取文献类型为"论文"，检索日期为2022年2月7日，检索式为"主题=媒介融合"。检索得到3443条记录，抽取标题、作者、出版物、引文、关键词等信息；剔除会议通知、征稿公告、新闻报道、卷首语等类别。最终共得到有效样本3418篇，最早文献时间为1991年1月。

（一）基于实践导向的历时研究热点

研究运用时区功能对高频关键词（频次≥30次）进行共现分析，可以分析出媒介融合研究领域的相关话题，如图2-7所示。

由图2-7可见，关键词"新媒体"自2006年后一直处于高频状态，可见在媒体融合的相关研究中新媒体的地位及其作用一直是研究热点。"传统媒体"出现于2002年，但在2009年及以前出现频次并不高。在2009年后，伴随着"媒体融合""新兴媒体"等概念的提出，促使传统媒体适应新媒体时代的传播特点、实现传统媒体的转型升级成为新的重要研究主题，此时"传统媒体"的出现频次开始上升。特别是在2014年后，对"主流媒体"

的研究数量上升，建设新型主流媒体、提升传统媒体在新媒体时代的传播力与影响力，同样成为学界关注的话题。这一阶段，对于媒体融合，学界和业界讨论更多的是以传统报纸、电视为主体，结合"全媒体""三网融合"等相关政策类关键词，探讨在互联网浪潮下，借助相关政策与策略实现传统媒体技术与新媒体技术的融合。

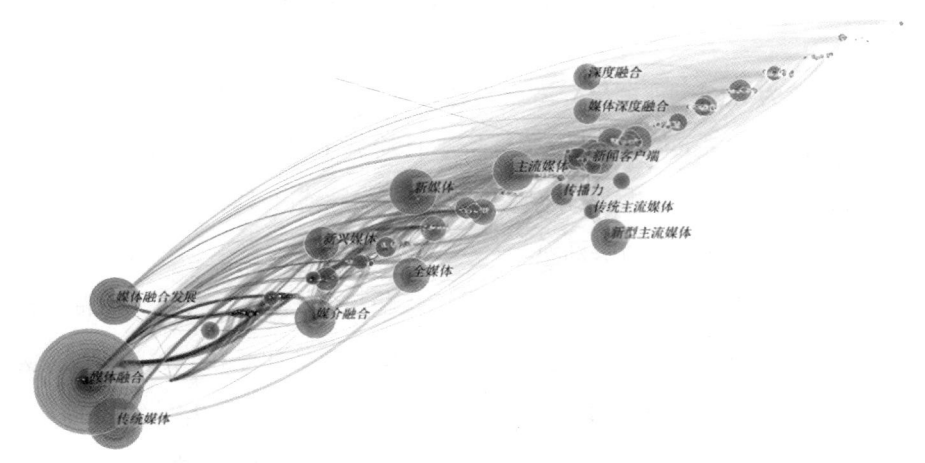

图2-7 媒介融合研究发展的时区视图

从表2-2可知，媒介融合研究的议题在呈现"线性稳步增长"[①]的探索，也出现了较大的代际更迭。

表2-2 媒介融合研究关键词的代际更迭

序号	关键词	突现强度	突现性开始年份	突现性结束年份
1	全媒体时代	9.48	2001	2013
2	媒体融合	9.51	2006	2013
3	手机报	9.16	2008	2015

---

① 罗茜，沈阳．我国媒介融合研究的知识图谱：基于CSSCI数据库的文献计量学研究［J］．东南传播，2018（2）：1-5．

续表

序号	关键词	突现强度	突现性开始年份	突现性结束年份
4	传统媒体	55.12	2011	2015
5	新兴媒体	54.41	2014	2015
6	媒体融合发展	28.56	2014	2015
7	互联网思维	15.6	2014	2016
8	新闻舆论工作	14.6	2016	2017
9	中央厨房	15.08	2017	2018
10	移动优先	10.45	2017	2019
11	人工智能	11.65	2018	2020
12	县级融媒体中心	36.01	2019	2021
13	5G	19.06	2019	2021
14	纵深发展	9.56	2019	2021
15	守正创新	9.35	2019	2023
16	短视频	23.02	2020	2023
17	主流媒体	19.88	2020	2023
18	县级融媒体	18.33	2020	2023
19	融媒体	17.54	2020	2023
20	社会治理	15.73	2020	2023

第一阶段是2001—2008年，这一阶段是媒体融合研究的起步阶段，此时的一个研究重点是实现报纸、电视等传统媒体与网络技术的融合。如在2008年出现的关键词"手机报"便是报纸等传统媒体摆脱纸质载体，顺应手机这一移动媒体发展趋势而诞生的产品。此阶段虽然认识到要及时实现

传统媒体与新媒体技术的融合，但对于媒体融合的理解仅停留于技术融合层面，认为媒体融合只是传统媒体技术与互联网等新兴技术的简单叠加，并未认识到互联网等新技术对用户思维、社会环境等要素的重构。另一个研究重点则是探讨媒体融合相关人才的培养方式。智能网络时代的到来给传统媒体带来前所未有的冲击，长期处于传统媒体时代的从业者，其经验已不足以支持其应对新媒体的挑战，因此便亟须培养一批符合新媒体时代要求的媒体人才，以更好地实现媒体融合。不过此时无论是业界实践还是学界探索，仍然尚未形成真正符合我国特点的具备在地性、创新性的媒体融合实践方式。

第二阶段是2009—2019年，这一阶段媒体融合研究数量开始增长，且逐渐结构化、体系化。此时，媒体融合的内涵开始拓宽，"互联网思维"这一关键词的出现，体现出学界与业界都开始意识到互联网对用户思维、社会环境等方面的重塑作用。在理论方面，重点在于研究不同媒体融合后信息传播的功能。学界不仅关注不同媒体渠道、终端的融合，同时还关注媒体内容的融合。另外，媒体融合的迫切性和必要性、融合中的版权和伦理问题，以及传播话语变迁等，也是学界关注的内容[1]。在这一阶段，业界也探索出更适合我国情况的媒体融合形式，如"中央厨房"实施"一次采集、多种生成、多元传播"的创新，"县级融媒体中心"作为基层媒体融合实践的新形式，承担服务基层社会治理的重要功能。

第三阶段是2020年至今，5G技术的普及与应用，促生了更多的新媒体形态，"融媒体"概念也开始被多次提及。经过前两个阶段的探索，媒体融合不仅在物质层面将虚拟现实、人工智能等新兴技术与传统媒体技术进行更好的融合，同时，在观念层面也开始运用更加契合数智时代传播模式的思维推动媒体转型。在技术融合和观念融合之外，第三阶段中"社会治理"

---

[1] 陈昌凤．"媒体融合"的学术研究态势与业界变迁方向：21世纪以来媒体融合研究的文献分析［J］．新闻与写作，2015（3）：40-43，3．

关键词的出现,也体现出社会融合这一全新理念趋势。相关研究开始观照媒体融合背景下社会关系的结构性转变,而在这其中,"短视频"异军突起成为重要的媒体融合形态,这也正是契合了本节研究的主要议题。

媒体融合研究关键词的变迁,可以体现国内文献对于"媒体融合"研究的不断深化与拓展,按照德布雷的说法,即在媒介域中"组织的物质"和"物质的组织"的融合。"媒体融合"由最初只是物质层面的技术融合,如"手机报",逐渐演化到观念层面的融合,如"互联网思维""融媒体",最后演化到与社会的融合,如"社会治理"等。从国家战略视角,媒体融合的发展脉络也可以2019年为时间节点,分为战略化、精细化和生态化,即深度融合的提出,以及2021年之后的系统化发展这几个时期[①]。从探索新媒体技术对于媒体行业生产分发的流程影响,到研究融合思维、数据赋能对于新型主流媒体转型重塑、全媒体传播体系建设的推动力,不仅体现了行业的创新,也体现了社会关系和社会治理理念的升级。

(二)关键词共现分析下的研究热点

本研究采用关键词共现分析的方法,呈现媒体融合领域的知识结构和研究热点。两个同一研究领域或方向的关键词在同一篇文献内共现次数越多,表明其所代表的概念间的联系越密切;网络内节点之间的距离越近,表示主题内容关系越紧密;节点的大小代表关键词出现的频次,体现研究领域的焦点议题;节点之间连线的粗细程度,代表主题间发生关联的次数[②]。为尽量优化可视化程度,选定频次≥20次,得到知识图谱(图2-8)。

---

① 曾祥敏,刘思琦. 媒体融合十年考:传播体系、社会治理与自主知识体系现代化的实践路径[J]. 现代传播(中国传媒大学学报),2024(1):47-60.
② 李彪,赵睿. 新世纪以来新闻传播学研究的生命周期及学术权力地图(2001—2016):基于科学知识图谱的分析[J]. 国际新闻界,2017,39(7):6-29.

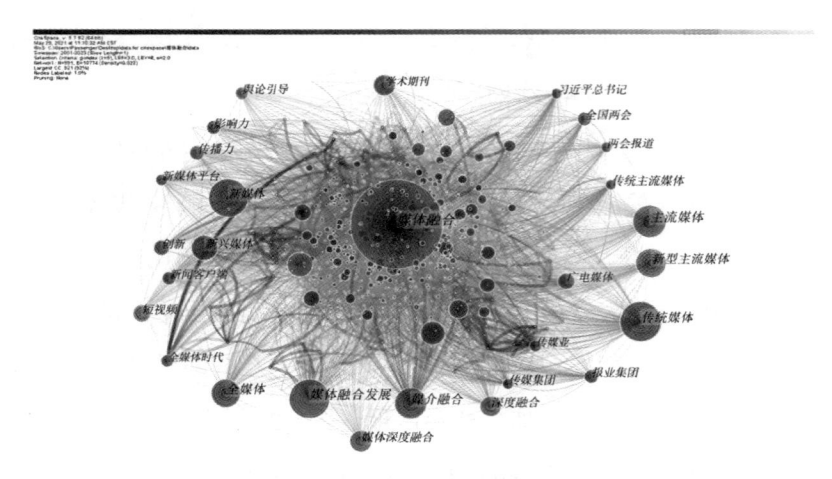

图 2-8　媒介融合研究的关键词共现图谱

从关键词频次的角度分析，出现频次最高的关键词依次是"媒体融合、媒体融合发展、传统媒体、新媒体、新兴媒体、主流媒体、新型主流媒体、全媒体、媒体融合"，通过这一主线，即代表媒体融合研究的"核心主轴"，可以看到词频关系网络的呈现特点。第一，主流媒体仍然是媒体融合相关研究关注的重点。主流媒体想要实现转型必须不断推进融合朝纵深发展，保持新型主流媒体在新媒体时代较高的影响力。因此，探寻传统主流媒体在新媒体时代的破局之道成为研究的热点。第二，个案研究因其较高的主题关联度和时间集中度，成为研究热点。如"两会报道""县级融媒体""奥运报道"等典型案例，也和"主流媒体""新兴媒体"等中心主题紧密联系。第三，虽然各类新媒体形式数量繁多，但是"短视频"这一节点出现频次最高。这同样可以表明，短视频直播作为当下传统媒体探索媒体融合的破局之法，有其现实意义及理论意义。

三、"直播短视频+"发展的现实困境

在当前媒体深度融合的背景下，直播短视频在推动媒体融合发展中具

体呈现何种特点，存在哪些局限，是回答主流媒体如何借助直播短视频创新生产，打造更广更深的社会辐射力和影响力，从而推动深度融合发展的基础性问题。

从主流媒体跨步网络直播短视频领域伊始，我国媒体融合发展总体上呈现出层次不等、表层融合多于实质性融合的特征。[①]由于媒体融合的质量、速度等各方面会受到不同经济文化地区特点的影响，各级各类媒体的转型与融合呈现明显不均衡的特点。中央级媒体融合程度明显高于区县级媒体；经济、科学技术不发达的地区目前还处于适应阶段。[②]短视频媒介融合虽然为传统媒体提供了利好条件，但是传统媒体依然不免受到长期实践中逐渐形成的不同价值诉求与操作规则的困扰，这导致媒介的融合仅局限于传统媒体"做新闻"的生产框架中，而没有实现创造性思维和观念水平上的实质性融合，直播短视频与媒体融合依然存在一些困境，主要体现在以下方面。

（一）内容生产方式粗放，缺乏对于直播短视频传播规律的深层把握

由于直播短视频的低门槛和低成本，各类传播主体都可以通过智能移动终端制作和传播，其内容生产方式也就不可避免地呈现粗放的特征。在短视频内容生产上，一方面，短视频制作方式大多数仍是拼贴式，对传统渠道上发布过的新闻内容进行重点画面的截取、添加字幕和音效后向受众推送，这种简单的"图片+文字+音频"的植入式融合方式，很容易引起受众审美疲劳。另一方面，部分主流媒体的短视频账号缺乏对于短视频平台推送特点和规律的把握，每天重复更新大量同质内容，分散受众注意力，

---

① 刘琴.主流媒体直播探索的理论基础诠释与实践解读［M］.北京：中国书籍出版社，2019：6.

② 谭萍.短视频媒介融合背景下传统媒体转型的思考与实践［J］.中国传媒科技，2022（3）：107-109.

无法取得良好的传播效果。例如，某地方广电新闻官方抖音账号仅在一天就发布了70多条短视频新闻，但是信息内容缺乏新意，视频画面质量不高，没有充分利用短视频平台本身的传播特色，长此以往易影响主流媒体本身的公信力，弱化内容的关注度和传播效果。

（二）媒介语体和语态转型滞后，缺乏社交性与引导性的兼顾

网络直播和短视频作为新的媒介形态（media morphosis），最为突出的特点在于它的内容凝练、叙事节奏轻快，以及传播的社交性、即时性与场景性。目前主流媒体的短视频账号可以广泛收集受众的转发、点赞、评论等意见和反馈，初步达成了互动性的目标，但其主流价值观念的引导性并未得到充分发挥。在直播主题上，主流媒体更倾向于报道时事政治，语言风格多选取宏大叙事，较少有生活化的民生关怀。有研究表明，直播短视频平台的语体口语化、语态亲民、幽默风趣，更容易被受众转发和记忆，但是会影响人们对于账号主体可信性的评价。因此，主流媒体如何坚守专业操守和职责担当，既要保证重大新闻信息发布的严肃性、有效性，又要融合直播短视频年轻化、活泼化的话语风格，同时避免过度娱乐化和哗众取宠的内容，需要进一步的探索与思考。

（三）商业化边界问题复杂，易陷入算法桎梏和自建平台的两难

主流媒体在布局直播短视频业务进行媒体融合的过程中，一般通过账号矩阵入驻的方式。网络平台的算法约束，以及有可能造成的传播圈层边界，容易影响内容的引导力和影响力发挥作用。同时，线上活动仍需坚守主流媒体的价值观和公信力。如果通过自建平台的方式，又容易陷入"没用户、没流量、运维难"[①]的主导权困境。因此，主流媒体需要深思，如何

---

① 刘晓.主流媒体布局短视频业务的融合实践与思考[J].新媒体研究，2021，7（17）：76-79.

在不突破边界、维持和提升媒介声誉的前提下，拓展和创新短视频商业化路径；如何突破现有互联网商业平台的算法桎梏，重塑主流媒体在互联网舆论格局中的主导地位。

四、实践创新：媒体融合向纵深推进

"创新驱动就是创新成为引领发展的第一动力"[1]。从本质上说，创新就是"破旧立新"的创造性过程，突破旧模式，提出新思维、新发明和新方法。[2] 在直播短视频助力媒体融合的过程中，主要体现在技术创新所带来的终端融合一体化多元化、产品创新的内容生产方式优化和流程再造、市场和资源创新所带来的"跨界"和"混搭"的资源整合，以及传媒组织渠道整合打造垂直领域新品牌，以重塑传播力。

（一）技术赋能：终端融合一体化多元化

媒体融合的核心推动力是数字技术，技术层面的媒体融合主要包括"网络融合、设备融合、应用融合"[3]。移动互联网视听应用融合的路径包括"跨屏跨网、多屏合一、立足终端，强调服务、融入社交化传播、刺激多维度感官、善用移动新科技"等。[4] 从"三网融合"时代，即电信网、广电网和互联网的融合开始，平面、影像、网络等多种媒体融合形成了多元化、互动式的新传播形态。传媒产业已经从单一技术驱动转向多元技术融合驱

---

[1] 中共中央 国务院印发《国家创新驱动发展战略纲要》[EB/OL].（2016-05-19）[2023-05-30］. https://www.gov.cn/zhengce/2016-05/19/content_5074812.htm.
[2] 王文章. 新时代的理论创新与中国现代化建设实践［J］. 中共宁波市委党校学报，2021，43（1）：5-13.
[3] 韦路. 媒体融合的定义、层面与研究议题［J］. 新闻记者，2019（3）：32-38.
[4] 金梦玉，周家旺，李丽波. 移动互联网的视听应用与终端融合［J］. 现代电视技术，2014（5）：50-57.

动,受众向移动互联网端大规模迁徙,用户体验由二维转向"三维立体",用户行为转向"圈层互动"与"永久在线"。

5G通信技术提供的超低延时、超高速率,满足了移动流媒体平台的内容创作和消费需求,情感化即时性的短视频、场景化互动性的网络直播模式日益兴起,其对媒体融合的基础性支撑作用也越发明显。直播短视频技术在创新新闻内容表达、变革媒体内容生产模式的基础上,逐渐嵌入传媒发展战略布局,更加紧密地与媒体发展相融合,与VR(虚拟现实)、XR(扩展现实)、4K/8K、人工智能等进一步融合,为主流媒体信息的高速、高质、高效传播提供了更好的基础设施支持。

举例来说,"两会报道"作为典型案例可以体现媒体融合与智能技术发展的前沿趋势。如《好策划+新表达+黑科技:点燃两会报道新活力》一文中所总结的,央视网沉浸式融媒体直播《两会C+时刻》,运用动作捕捉、虚拟演播室、XR等智能化技术;新华社新媒体中心的《全国两会跨屏访谈》,《工人日报》客户端的"两会晓晓说"系列节目,人民网的短视频节目《百秒说两会》,"科技日报"微信视频号制作的"两会科技快讯"系列短视频等,均运用了直播短视频的形式带观众置身两会现场;中国政府网和国务院客户端推出的"烫嘴Rap唱出政府工作报告"系列,结合短视频平台小众音乐"破圈"成功[①],使两会报道更具新鲜感、科技感、年轻感的用户体验。

此外,奥运会等体育赛事报道,同样是媒体融合产品的典型,直播短视频作为新型的媒介形态与体育赛事传播的融合成为必然。2022年北京冬奥会是全球首次"云上奥运"。北京冬奥组委和国家体育总局冬季运动管理中心发起"我的冰雪梦"短视频征集活动;央视频客户端推出《冬奥我知道》、《小水看奥运》以及《总台记者闭环日常》等短视频产品,持续为赛

---

① 米瑷琪.好策划+新表达+黑科技:点燃两会报道新活力[N].中国新闻出版广电报,2022-03-15(05).

事预热蓄势；中央广播电视总台以"5G+4K/8K+AI"赋能奥运，实现全天候超清化、移动化、智能化的赛事直播，提供类似"子弹时间"的高自由视角观赛特效[1]；咪咕视频运用中国移动5G技术和HDR Vivid技术，同时与淘宝等购物平台合作，将奥运衍生品购物链接嵌入直播界面，进一步体现了媒介终端融合的一体化多元化。

（二）内容融合：内容生产方式优化和流程再造

内容融合是各主流媒体产品创新实践的重要方向[2]。直播短视频对传统新闻业的内容生产方式与生产流程带来了巨大的冲击。在新的传媒生态环境中，主流媒体若仍按照其原有的内容生产方式进行生产，就会出现与新时代受众的视听习惯不适配的现象，从而使信息接受的效度降低。在媒体深度融合背景下，直播短视频技术革新让新闻报道的多模态可视化成为常态，也为以往严肃的时政新闻提供了新的报道路径。近年来，庆祝中国共产党成立100周年、庆祝中华人民共和国成立70周年等大型专题报道中短视频、Vlog、现场直播、数据新闻等形式更趋成熟。[3] 由此可见，当前优化新闻内容生产方式和流程用以适应新的信息传播环境，对于各类主流媒体而言是可行的，也会成为重要的创新契机。

以地方融媒体为例。"荔直播"作为江苏省广播电视总台精心打造的融媒体产品，2017年开始率先实现了电视直播、移动直播和短视频的有效结合。"荔直播"推出后，在荔枝新闻客户端等自有平台，抖音、微博、微信等公众平台以"江苏新闻""荔直播"账号进行常态移动直播与短视频每日

---

[1] 卢臻. 从科技冬奥看直播产业：带动经济与社会双效发展［N］. 通信信息报，2022-02-16（03）.

[2] 黄晓新，刘建华，卢剑锋. 中国传媒融合创新研究报告（2019—2020）［M］. 北京：中国书籍出版社，2020：20.

[3] 裘娇. 重大主题报道融媒体产品创新趋势：以中央媒体2019年全国两会报道为例［J］. 现代视听，2019（3）：61-63.

发布和全覆盖传播模式,实现"一源多屏"的中央厨房式发布流程。[①]在面对突发热点事件时,通过短视频平台第一时间将现场情况向外播报,为公众了解事件真相及进展率先提供渠道;在日常新闻报道中,运用最多的是直播优先、短视频随后的模式,另辟"大时段特色直播""短视频主题报道"的新尝试。[②]

值得注意的是,媒体融合使传统媒体的优质内容资源快速向移动端倾斜,也反过来促进了短视频的发展。与主流机构的强强联合,为短视频平台注入更多主流价值,将影像叙事和价值传播融合,推动了短视频的嬗变和内容升级,产生媒介融合的"生产能量"[③]。如在"反诈民警老陈"的现象级网络事件中,警方运用网络直播进行反诈知识宣传,取得了良好的宣传效果。直播短视频内容也在与传统媒体的融合中,逃离单一的娱乐功能,融入主流媒体传播系统,成为传播生态节点和泛传播体系的重要环节。

(三)拓展渠道:打造垂直领域新品牌

直播短视频"短平快"的轻骑兵优势,为各类各级媒体开辟了新的传播阵地。从创作直播短视频产品,到打造全新的直播短视频形象,探索个性化和差异化的短视频内容创作,深入细分领域打造全新的栏目和品牌,构建新的渠道和栏目IP矩阵,成为主流媒体变革的必由路径。很多传统纸媒开始结合内容优势,推出颇具特色的短视频品牌形象,如《新京报》的"我们视频"、《楚天都市报》的"看楚天"、《南方周末》的"南瓜视业"、

---

① 成玲玲.从"荔直播"看主流媒体如何重塑传播力[J].中国广播电视学刊,2021(1):118-120.
② 季建南,李健,陈毓栋,等.跨媒介直播打造重大主题报道新生态:以江苏广电总台融媒体新闻中心"荔直播"为例[J].视听界,2018(1):53-56.
③ HARTLEY J. From the consciousness industry to creative industries:consumer-created content,social network markets and the growth of knowledge [M]// JENNIFER H,ALISA P. Media industries:history,theory,and method. Chichester,UK:Wiley-Blackwell,2009:231-244.

《郑州日报》的"冬呱视频"等。这就使得"纸媒+短视频"做深做精，在丰富报道形态、拓展传播渠道之外，实现了"1+1＞2"的融合效应，创造了全新的品牌效应和影响力。

相较之下，传统国家级和省级广电媒体具备强大的视频制作团队和能力，积极融入短视频直播赛道表现优秀，如中央广播电视总台的"央视频"、北京广播电视台的"北京时间"、上海广播电视台的"看看新闻"等。此外，孵化MCN机构也成为广电媒体转型、抢占短视频风口的重要途径。例如，湖南娱乐频道的"Drama TV"，在母婴、美妆、美食、娱乐等内容赛道进行布局，成功打造"张丹丹的育儿经""叨叨酱紫""维密也小曼"等IP矩阵。整体而言，传统媒体逐渐将人力、资源、内容、价值更充分地融入短视频市场，通过自有MCN机构，在渠道、市场等细分领域不断深耕，逐步建立主流媒体的引导地位和比较优势，推动媒体融合向纵深发展。

（四）资源创新："破圈"跨界，创新社会价值

传媒产业发展的关键词"跨界"和"破圈"为路径整合、资源创新开拓了广阔的市场空间。直播短视频所适配的主要应用场景为新闻资讯、社会服务、电商经济等。从新闻信息和服务提供层面，主流媒体创新也需以短视频的形态为核心，形成"短视频为中心的融合"（short video-centric convergence），做强信息传播，形成全覆盖的新闻链。同时，从传播层业务向服务层业务演进，深度介入教育、就业、扶贫等社会服务领域，推动媒体融合深度发展。例如，在教育领域，央视频推出《寒假慕课》，联合中央音乐学院附属中等音乐学校、中央美术学院附属中等美术学校、清华大学附属中学等学校出品美育课程，帮助教育资源匮乏地区的学生获得在线专业素质教育。从传播向服务演进，将传播与服务结合，不仅"破圈"整合了各界资源，也创造了社会价值和品牌声誉。

在电商经济领域，主流媒体开始通过短视频客户端进入旅游、农业、大健康等领域，打造垂直聚合的新商业模式。尤其是对于以传统广告为主的营销形态，直播短视频带来互联网营销新模式变革的推动力。一方面，主流媒体可以短视频直播为抓手，培养"广电网红"，依托自身的专业优势进行IP孵化，打造IP矩阵，重构传统媒体的产业模式；另一方面，依托行动者结构创新，借助其他各种头部和腰部的商业平台打造MCN链条，采用网红店铺、电商平台+直播、升级直播栏目等多种模式，依托主持人的影响力和号召力，拓展商业价值、传播价值和导向价值，"优化人才队伍结构、激活人力资本创新活力，在经营上做到高水平开放与机制创新"[①]，完善造血机能，使传统媒体的优质资源与新媒体的渠道优势得到"强强联合"。

五、未来已来：短视频直播技术再造主流媒体深度融合影响力

随着生成式人工智能、虚拟现实、5G乃至6G通信技术的快速发展，媒体融合对于主流媒体以及直播短视频平台而言成为双赢的选择，是创新理论在传媒产业改革过程中的体现。传统主流媒体凭借直播、短视频的创新价值，实现向新媒体转型融合的升级发展。不过，在直播短视频推动主流传统媒体视频化升级的过程中，呈现层次不等的问题，存在内容生产方式粗放、语体语态滞后、社交性和互动性不足、内容分发主导权受到算法桎梏、商业化拓展和"破圈"有待提升等现实困境。

在传统主流媒体影响力持续下降、市场份额逐渐流失的情况下，主流媒体机构如何快速融入直播短视频生态、实现从"增量"到"提质"的变

---

① 朱江丽，郭歌. 基于新闻行动者网络的开放式创新：对媒体融合地区差距的解释［J］. 新闻与传播研究，2023，30（11）：38-59, 129.

化、提升自身媒体的传播力和影响力，是当前媒体深度融合的关键问题。因此，"要在数字化时代掌握先机，必须充分了解受众的需求，以技术为驱动，以经营为导向。"①首先，主流媒体在布局直播短视频生态时，应更加注重智能化、移动化、社交化的用户体验感，拥抱年轻化、亲和化的语体语态，同时仍需摆正定位、在传播理念上肩负引领舆论的重任、优化内容生产方式和流程、形成比较优势，传播真正有价值、有深度、有广度的内容产品，以提升在公共传播领域的影响力和公信力。其次，主流媒体在布局时应深耕垂直领域，激发人才与机构活力，从创作直播短视频产品，升级为打造全新的直播短视频个性化品牌，深化全媒体转型升级，逐步建立起平台化的创新能力和竞争优势。最后，对于媒体深度融合，"开放拥抱数字社会、打造社会装置是关键路径"②。直播短视频技术不仅带来主流媒体传播渠道与形态的变革，更重要的在于带来社会层面媒介化程度的加深，即"激活、连接和整合社会要素、商业要素、文化要素的作用"③。因此，在媒体深度融合过程中，主流媒体应主动激活、连接和整合各界资源，如教育、就业、医疗、扶贫等，以达到完全融合（full convergence）④的新形态，创造新的社会价值，实现从传播向数据服务的演进，推动传播与数智技术的结合，再造媒体融合时代强大的社会影响力和传播力。

---

① 魏然，黄冠雄.美英媒体融合现状与评析［J］.华中师范大学学报（人文社会科学版），2015，54（6）：116-123.
② 朱春阳，刘波洋.媒体融合的中国进路：基于政策视角的系统性考察（2014—2023年）［J］.新闻与写作，2023（11）：12-23.
③ 喻国明.推进媒体深度融合需要解决的三个关键问题［J］.教育传媒研究，2021（1）：12-14.
④ GARCÍAAVILÉS J A，KALTENBRUNNER A，MEIER K. Media convergence revisited：lessons learned on newsroom integration in Austria，Germany and Spain ［J］. Journalism practice，2014.

本节小结

近年来，面对直播短视频浪潮，各大主流媒体纷纷积极推动媒体融合、占领新舆论场，依托直播短视频等流媒体技术、生成式人工智能技术的创新价值，实现传统媒体的转型升级。不过，融合实践过程中也存在内容生产方式粗放、社交性和引导性不足、内容分发主导权受算法桎梏、商业化边界问题等现实困境。本节内容基于国内媒体融合现有研究的计量总结，运用CiteSpace知识可视化工具分析20余年间国内文献，运用创新理论框架，结合具体案例，梳理在直播短视频技术影响下，主流媒体融合创新的路径；并提出数智技术赋能实现终端融合一体化多元化、优化融合媒体内容生产方式和流程再造、打造垂直领域新品牌、"破圈"跨界等路径，实现从传播向数据服务的演进，推动传播与数智技术的结合，再造新型主流媒体的社会影响力。

第三章

网络视频直播影响力的社交逻辑

本章导读

  从社交逻辑来看，直播视频技术导致个体表达门槛的消弭和传播空间的连接。当视频化生存逐渐成为常态，直播将形塑大众行为，构建新的实践场景与社会文化，重塑网络意见领袖的信任机制与网络场域的情绪感染机制。在直播媒介化的影响下，个体的行动边界得到扩展，自由度得以提升，这将进一步促进社会的多样性与流动性。

第一节 "跟随与黏性":网络视频直播的信任机制分析

网络视频直播是近几年新兴起的一种虚拟空间传播形态。目前,随着传播技术与基础网络环境的逐步优化,特别是移动视频技术、5G技术的迅速发展以及视频流量收费变革。网络视频直播产业发展势头日趋强劲[1]。根据易观智库《中国视频直播产业生态图谱》报告,网络视频直播是指"依托网页或者客户端技术搭建虚拟现实平台,以主播(主要是"草根"达人)提供表演、创作、展示,以及支持主播与用户之间互动的平台,是一种基于视频直播技术的互动形式"。在虚拟社交空间与移动互联网时代,基于手机应用程序(App)的直播形态,打破了之前传统媒介时代的形态桎梏,将影像视觉化表达推向直播场景和直播内容的多元发展空间。从社交逻辑来说,经过"文字—语音—图片/表情包—短视频—直播视频"的演变过程,网络场域中人人都获得的"麦克风"的比喻,成为字面意义上一种实实在在的表达工具,打破了围观与自我表达的界限,扩大了人的自主性。[2]因此,后学科时代,网络视频直播的发展也带来了传播学研究的新

---

[1] 黄红英,黄楚新,王丹.技术催生公共传播新生态[J].新闻与写作,2016(11):26-29.
[2] 喻国明.从技术逻辑到社交平台:视频直播新形态的价值探讨[J].新闻与写作,2017(2):51-54.

课题。

一、后学科视角下的网络视频直播效果评价

韦斯伯德（Silvio Waisbord）提出"后学科"视角，意味着我们要跳出具体传播研究的范畴，从整个学科的角度来思考未来走向，承认多学科和特定化的现状，围绕当代社会现象，来提出理论问题①。单一学科的研究易形成反直觉（counter-intuitive）的后果，最近社会科学中最令人兴奋的发展之一即越来越多的学者致力于超越这些学科的界限，包括前学科方法的复兴以及话语文化转向、具身认知等后学科方法的创造性结合，从而更好地理解技术与社会内部和彼此之间的复杂联系。②学科的向外扩展，促进了人的自反性和流动性。网络直播作为一种新形式的社交媒体平台，为传播研究带来了新现象与新课题，网络视频直播平台的传播本质、特征、机制、影响力、效果评价等问题，需要我们在后学科视角下进行进一步探索。

媒介影响力是指媒介为达到其所预期的传播效果，通过一些传播方式向受众传递信息而对社会所发生作用的程度。影响力的产生与作用是一个系统性的过程。20世纪40年代，拉扎斯菲尔德提出二次传播理论，并认为"意见领袖"即处于关键位置的传播者，在传播过程中起到重要作用③。随后，卡茨将受众交往的维度引入影响力研究之中，指出受众的接触与认知

---

① 《国际新闻界》编辑部.后学科状况下，我们应该如何继续研究？——与Silvio Waisbord 对谈 [J].国际新闻界，2018，40（2）：166-174.
② REED M. The public value of the social sciences [J]. Contemporary sociology: a journal of reviews, 2015, 44 (6): 782-784.
③ VOROBYEV A. The rise of American electoral research: Paul F. Lazarsfeld and "The People's Choice" [J]. Sociological journal, 2018, 24 (3): 163-179.

也是媒介影响力形成的必要基础[1]。80年代，麦奎尔提出媒介影响力形成的12个阶段，即"接触—认知—理解—接受—记忆—内化—传播倾向—传播技巧—传播决策—传播行为—强化行为—形成态度"[2]。在实际应用时，通常归纳为"接触—认知—说服—二次传播"等四个传播环节[3][4]，并在此基础上不断建立与完善二级指标。

随着社交媒体时代到来，学界在传统报纸、电视、期刊的影响力研究之外，对于微博影响力的研究逐渐成熟，建立了基于"接触—认知—说服—二次传播"的社交平台影响力评价模型[5]，提出平台使用时长频率、分享数量、粉丝活跃度等二级指标[6]。此外，社交平台中的重要传播角色即"意见领袖"或影响者（social media influencers，SMIs）的评估，也是媒介平台影响力研究的重要方面。在对于网络意见领袖影响力的评估中，上述评价模型中的"说服"这一维度涵盖了意见领袖的评估，包括权威性、知名度等次级指标[7]。对

---

[1] KATZ E. Mass communications research and the study of popular culture: an editorial note on a possible future for this journal [J]. Studies in public communication, 1959, 2: 1-6.

[2] MCGUIRE W J. Theoretical foundations of campaigns [M]//RICE R E, ATKINC. Public Communication Campaigns. Newbury Park, CA: Sage, 1989: 43-65.

[3] 喻国明.影响力经济：对传媒产业本质的一种诠释 [J].现代传播（中国传媒大学学报），2003（1）：1-3.

[4] 郑丽勇，郑丹妮，赵纯.媒介影响力评价指标体系研究 [J].新闻大学，2010（1）：121-126.

[5] 陈明亮，邱婷婷，谢莹.微博主影响力评价指标体系的科学构建 [J].浙江大学学报（人文社会科学版），2014，44（2）：53-63.

[6] TREPTE S, SCHERER H. What do they really know? Differentiating opinion leaders into dazzlers and experts [M]. New Orleans: New Orleans Sheraton, 2004: 55.

[7] WENG J, LIM E P, JIANG J, et al. Twitter rank: finding topic-sensitive influential twitterers: Proceedings of the Third International Conference on Web Search and Web Data Mining (WSDM), February 4-6, 2010 [C]. New York, USA, 2010.

于影响力评测模型的研究，主要研究方法包括：其一，社会网络分析法，提出群体特征、焦点话题、社交网络关系、群体结构特征等维度[1]；其二，层次分析法与专家打分法[2]；其三，网络观察法[3]。

二、基于社交逻辑的网络视频直播信任度评价

网络视频直播平台具有"表演与社交的双重标签"，在新媒体环境下的次生口语文化时代，具有社交变现的功能[4]。直播平台的社交属性，为信息与意见的流动提供了一个公共的场域，不同社会群体能够因此产生对话交流，社会文化和流行文化得以生产和再生产。具体来说，在社交逻辑中，信任度也是衡量视频效果的重要因素[5]。"用户洞察既是科学又是艺术，但当决策过于依赖经验与直觉时，其效力则不够稳定。"信任度的测量，除去问卷调研或大数据分析方法，如收集微博或Twitter上的阅读量、提及的人数和次数等数据，来衡量口碑影响力和受众覆盖情况，亦可以通过认知神经科学的研究方法[6]，研究用户体验指数中的信任度，探索直播效果和影响媒介用户使用体验的微观因素与内在机制。

---

[1] 曹洵，张志安.基于媒介权力结构的微博意见领袖影响力研究[J].新闻界，2016（9）：43-49.

[2] 方兴东，冉旭，仇蝶.网络意见领袖影响力分析[J].无线互联科技，2015（7）：50-52.

[3] 丁汉青，王亚萍.SNS网络空间中"意见领袖"特征之分析：以豆瓣网为例[J].新闻与传播研究，2010，17（3）：82-91，111.

[4] 王长潇，李爽.网络视频直播平台发展及其对商业场域建构的影响[J].当代传播，2017（1）：54-56.

[5] 曹琬凌，彭玉贤，林珍玮.公共广电问责体系初探[J].新闻学研究（台北），2008，96（7）：129-186.

[6] 喻国明，韩婷，杨雅.媒介用户的使用体验：研究范式与定量化模型[M].北京：人民日报出版社，2019：10.

社交逻辑中的信任度，涉及社会的基本秩序，是用户在社交平台交往的基础，也是激发后续认知与说服行为的关键变量。用户的认知和情感与皮肤电反应指标（GSR）相关。有研究结果表明，可信任性随被评价者的面孔吸引力增加而显著提高[1]，信任度判断与吸引性评价呈高度正相关[2]，即有吸引力的人通常被评价为更值得被信任，而且其态度和行为更容易被他人所效仿，反之亦然。也有研究使用MKDA（多层次的核密度分析）发现，随着吸引力或信任度下降，杏仁核被激活；而随着吸引力或信任度增强，尾状核、伏隔核、眼窝眶额皮层、右侧丘脑等脑区均有激活，这表明面孔吸引力和信任度的脑区激活亦有重叠[3]。吸引力、感觉亲密程度等指标实际上反映了用户对于社交距离的情感反应。社交距离是二元关系的一个关键特征，个体对于彼此情感关系远近的判断，影响了他对于对方态度和行为的决策[4]。在此基础上，本节研究认为网络视频直播的信任度评价，可以通过社交距离、趋近程度两个指标进行评估；同时结合用户参与行为（engagement），如资金/非物质资源投入等，以及用户互动沟通行为，提出网络直播平台信任度的认知与情感指标测量模型，如图3-1所示。

---

[1] TODOROV A, PAKRASHI M, OOSTERHOF N. Evaluating faces on trustworthiness after minimal time exposure [J]. Social cognition, 2009, 27（6）: 813-833.

[2] KIM M P, ROSENBERG S. Comparison of two structural models of implicit personality theory [J]. Journal of personality & social psychology, 1980, 38（3）: 375-389.

[3] MENDE-SIEDLECKI P, SAID C P, TODOROV A. The social evaluation of faces: a meta-analysis of functional neuroimaging studies [J]. Social cognitive and affective neuroscience, 2013, 8（3）: 285-299.

[4] BOGARDUS E S. Measurement of personal-group relations [J]. Sociometry, 1947, 10（4）: 306-311.

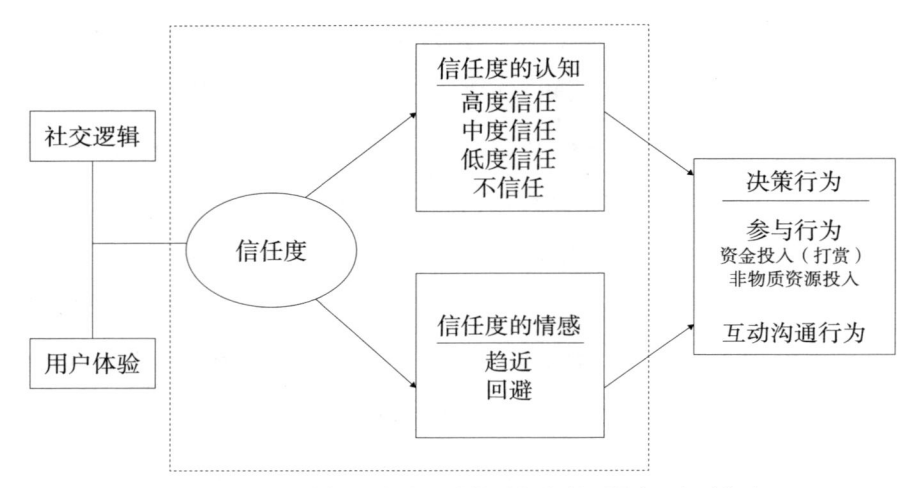

图 3-1　网络直播平台信任度的认知与情感指标测量模型

本节小结

网络视频直播作为一种传播技术或者传播形态，具有重要的社会价值。视频直播技术的社会价值，不仅是从技术逻辑上，改变了媒介传播的形态与样式，更重要的是从社交逻辑上，提供了公共平台，增加了社会流动性，增强了社交场景；进一步增进了人的掌控感和对于主体价值的寻求，扩展了人的自主性以及人与人之间的连接，并解决了社会与社区的日常生活问题。从这个意义上来说，在后笛卡尔时代，从传播学学科视角对于网络视频直播新技术的未来发展前景予以关注，也是对于虚拟社群时代人的日常生活以及未来社会发展的一种观照。接下来，本章将对于网络视频直播这一新生事物进行探索与研究，通过具身认知等后学科方法对于相关指标进行测量，并分析指标间的内部一致性，进而探讨信任度在网络视频直播效果评价中的重要作用，以及其对于后续说服行为的影响。

第二节 "权威与专业":网络视频直播主播的影响机制分析

一、研究缘起:以直播电商主播为代表的消费意见领袖随行业崛起

随着移动互联网的普及和5G技术的突破,以直播为载体的电子商务模式快速改变着人们的消费方式,以直播电商主播为代表的新一代消费意见领袖迅速崛起。据中国网络视听节目服务协会发布的《2021中国网络视听发展研究报告》,截至2020年底,我国网络直播市场规模已达1134.4亿,用户规模达6.17亿。区别于电商平台传统营销模式,即用户只能根据图片或文字来获取信息、选择购买商品,在线视频直播的形式构建了用户与产品之间的多模态视听接触通道,并通过电商主播这一中介性的产品推荐者传递产品信息和理念,搭建媒介化消费场景。在此基础上,原有的售卖规则被改变,新的商业形态初显,消费者由观看到购买的转化更加即时而顺畅。

在以往关于电视广告以及传统电商网络营销的研究中,研究人员往往将意见领袖的专业性作为直接或间接地影响消费者信任及其购买意愿的重要因素之一。意见领袖的专业性意味着其在该领域中拥有较高的产品涉入,

更易使消费者产生信任感,理性在此过程中起着重要作用[1]。与此相较,网络直播渠道传播的信息具有一定的情感表达属性,人们可以运用表情、声音、语调等其他非理性、非语言符号,对于所传播的信息加以组合、表征和放大。直播不仅拓宽了非理性因素的传播范围和作用比例,将其置于场景之中,也平衡了受众的各种感官体验,强化了主观情绪的调动,促进了其即刻行为的激活[2]。因此,本节在这种非理性消费场景下,探讨意见领袖的专业性是否依然是影响消费者选择产品和购买决策的重要因素。这就需要我们在电商直播消费场景中,对消费意见领袖的研究进一步细化与完善。

二、文献综述与研究假设

(一)传播中的非理性要素

从古希腊开始,理性长期被奉为圭臬。亚里士多德认为,人是理性动物,人的德性源于理性功能的卓越展示。勒庞勾勒了一幅集群的非理性画面,即个人一旦聚集起来形成集群(the crowd),就会丧失独立思考和理性批判的能力,在剧烈情感的冲击下变得轻信、冲动并且充满暴力[3]。在早期理论视野中,非理性是原始病菌对现代基因的入侵。此后很长一段时间,"非理性=暴力和破坏性"作为固定的公式被写进大量研究文本中并予以否

---

[1] 吴冰,周燕楠.淘宝直播用户持续使用意愿的影响因素研究[J].电子商务评论,2017,6(3):44-53.
[2] 喻国明,杨嘉仪.理解直播:按照传播逻辑的社会重构——试析媒介化视角下直播的价值与影响[J].新闻记者,2020(8):12-19.
[3] 勒庞.乌合之众:大众心理学研究[M].冯克利,译.北京:中央编译出版社,2004:12-31,52.

定[①]。随着集群心理学的形成与快速发展，学者们对集群非理性产生新的思考，塔尔德认为每个人都是潜在的集群成员[②]，集群不再是"他者"而成为"我们"，非理性不再是某种相对固定的存在，而成为流动的、弥散的和遍在的对象[③]。

随着现代社会消费主义盛行，非理性因素的积极作用开始凸显。卡内蒂认为，非理性代表着一种解放性力量，能够把个人从权力鞭笞中解救出来[④]。随着社会科学研究的"情感转向"，以失范框架来看待非理性的视角正在经受挑战，学者们开始提倡多元实践，强调情感作为公共实践的价值[⑤]；持认知主义情感观的学者也主张"同情"能为理性协商提供良好的基础。非理性被逐渐看作人类社会的常态[⑥]，这也为本节理解直播中的非理性要素提供了基础。

近年来，新的媒介技术颠覆了以往的传播系统，内容生产、传播渠道、媒介效果等传播基本环节均经历了重大变革。媒介可供性（media affordance）理论可以用于理解非理性要素的重要性[⑦]，关系性、情感性要素进入传播系统，以直觉、情感、经验为主要动力的说服路径更容易被调动，诉诸情感成为微粒化信息中最有效的传播手段。传播中的非理性要素

---

① VAN GINNEKEN J. Collective behavior and public opinion: rapid shifts in opinion and communication [M]. New York: Routledge, 2003: 7.
② 麦克里兰. 西方政治思想史 [M]. 彭淮栋, 译. 海口: 海南出版社, 2010: 799.
③ 刘国强, 汤志豪. 去蔽勒庞: 身体规制与多维的集群"非理性" [J]. 湖南师范大学社会科学学报, 2020, 49 (1): 134-144.
④ 塔尔德, 克拉克. 传播与社会影响 [M]. 何道宽, 译. 北京: 中国人民大学出版社, 2005: 214.
⑤ FRASER N. Rethinking the public sphere: a contribution to the critique of actually existing democracy [J]. Social text, 1990 (25/26): 56-80.
⑥ 李普曼. 公众舆论 [M]. 阎克文, 江红, 译. 上海: 上海人民出版社, 2002: 323.
⑦ 喻国明, 杨颖兮. 传播中的非理性要素: 一项理解未来传播的重要命题 [J]. 探索与争鸣, 2021 (5): 131-138, 179.

成为我们把握直播营销中的新媒介传播规律、研究网络消费行为的重要着力点。

（二）单态和多态意见领袖的研究

意见领袖是指朝着所期望的方向影响他人观点、态度和行为倾向的人。在消费领域，意见领袖是市场信息的中心传播者，对其他消费者的决定有着至关重要的影响[1]。关于意见领袖对消费者购买意愿及消费行为的作用范围及影响程度，目前不同学者仍然存在争议。一般来说，意见领袖可以分为两类[2]，其一是只在某特定领域产生影响的单态意见领袖（monomorphic opinion leaders），其二是能够在广泛的领域影响其他人的多态意见领袖（polymorphic opinion leaders）。

长期以来，意见领袖仅被认为是单一特定领域的构型。在消费场景下，意味着意见领袖只对某一明确定义的产品（如跑车）或最多某一产品类别（如汽车）产生影响，似乎不能同时作用于多个产品或产品类别，如政治领域的意见领袖不太可能同时成为流行音乐方面的意见领袖[3]。不过也有研究认为，意见领袖除了具备某特定领域的影响力，还需具备其他可以对他人观点、态度和行为产生影响的特征[4]。特别是在市场营销领域，某些意见领袖拥有关于多种产品、购物场景和市场动态的信息，并主动发起与消

---

[1] FLYNN L R, GOLDSMITH R E, EASTMAN J K. Opinion leader and opinion seekers: two new measurement scales [J]. Journal of the academy of marketing science, 1996（24）: 137-147.

[2] MERTON R K. Social theory and social structure [M]. Glencoe: Free Press, 1957: 13-20.

[3] MEYERS J H, ROBERTSON T S. Dimensions of opinion leadership [J]. Journal of marketing research, 1972（9）: 41-46.

[4] WEIMANN G. The influentials: back to the concept of opinion leaders? [J]. Public opinion quarterly, 1991（55）: 267-279.

费者的讨论，回应消费者的购物需求[①]，这些通常能够显著影响消费者的产品购买决定。

是否具备关于某一领域的专业知识，被认为是单态意见领袖区别于多态意见领袖的重要因素。在以网络直播为媒介的新消费场景中，以直觉、情感、经验为主要动力的说服路径被充分激活。在这种非理性传播场景下，专业性因素是否仍然会对单态意见领袖的作用范围产生影响？基于此，研究选取全品类主播（多态意见领袖）和专业类主播（单态意见领袖）两类研究对象，以网络直播带货为研究情境，提出以下假设：

H1：对于同一类别产品，用户对单态意见领袖领域内的推荐较多态意见领袖具有更强的购买意愿。

H2：对于同一类别产品，单态意见领袖领域外的推荐较多态意见领袖对用户购买意愿的影响无显著差异。

H3：单态意见领袖的带货领域对用户信任有显著影响，且领域内带货的用户信任水平显著高于领域外。

H4：单态意见领袖的带货领域对用户购买意愿有显著影响，且领域内带货的用户购买意愿显著高于领域外。

（三）直播带货虚假信息研究

在以图文为主要展示形式的传统电商平台中，在线评论一直被视为影响消费者感知价值及购买意愿的重要因素[②]；在直播电商中，主播的推荐则成为影响消费者购买意愿的最关键因素。在直播情境下，诉诸情感成为主

---

① FEICK L, PRICE L. The market maven: a diffuser of marketplace information [J]. Journal of marketing, 1987 (51): 83-97.
② VERHAAL J C, HOSKINS J D, LUNDMARK L W. Little fish in a big pond: legitimacy transfer, authenticity, and factors of peripheral firm entry and competition in the market center [J]. Strategic management journal, 2017, 38 (12): 2532-2552.

播最有效的说服路径。在电商直播间，主播的劝服和引导话语将用户的注意力引导到了产品的情感体验、外观美感、价格变化等方面，以此促进用户购买意愿的产生，叠加共同在场用户的情绪话语，构建出一个非理性的消费空间。在用户处于非理性的购买环境中，极易受到情绪化信息的引导时，消费所带来的情绪价值是否有可能超过其实用价值？研究提出如下假设：

H5：直播带货中的虚假宣传（用户不知情）视频主播仍对用户购买意愿有显著正向影响。

H6：直播带货中的虚假宣传（用户知情）对购买意愿的影响受用户性别差异影响。

H7：直播带货中的虚假宣传（用户知情）对信任水平的影响受用户性别差异影响。

以往研究认为，产品信息的真实性是代表商业水平的一个关键属性[1][2]，也是商业主体竞争优势的来源[3]。不过，在产品营销中也存在"真实性悖论"，受欢迎程度和拟象性（iconicity）有时会超越产品真实性，成为吸引用户的重要因素[4]。因此在非理性的直播情境下，专业类意见领袖的虚假宣传（用户知情）行为是否显著影响用户对其专业形象的认知？研究提出以下假设：

---

[1] KOVÁCS B, CARROLL G R, LEHMAN D W. The perils of proclaiming an authentic organizational identity [J]. Sociological science, 2017（4）：80-106.

[2] CARROLL G R, DOBREV S D, SWAMINATHAN A. Organizational processes of resource partitioning [J]. Research in organizational behavior, 2002（24）：1-40.

[3] FRAKE J. Selling Out：The inauthenticity discount in the craft beer industry [J]. Management science, 2016, 63（11）：3930-3943.

[4] VERHAAL J C, DOBREV S D. The authenticity paradox：why the returns to authenticity on audience appeal decrease in popularity and iconicity [J]. Journal of management, 2020, 48（2）：251-280.

H8：专业类意见领袖的虚假宣传（用户知情）行为会显著影响用户对其专业形象的认知。

三、两个实验研究与结果分析

基于以上假设，研究设计了两个行为实验，以验证不同类型意见领袖对用户购买意愿的影响，以及单态意见领袖的带货领域对用户信任的影响。实验执行时间为2020年12月16—31日。

（一）实验一：不同类型意见领袖对用户购买意愿的影响

1. 实验设计

实验一主要探讨不同类型意见领袖对用户购买意愿的影响，拟验证前文所提出的H1和H2。实验为单因素被试间设计，自变量为意见领袖类别（专业类 vs. 全品类）*带货领域（领域内 vs. 领域外），因变量为用户购买意愿。实验前通过G*power计算，在保证效应量（$\alpha = 0.05$，power $= 0.8$）的情况下，预计共需180个样本。实验一实际招募被试180人，其中男生87名，女生93名；年龄在18—26岁，均值为20.87（±1.85）岁。

（1）实验材料

为了避免某一意见领袖和单段直播带货视频所造成的结果的随机性以及不准确性，研究选取了两位意见领袖的两段直播带货视频。最终采用这四段视频量表数据的平均值，让不同组别的被试按顺序观看同样两位主播不同产品类别的视频材料，以增强实验结果的准确性。为避免被试对不同主播的熟悉程度和喜好程度对实验结果造成影响，实验各组各指标数据计算均采用前测与后测差值。

实验依据《2020年直播带货趋势报告——主播影响力排行榜TOP 100》选择带货主播。两位意见领袖分别为"LJ"（专业类主播）和"VY"（全品类主播）；所选四段视频分别为"LJ带货洗发水"（SP1-1专业类主播/领域内产品）、"LJ带货烤箱"（SP1-2专业类主播/领域外产品）、"VY带货洗发水"（SP2-1全品类主播/不区分领域）、"VY带货烤箱"（SP2-2全品类主播/不区分领域）。每段视频具体数据如表3-1所示。

表3-1 实验一视频材料

视频编号	主播	主播类别	产品	产品领域	时长（分）
SP1-1	LJ	专业类	洗发水	领域内	4:12
SP1-2	LJ	专业类	烤箱	领域外	5:04
SP2-1	VY	全品类	洗发水	不区分	4:32
SP2-2	VY	全品类	烤箱	不区分	5:50

（2）实验流程

实验在北京某高校行为实验室进行。为了更好地还原观看直播带货视频的真实情况，实验视频在手机端播放，手机由主试提供并开启免打扰模式，以避免信息弹窗等对实验的干扰。

每位被试首先填写知情同意书，并填写个人基本信息量表。观看每段视频材料前，被试被告知"接下来您将会看到某主播带货某产品的视频，请根据您对该主播及该产品的认知填写下列问卷"，需填写的问卷包括消费意见领袖测量量表（表3-2）、产品涉入度测量量表（表3-3）、购买意愿测量量表（表3-4）。问卷填写完毕之后，被试将会在手机上看到一段直播带货视频，视频观看结束之后，被试被要求填写购买意愿测量量表。填写完成后实验结束。

2.变量测量

（1）意见领袖影响力评价

第一，专业性。专业性是衡量意见领袖影响力的重要维度之一，可分为知识（knowledgeable）、能力（competent）、专家内行（expert）、训练（trained）以及经验（experienced）指标[1][2][3]。

第二，知名度。意见领袖的知名度主要包括社会地位、公众友善度和名人影响力，可以就其影响力和行业领袖品牌知名度等[4]进行测量。

第三，功能价值。产品功能价值可以从可靠性（reliable）、耐用性（durable）、依存性（dependable）以及做工质量（workmanship）等因素来测量[5]，也是评估意见领袖影响力的重要因素。

第四，情感价值。情感价值是消费者在产品购买和使用过程中所衍生出的价值。包括放松、兴奋、愉悦感[6]、幸福感[7]等情感指标。

如表3-2所示。预实验（n=32）数据检验量表各变量的Cronbach's α值均高于0.75，说明可信度较高；KMO与Bartlett球形检验，KMO值均高于0.75，各变量测量项的因子载荷均大于0.7，累计方差解释率均高于65%，效度较好。

---

[1] BANSAL H S, VOYER P A. Word-of-mouth processes within a services purchase decision context [J]. Journal of service research, 2000, 3（2）: 166-177.

[2] NETEMEYER R G, BEARDEN W O. A comparative analysis of two models of behavioral intention [J]. Journal of the academy of marketing science, 1992, 20（1）: 49-59.

[3] GILLY M C. Complaining consumers: their satisfaction with organizational responses and subsequent credit card repurchase behavior [D]. Thesis: College of Business Administration, University of Houston Central Campus, 1979.

[4] 梦非, 朱庆华. 社交网络信息传播中意见偏差的国外研究进展 [J]. 情报理论与实践, 2021, 44（10）: 193-201.

[5] SWEENEY J C, SOUTAR G N, JOHNSON L W. The role of perceived risk in the quality-value relationship: a study in a retail environment [J]. Journal of retailing, 1999, 75（1）: 77-105.

[6] SWEENEY J C, SOUTAR G N. Consumer perceived value: the development of a multiple item scale [J]. Journal of retailing, 2001, 77（2）: 203-220.

[7] PETRICK J F. Development of a multi-dimensional scale for measuring the perceived value of a service [J]. Journal of leisure research, 2002, 34（2）: 119-134.

表3-2 消费意见领袖测量量表

变量	具体指标	信效度检验
专业性	该主播具备此产品领域的相关知识	Cronbach's α=0.773 KMO=0.762 （75.848% VAR）
	该主播在此产品领域拥有专业能力	
	该主播在此产品领域拥有一定的领导地位	
	该主播在此产品领域经过专门的训练	
	该主播在此产品领域具有丰富的实践经验	
知名度	该主播在此产品领域内拥有主导的、有影响力的地位	Cronbach's α=0.840 KMO=0.762 （65.477% VAR）
	该主播在社会上具有一定的名声、声望	
	该主播是大家所熟知的人物	
	我对该主播很熟悉	
	我经常观看该主播的直播带货视频	
	我经常在该主播的直播间内购买商品	
	我身边有很多人会观看该主播的带货视频	
	我身边有很多人经常在该主播直播间购买商品	
	总是有人向我推荐该主播的直播带货视频	
功能价值	我认为该主播推荐的产品具有较好的品质	Cronbach's α=0.810 KMO=0.793 （69.048% VAR）
	我认为该主播推荐的产品具有较好的做工	
	我认为该主播推荐的产品质量是值得信赖的	
情感价值	该主播推荐的产品让我感觉放松	Cronbach's α=0.791 KMO=0.791 （79.198% VAR）
	该主播推荐的产品使我兴奋	
	该主播推荐的产品带给我愉悦感	
	该主播推荐的产品带给我幸福感	
	该主播推荐的产品许多人有，我也想拥有	
	我愿意将该主播推荐给其他人	

（2）产品涉入度测量

产品涉入度的高低也是影响意见领袖对产品熟悉度的重要维度之一。产品涉入度的测量目前最常用的方法是个人产品涉入度测量量表（personal involvement inventory），包括关注度、重要度、兴趣度、首选度等测量项目[1]。如表3-3所示。预实验数据（n=32）检验量表变量，其信度和效度都较好。

表3-3 产品涉入度测量量表

变量	编号	问项	信效度检验
产品涉入度	CP1	我对上述产品很感兴趣	Cronbach's α=0.721 KMO=0.698 （79.198% VAR）
	CP2	对我来讲，上述产品是有需要的	
	CP3	对我来讲，上述产品是重要的	
	CP4	我会花很多心思在上述产品上	
	CP5	我经常关注上述产品	

（3）购买意愿程度测量

消费者购买意愿是营销领域的重要概念，包括新信息的提供，产品相关知识的增加、产品概念的改变、购买决策的支持、购买意图、推荐给他人的意图等测量指标[2][3]。如表3-4所示。预实验数据（n=32）检验量表变量，其信度和效度都较好。

---

[1] ZAICHKOWSKY J L. Measuring the involvement construct [J]. Journal of consumer research, 1985, 12 (3): 341-352.

[2] BANSAL H S, VOYER P A. Word-of-mouth processes within a services purchase decision context [J]. Journal of service research, 2000, 3 (2): 166-177.

[3] GILLY M C. Complaining consumers: their satisfaction with organizational responses and subsequent credit card repurchase behavior [D]. Thesis: College of Business Administration, University of Houston Central Campus, 1979.

表 3-4 购买意愿测量量表

变量	编号	问项	信效度检验
购买意愿	GM1	我购买上述产品的可能性高	Cronbach's α=0.773 KMO=0.797 （68.372% VAR）
	GM2	上述产品值得我购买	
	GM3	我有购买上述产品的计划	
	GM4	我愿意向别人推荐上述产品	
	GM5	我愿意购买上述产品	

3. 实验结果

研究使用 SPSS 22.0 软件，采用单因素方差分析意见领袖类别及带货领域对于购买意愿影响的差异性。结果发现，在购买意愿上，意见领袖组别的主效应显著，各组别用户的消费购买意愿呈现显著差异（F=27.474，$p<0.001$，η^2=0.319）。意见领袖类型和带货领域的交互效应显著（F=15.828，$p<0.05$，η^2=0.297）。具体通过平均值比较差异可知，在产品领域内，专业类主播组（M_{SP1-1}=1.80±0.81）高于全品类主播组（M_{SP2-1}=1.51±0.67）影响形成的购买意愿；同时，产品领域外的两组，专业类主播组（M_{SP1-2}=1.29±0.52）低于全品类主播组（M_{SP2-1}=1.44±0.49）的购买意愿。这说明，对于专业领域内的产品，消费者对于单态意见领袖的推荐会倾向于形成更强的购买意愿，H1 得到验证；对于专业领域外的产品，单态意见领袖的推荐影响力优势不存在，H2 得到验证。

（二）实验二：单态意见领袖的带货领域对用户信任的影响

1. 实验设计

实验二主要探讨单态意见领袖的带货领域对用户信任的影响，拟验证 H3 至 H8。实验为单因素被试间设计，自变量为单态意见领袖的带货领域（领域内 vs.领域外），因变量为用户信任，区隔变量为虚假宣传。实验前通过 G*power 计算，在保证效应量（$\alpha=0.05$，power$=0.8$）的情况下，预计共需 128 个样本。实验二实际招募被试 128 人，其中男生 60 名，女生 68 名；年龄在 18—26 岁，均值为 21.27（±1.34）岁。所有被试为右利手，视力或矫正视力正常，无色盲、精神病或神经病史，无相关行为实验经历。被试实验前均签署知情同意书，实验后获得一定报酬。

（1）实验材料

研究从 2020 年被中国消费者协会点名的直播带货虚假宣传视频中，选取"LJ 带货洗发水"（领域内虚假产品）和"YH 带货火锅"（领域外虚假产品）作为实验的材料来源。实验材料的四段视频分别为"YH 带货手表"（SP3-1 领域内产品）、"LJ 带货洗发水"（SP3-2 领域内产品）、"LJ 带货烤箱"（SP4-1 领域外产品）、"YH 带货火锅"（SP4-2 领域外产品），每段视频具体数据如表 3-5 所示。

表 3-5　实验二视频材料

视频编号	主播	主播类别	产品	产品领域	时长（分）
SP3-1	YH	专业类—电子类	手表	领域内	5:12
SP3-2	LJ	专业类—美妆类	洗发水	领域内	4:12
SP4-1	LJ	专业类—美妆类	烤箱	领域外	5:04
SP4-2	YH	专业类—电子类	火锅	领域外	4:37

（2）实验流程

每位被试被要求填写个人基本信息量表。观看每段视频材料前，被试被告知"接下来您将会看到某主播带货某产品的视频，请根据您对该主播及该产品的认知填写下列问卷"，测量语句为"我认为该主播的专业领域是：美妆类、服饰类、电子类、美食类、文化产品类、生活用品类和其他"。填写问卷包括消费意见领袖测量量表（表 3-2）、产品涉入度测量量表（表3-3）、信任度测量量表（表3-6）。问卷填写完毕之后，被试将会在手机上看到一段直播带货视频，视频观看结束之后，填写信任度测量量表并进行一轮信任游戏（图3-2）。信任游戏结束后，被试将看到第二段直播带货视频，并重复上述操作。结束第二轮信任游戏后，被试将被告知"您刚刚观看的视频在2020年被中国消费者协会点名存在虚假宣传问题"，之后再填写信任度测量量表、消费意见领袖测量量表，完成之后实验结束。

表3-6 信任度测量量表

变量	编号	问项	信效度检验
信任度	KX1	您觉得该主播是公正的吗？	Cronbach's α=0.877 KMO=0.786 （65.547% VAR）
	KX2	您觉得该主播是有偏见的吗？	
	KX3	您觉得该主播这篇新闻是准确的吗？	
	KX4	您觉得该主播是清楚的吗？	
	KX5	您觉得该主播是值得您信赖的吗？	
	KX6	您觉得该主播的信息来源是可靠的吗？	
	KX7	您觉得该主播的内容是可信的吗？	
	KX8	您觉得该主播是客观的吗？	
	KX9	您觉得该主播是权威的吗？	
	KX10	您觉得该主播是专业的吗？	

2. 变量测量

信任测量分为直接测量和间接测量两个步骤[①]。直接测量是通过人际信任量表（interpersonal trust scales）测量[②]；间接测量是通过观察、记录被试

[①] BAUER P C, FREITAG M. Measuring trust: the oxford handbook of social and political trust [J]. Online publication, 2017（1）.

[②] ROTTER J B. A New scale for the measurement of interpersonal trust [J]. Journal of personality, 1967, 35（4）: 651-665.

的认知、决策、行为等活动推测出其信任水平[①]，其中应用最广泛是"信任博弈"范式（trust game）。

在信任游戏中，被试被告知需要想象和刚刚观看视频中的主播进行一个游戏。被试初始金额为10元。每个试次包括两个阶段：决策和反馈。在决策阶段，需要选择愿意投资给主播的金额大小（0—10）。如果选择投资，则主播获得的金额为投资金额的三倍，即投资10元，主播获得30元。在反馈阶段，如果选择不投资，被试自己将获得10元；如果选择投资，主播回报的概率为50%，被试将有机会获得15元金额回报或零回报。信任游戏流程如图3-2所示，由被试自主按键完成。在该博弈情境中，信任者（消费者）向被信任者（主播）投资的金额，即信任程度，被主播返还的金额，即主播的可信度（trustworthiness）。

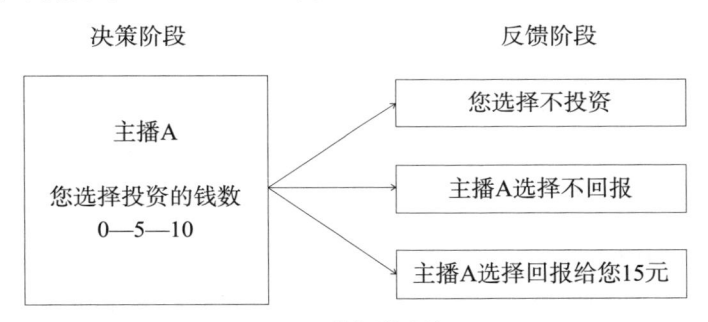

图 3-2　信任游戏流程

3. 实验结果

首先，专业和非专业主播是否影响消费者购买意愿。研究采用独立样本 t 检验对用户购买意愿进行统计，结果发现，专业领域内（$M_{SP3}=1.79 \pm 0.52$）和非专业领域（$M_{SP4}=1.56 \pm 0.56$）的意见领袖，对于用户购买意愿没有显著性影响（$t=0.857$，$p=0.322 > 0.05$），可见专业类意见领袖不会影响用户

[①] BURNHAM T, MCCABE K, SMITH V L. Friend-or-foe intentionality priming in an extensive form trust game [J]. Journal of economic behavior & organization, 2001, 43（1）: 57-73.

的购买意愿。H4不成立。

其次,专业和非专业主播是否影响消费者信任程度和可信度评价。通过配对 t 检验分析前后测数据。结果发现,在专业领域内,对于专业类意见领袖的推荐,领域内的信任程度前测(M=4.57±0.66)与后测(M=5.26±0.64)差异显著(t=-7.080,p=0.000,Cohen'd=0.885);领域外的信任程度前测(M=4.74±0.70)和后测(M=5.29±0.61)差异显著(t=-4.032,p=0.000,Cohen'd=0.504)。通过独立样本 t 检验,领域内(M_{SP3}=2.15±0.43)和领域外(M_{SP4}=1.66±0.56)不同领域用户的信任程度,结果差异显著(t=3.984,p=0.000,Cohen'd=0.996)。

研究将非正态分布的信任游戏投资额数据进行自然对数(Ln)处理,之后采用独立样本 t 检验的统计方法进行统计。结果发现,领域内(M_{SP3}=1.58±0.52)和领域外(M_{SP4}=1.31±0.57)不同带货领域的投资额均呈现显著性(t=2.020,p=0.048<0.05,Cohen'd=0.252)。结合信任度测量量表及信任游戏分析结果可知,专业类意见领袖在不同带货领域都对用户的信任程度和可信性评价有影响,且在专业领域内带货比在非专业领域带货所获得的信任水平更高,H3得到证实。

最后,直播带货虚假宣传的影响。采用配对样本 t 检验分析虚假宣传条件下的购买意愿。结果发现,专业类领域内组前测(M=4.32±0.56)和后测(M=5.16±0.34)间有显著差异(t=-6.081,p=0.000,Cohen'd=0.760),专业类领域外组前测(M=4.44±0.30)和后测(M=5.14±0.21)之间有显著差异(t=-4.312,p=0.000,Cohen'd=0.539)。因此在虚假宣传(被试不知情)的情况下,意见领袖对用户的购买意愿仍然有显著的正向影响,H5得到证实。

在被试知情的情况下,对虚假宣传的主播带货领域(领域内/领域外)、消费者性别(男/女)、消费者信任、消费者购买意愿这四个变量之间的关系进行路径分析,如表3-7和图3-3所示。

表3-7　模型回归系数汇总

X	→	Y	B	*SE*	z(CR)	*p*	Beta
性别	→	信任	−0.416	0.134	−3.111	0.002	−0.300
性别	→	购买意愿	0.085	0.127	0.668	0.504	0.063
信任	→	购买意愿	0.809	0.109	7.393	0.000	0.834
专业领域	→	信任	−0.753	0.134	−5.622	0.000	−0.542
专业领域	→	购买意愿	0.021	0.145	0.145	0.885	0.016

备注：→表示路径影响关系

由表3-7可知，消费者性别对信任有显著影响（$z=-3.111$，$p=0.002<0.01$），信任对购买意愿有显著影响（$z=7.393$，$p=0.000<0.01$），专业领域对信任有显著影响（$z=-5.622$，$p=0.000<0.01$）。性别（$z=0.668$，$p=0.504>0.05$）和专业领域（$z=0.145$，$p=0.885>0.05$）对购买意愿都没有显著影响。内生变量信任和购买意愿的残差系数合理（$e_{信任}=0.45$，$e_{购买意愿}=0.62$）。因此，虚假宣传下性别和专业领域对购买意愿并不会产生影响。H6不成立，H7得到验证。

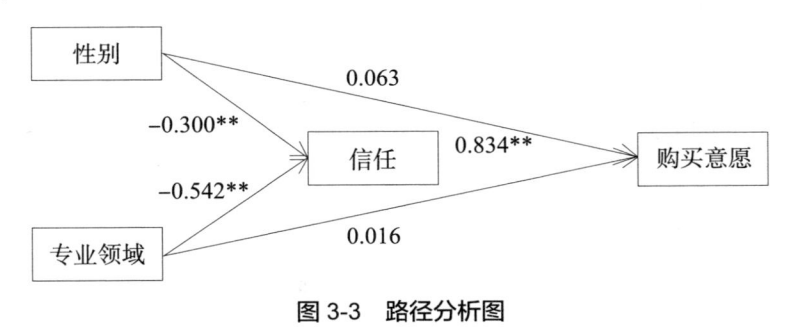

图 3-3　路径分析图

此外，对于虚假宣传告知前后消费者对主播专业性认知的前后测数据进行配对样本t检验，结果发现，主播领域内前测（$M=5.45±0.56$）与后测（$M=5.20±0.34$）结果无显著差异（$t=-5.231$，$p=0.072>0.05$，Cohen'$d=0.653$），主播领域外前测（$M=5.44±0.30$）与后测（$M=5.22±0.21$）无显著差异（t=-4.563，p=0.095＞0.05，Cohen'd=0.570）。可见，即使被告知虚假宣传，也不会显著影响用户对专业类意见领袖专业性形象的认知。H8不成立。

四、研究结论与讨论

首先，本节研究拓展了意见领袖理论的适用场景。意见领袖是传播学中的经典理论，指将所获得信息进行多层级传播并影响他人决策的个体[1]。网络新媒体的发展以及社会环境的变化，情感性、关系性等非理性因素进入传播系统，传播的表征丰富度（representational richness）和实时交互性逐渐提高[2]，媒介行为越发具有人性化的特征。在当前的传播环境下，一方面，意见领袖在传统媒介渠道因为信道狭窄而不得不被舍弃的非理性要素得以重现，成为调动受众情绪的重要说服路径之一；另一方面，直播技术等视觉通道的实时交互，使得意见领袖和受众之间形成了准人际关系（para-sociality）的双向链接[3]，形成一种沉浸式的情感与关注机制，强化了与意见领袖的关系黏性。

其次，研究验证了非理性传播环境下单态意见领袖的专业性对于消费者信任度和购买意愿的影响。在详尽可能性模型（ELM）和"启发—系统"模型（HSM）等说服模型中，逻辑、推理、熟思等理性因素和以直觉、情

---

[1] COREY L G. People who claim to be opinion leaders: identifying their characteristics by self-report [J]. Journal of marketing, 1971, 35 (4): 48-53.

[2] FORTIN D R, DHOLAKIA R R. Interactivity and vividness effects on social presence and involvement with a web-based advertisement [J]. Journal of business research, 2005, 58 (3): 387-396.

[3] GILES D C. Parasocial interaction: a review of the literature and a model for future research [J]. Media psychology, 2002, 4 (3): 279-305.

感、经验等非理性因素为主要动力的说服路径并存[1]。一方面，意见领袖的专业性意味着其在该行业或领域中拥有较高的产品涉入，更易使消费者产生信任感，理性因素在此过程中起着重要作用。另一方面，在以网络直播为代表的新媒介系统内，其所涉及的对象完成了由理性要素到非理性要素的拓展。因此，以沉浸代替旁观、以感染代替说理的劝服方式变得越发普遍，在专业领域之外，受众对意见领袖专业性的追求逐渐趋弱化，专业性对于消费者的购买意愿的影响是非线性的，同时也弱化了消费者辨别商业性直播平台虚假信息的能力。

最后，产品信息的真实性不会影响消费者对意见领袖专业性的认知。用户在直播间内沉浸于主播的情绪感染，更易移情，缺乏足够的注意力接收相应的信息[2]，从而也弱化了辨别虚假信息的能力。受欢迎程度和拟象性的增加也挑战了观众认为真实的一些潜在原则。用户在观看直播的过程中，内在动机和情感价值的满足，部分取代了使用价值和经济价值，从而降低了对真实性回馈的期待[3]。

对此，当下企业应更加注重社交属性，增强用户黏性，将"人、货、场"置于同一虚拟空间之中，运用直播平台再造品牌形象。此外，用户作为直接的商品购买者，在直播间这样非理性的购物环境下极易产生冲动消费，甚至受到虚假信息的误导，损害自身的合法权益。对此，管理部门要综合运用多种手段有效降低直播营销活动的风险，规范电商直播市场秩序。

---

① PETTY R，CACIOPPO J. The elaboration likelihood model of persuasion [J]. Advances in experimental social psychology，1986（19）：123-205.

② PENNYCOOK G，EPSTEIN Z，MOSLEH M，et al. Shifting attention to accuracy can reduce misinformation online [J]. Nature，2021，592（22）：590-595.

③ VERHAAL J C，DOBREV S D. The authenticity paradox：why the returns to authenticity on audience appeal decrease in popularity and iconicity [J]. Journal of management，2020，48（2）：251-280.

本节小结

传统意义上，商业性意见领袖的专业性和理性往往是影响消费者购买意愿的重要因素。本节聚焦新兴的电商直播平台，采用行为实验法，将非理性因素同时纳入信息传播的具体场景中，探索诉诸情感是否会成为有效的说服路径，以及在直播场景下，意见领袖的专业性是否仍然是影响消费者购买决策的重要因素。

研究发现，首先，单态直播意见领袖对于专业领域内产品的推荐，会形成消费者更强的购买意愿，而对于专业领域外的产品，其影响力优势不复存在；其次，专业类直播意见领袖在不同带货领域都显著获得消费者更多信任，且在专业领域内获得的信任水平更高；最后，在产品虚假宣传且消费者不知情的情况下，直播意见领袖对用户的购买意愿仍然有显著的正向影响，形成"真实性悖论"。

第三节 "情感与狂欢"：网络视频直播受众的行为机制分析

直播的生活化属性搭建了新型消费空间。随着技术的不断发展，传播环境不断变革，我们正在加速进入一个具有更多传播参与和互动方式的新媒介时代。直播在这样的背景下应运而生。作为一种极具发展前景的信息媒介新生态，网络直播一经出现便获得学界的广泛关注。

直播的互动性也创造了崭新的媒介景观，人们可以更多地参与到互联网的创造活动中。[①]一方面，媒介信息内容生产与消费两端的界限逐渐模糊，在直播语境下，传统意义上被动的媒介消费者有机会过渡为主动的信息分享者；另一方面，自上而下的信息流动方式也转向了自下而上的公开分享。这不仅是一种媒介技术的革新，也在更深的层面影响着人类社会生活的方方面面，诸如互动、社交学习、消费等都有了参与式转换的新可能。

网络直播的突出优势在于对用户内容生产模式的升级。顺应场景时代的发展需求，直播对用户需求的对接更为精准，超越内容和渠道的限制，实现包括用户体验在内的时空一体化。[②]直播视频兼顾了用户当前所处时

---

① 高文珺.基于青年视角的网络直播：参与的盛宴，多元的融合［J］.中国青年研究，2019（4）：91-97.

② 汪雅倩."新型社交方式"：基于主播视角的网络直播间陌生人虚拟互动研究［J］.中国青年研究，2019（2）：87-93，72.

间、空间特征和情绪、心理、兴趣、意愿等多重需求，真正将生活化的场景编排进直播的内容[①]，使得虚拟空间的生活化属性得到极大的发挥，从而搭建了普通大众之间的新型沟通方式和交往空间，拓宽了虚拟内容创业渠道的新风口，成为新经济、新常态下的社交电商新模式。

一、网络视频直播受众行为的影响因素

移动社交电商直播产品的展现在一定程度上改变了直播消费的业界形态，学者们也从多种角度对影响网络用户直播购买的因素加以探究。有学者认为，直播可以提高用户对愉悦性的感知，以及对可信度的感知，可以显著提升其消费意愿[②]。直播互动性、感知有用性、直播娱乐性、直播促销价、意见领袖、直播信任等因素都会对受众的购买意愿和行为产生积极影响[③]。此外，在电商网络直播中，消费者的购买意愿不仅取决于互动性和娱乐性，还取决于产品的有用性[④]。

不过，既往研究仅关注相关因素对于用户直播购买行为的单一作用，未能充分挖掘因素之间的联动关系。因此，本节将说服效果的经典模型引入网络直播用户行为场景之中，对直播愉悦性、直播互动性与信息有用性、信源可信性因素的影响加以探究，丰富对于直播场景社交互动性研究的内涵。

[①] 严小芳.场景传播视阈下的网络直播探析[J].新闻界，2016（15）：51-54.
[②] 董方.电商直播平台消费者购买意愿影响因素研究[D].北京：北京邮电大学，2021.
[③] 但鸣啸，武峰.网络直播营销对购买意愿的影响实证研究[J].管理观察，2018（36）：41-44.
[④] 王秀俊，王文，孙楠楠.电商网络直播模式对消费者购买意愿的影响研究：基于认知与情感的中介作用[J].商场现代化，2019（15）：13-14.

二、研究问题和框架提出

（一）两种路径主导的信息加工可能性模型

精细加工可能性模型（ELM）为理解信息说服效果的双路径影响过程提供了一个总体框架。受众在信息处理过程中遵循两条基本路径：中心路径（central route）和边缘路径（peripheral route）。在中心路径的影响下，个体发挥其精准思考的能力，更倾向于对信息本身进行加工和判断，并能使用多重标准对相关线索进行周到的处理从而做出理性的反应[1]。当信息中的多重元素，如信息自身的相关性、准确性和完备性都悉数呈现后，受众会认真考虑和综合分析有关客体本身特征的信息，所形成的结果更适宜于搭建用户认知的中心路径[2]。相反，在边缘路径的影响下，个体往往不具备仔细思考信息本身的动机或能力，导致其只通过简单的边缘线索来补充对目标行为的认识，如内容信源质量、图文搭配，以及传播者的喜爱度、产品包装、传播渠道方式等指标。

ELM模型被广泛应用于信息搜索、接收、采纳等诸多行为的实证研究中。本节以ELM模型为理论基础，对受众在直播情景中的购买行为影响因素进行探究。其中，第三方口碑评价的好评度、好评量、时效性等边缘路

---

[1] PETTY R E, CACIOPPO J T. Personal involvement as a determinant of argument-based persuasion [J]. Journal of personality and social psychology, 1981, 41 (5): 847-855.

[2] RICCO R B. The influence of argument structure on judgements of argument strength, function, and adequacy [J]. Quarterly journal of experimental psychology, 2008, 61 (4): 641-664.

径直接正向影响受众的冲动购买意愿[1]。对于新产品的购买,在线评论对消费者的影响只通过中心路径发挥作用,如信息质量和口碑评论内容,而非边缘路径[2],如信息或者口碑评论的来源可信度。不过,也有研究发现,中心路径和边缘路径都对受众的感知有用性存在正向影响[3]。由此提出:

研究问题1:网络直播用户信息处理路径是中心路径主导还是边缘路径主导?

(二)反戴蒙德悖论:感知有用性的中介作用

感知有用性是一种价值判断,是指主体能够排除无用信息干扰并做出符合自己实际需要的决策。个体如何选择并最终做出媒介购买行为,主要取决于主体对信息有用性的感知。受众更为积极地参与到互动信息的生产与流通之中,加剧了直播空间的"信息过载"。信息数量的爆炸与质量的存疑,使得信息有用性的感知变得难以建立。这就形成了著名的戴蒙德悖论,即信息的搜索成本对交易结果的影响。[4]

网络视频直播将商家与消费者直接相连,降低了消费者信息搜索成本,使实际价格和交易价格基本持平。然而,信息搜寻的总成本包括获得信息的成本和排除信息噪音的成本,而后者体现在消费者需要花费更多精力,对于海量信息中的信息质量和信源可信度进行判断,已确认获得信息的有效性,从而决定购买行为。这就是网络视频直播购买行为中的"反戴蒙德

---

[1] 常亚平,肖万福,覃伍,等.网络环境下第三方评论对冲动购买意愿的影响机制:以产品类别和评论员级别为调节变量[J].心理学报,2012,44(9):1244-1264.

[2] 龚艳萍,梁树霖.在线评论对新技术产品消费者采用意愿的影响研究:基于ELM视角[J].软科学,2014,28(2):96-99,105.

[3] 曾伟.基于ELM的在线评论有用性研究:商品类型的调节影响[J].现代情报,2014,34(12):148-153.

[4] DIAMOND P A. A model of price adjustment [J]. Journal of economic theory, 1971, 3(2): 156-168.

悖论"现象[1]。也有研究发现，感知有用性在中心路径，即评论质量与信息采纳行为中发挥中介作用[2]。因此，无论信息质量还是信源可信度，都无法直接影响购买行为，而是通过作用于感知有用性，让受众先产生认知层面的认可进而影响其行为。由此提出：

研究问题2：网络直播用户信息处理的中心路径与边缘路径是否会受到感知有用性的中介作用？

（三）情感与狂欢：情绪感染的调节作用

直播平台的多元社会场景，彻底打破了视频互动的人际障碍[3]。与传统的静态媒介平台不同，直播场域具有表演与社交的双重标签[4]。直播所搭建的场景化传播能更精准地对接受众的情感需求，进而对其主观意识起导向作用。网红直播与传统广告营销中的名人代言不同。这主要在于，第一，网红产品代言人与用户高频互动，情感联系更紧密和直接。同时，主播这种集"真实化"和"修饰化"于一体的角色的强势加入，使得直播购买较传统网络购物环境具有了更多的延伸可能。第二，直播购物具有虚拟在场感，用户的"围观"本身使购物行为关涉很强的情感投入。直播间中众多消费者所营造的气氛，也是购买行为重要的情感来源，购买过程亦是群体情绪感染的过程。时空共感的直播所产生的联动效应在情感交流层面触动消费者的内心感受，并在情感刺激的催化下产生消费行为。因此，用户直

---

[1] 端利涛，吕本富.在线购物的"反戴蒙德悖论现象"[J].管理评论，2021，33（6）：34-45.

[2] 王军，周淑玲.一致性与矛盾性在线评论对消费者信息采纳的影响研究：基于感知有用性的中介作用和自我效能的调节作用[J].图书情报工作，2016，60（22）：94-101.

[3] 贾毅.网络秀场直播的"兴"与"哀"：人际交互·狂欢盛宴·文化陷阱[J].编辑之友，2016（11）：42-48.

[4] 杨雅.后学科视角下基于信任度的网络视频直播效果评价体系研究[J].当代传播，2019（5）：64-67.

播购买行为也是感性战胜理性，是一种情感反应的结果[1]，如何平衡以信息为核心的中心路径与以主播为核心的边缘路径对购买行为引导过程中的博弈关系，同样是一个有待解决的命题。

三维情感模型（pleasure-arousal-dominance，PAD）[2]是目前测量情感反应的常用量表，包括情感的愉悦度、唤醒度和优势度。既有研究发现，情感优势度对消费者行为影响并不显著[3]，而愉悦度和唤醒度能够显著正向影响消费者的态度和行为[4]。其中，唤醒度主要影响消费者购买决策过程中信息的探别、储存和读取过程，所以对购买行为的解释力更强[5]。因此，本节着重对于愉悦度和唤醒度两个指标进行探讨。在信息质量和信源可信度之外，加入对消费者情感状态的考量，可以增进对受众直播购买行为模型的解释力[6]。由中心路径引起的说服效果会更稳定持久地影响受众行为，而边缘路径则更容易受情绪感染因素的影响[7]。进一步讲，中心路径与边缘路径的互构状态可以通过心理层面的情感调节作用，影响用户最终的直播购买行为。由此提出：

---

[1] ROOK D W, FISHER R J. Trait and normative aspects of impulsive buying behavior [J]. Journal of consumer research, 1995, 22 (3): 305-313.

[2] MEHRABIAN A, RUSSELL J A. An approach to environmental psychology [M]. Cambridge, MA: MIT Press, 1974: 63-73.

[3] ATELIER T, CHANG S S, LANCASTER K M, et al. Effects of media formats on emotions and impulse buying intent [J]. Journal of information technology, 2003, 18: 247-266.

[4] OLNEY T J, HOLBROOK M B, BATRA R. Consumer responses to advertising: the effects of ad content, emotions, and attitude toward the as on viewing time [J]. Journal of consumer research, 1991 (17): 440-453.

[5] DONOVAN R J, ROSSITER J R. Store atmosphere: an environmental psychology approach [J]. Journal of retailing, 1982, 58 (1): 34-57.

[6] WEINBERG P, GOTTWARD W. Impulsive consumer buying as a result of emotions [J]. Journal of business research, 1982, 10 (1): 43-57.

[7] PETTY R E, CACIOPPO J T. The elaboration likelihood model of persuasion [J]. Advances in experimental social psychology, 1986, 19 (3): 123-205.

研究问题3：网络直播用户信息处理的中心路径与边缘路径是否会受到感知情绪感染的调节作用？

（四）研究框架：有调节的中介模型

研究基本形成了对于网络视频直播场景下受众购买行为的框架，探讨在情感唤醒度和情感愉悦度的调节下，感知有用性在中心路径和边缘路径两类信息加工过程中的中介作用，提出新的解释模型，如图3-4所示。

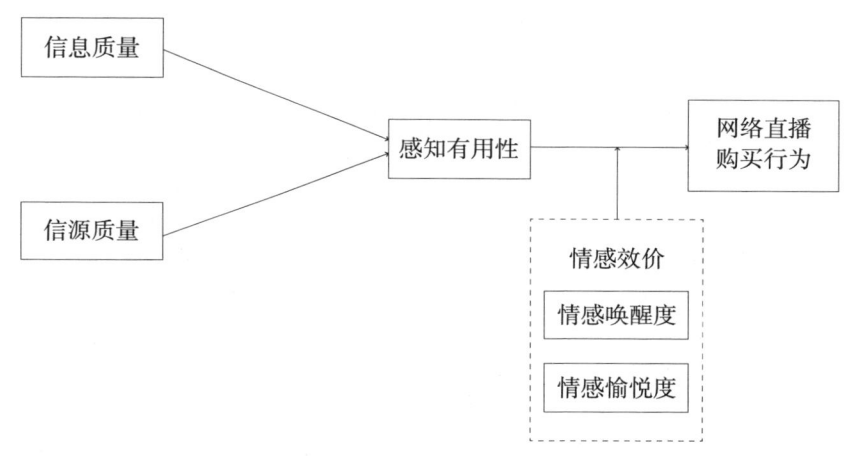

图 3-4　受众网络直播购买行为影响因素研究模型

三、数据收集和变量测量

（一）数据来源

研究采用线上调查平台进行问卷调查。为确保问卷的信度和效度，在问卷正式发放前随机进行了一次小型预调查，共发放问卷111份，有效回收104份。数据显示，问卷各潜变量信效度良好（Cronbach's $\alpha > 0.8$，KMO > 0.8），说明该问卷设计良好，可以展开大规模的调查研究。

考虑到调查对象的特征为网络视频直播购物消费者，因此，正式调研的数据收集主要采用线上滚雪球的方式。以一个淘宝平台账号（ID：4462789393）和一个斗鱼平台账号（ID：2252039204）同时发起问卷邀请，共回收454份问卷。在剔除作答内容空缺、作答时长过短、答案明显重复的数据后，共保留有效问卷407份，有效回收率为89.6%。有效样本满足题项的10—15倍这一数量标准。样本具体的人口统计学特征如表3-8所示。

表3-8 调研样本人口统计学特征

变量	水平	百分比	变量	水平	百分比
性别	男 女	38.8% 61.2%	年龄	19岁及以下 20—29岁 30—39岁	23.5% 31.7% 26.5%
专业	人文类 社会类 理工类	30.2% 18.0% 22.6%	月总收入	2000元以内 2000—3999元 4000—5999元	17.2% 19.4% 20.4%
最高受教育程度	初中及以下 高中或中专 大专成人高等教育	5.2% 15.2% 20.1%			

（二）变量测量

除了人口统计学变量，研究共设置五个主变量。所有变量的测量均引用或改编自前人的成熟量表，共设置19个题项。所有测项均采用李克特五级量表进行测量（"5"＝非常同意）。自变量为网络视频直播的信息质量（中心路径）和信源可信度（边缘路径）[①]。中介变量为感知有用

---

① BHATTACHERJEE A，SANDORD C. Influence processes for information technology acceptance: an elaboration likelihood model [J]. MIS quarterly, 2006, 30（4）: 805-825.

性[1]。调节变量为情绪感染，包括唤醒度和愉悦度[2]。因变量为用户通过直播场景的购买行为[3]。控制变量为人口统计学因素，包括性别、专业、最高受教育程度、年龄、月总收入等。如表3-9所示。

表3-9 变量测量指标及信效度

变量名称	维度	测量题项	文献来源	Cronbach's α
信息质量		网络直播中的商品信息是与我相关的	Bhattacharjee & Sanford（2006）	.757
		网络直播中的商品信息是准确的		
		网络直播中的商品信息是全面的		
信源可信度		网络直播中商品信息的发布者是值得信赖的		.834
		网络直播中商品信息的发布者是让人安心的		
		网络直播中商品信息的发布平台是可靠的		
情绪感染	情感唤醒度	在直播中购买商品是令人兴奋的	Mehrabian & Russell（1974）	.801
		在直播中购买商品是令人激动的		
		在直播中购买商品是令人疯狂的		
	情感愉悦度	在直播中购买商品是令人快乐的		.864
		在直播中购买商品是令人轻松的		
		在直播中购买商品是令人满意的		

---

① CHEUNG C M K, LEE M K O, RABJOHN N. The impact of electronic word-of-mouth: the adoption of online opinions in online customer communities [J]. Internet research, 2008, 18（3）: 229-247.

② MEHRABIAN A, RUSSELL J A. An approach to environmental psychology [M]. Cambridge, MA: MIT Press, 1974: 62-65.

③ KANKANHALLI A, TAN B, WEI K K. Contributing knowledge to electronic knowledge repositories: An empirical investigation [J]. MIS quarterly, 2005, 29（1）: 113-143.

续表

变量名称	维度	测量题项	文献来源	Cronbach's α
感知有用性		网络直播中商品信息能够为我提供专业商品知识	Cheung et al.（2008）	.855
		网络直播中商品信息对解答我的购买疑惑有益		
		网络直播中商品信息对我制定购买决策有价值		
购买行为		我会花很多时间观看网络直播并购买商品或服务	Kankanhalli（2005）	.872
		我定期在观看网络直播的过程中购买商品或服务		
		我规律地在观看网络直播过程中购买商品或服务		
		我经常在观看网络直播的过程中购买商品或服务		

四、数据分析结果

数据分析使用SPSS22.0，对汉化后的问卷信效度进行检验。首先检验问卷内部一致性，结果显示，各主变量的Cronbach's α介于0.757到0.872之间，整体问卷Cronbach's α为0.845，问卷信效度较好。进一步检验问卷的结构效度，KMO值为0.823，Bartlett球形检验p值均为0.000，量表各变量显著相关，可进行进一步分析。

（一）感知有用性的中介效应检验

研究进行逐步回归分析[①]，考察感知有用性在信息质量或信源可信度、

---

① 温忠麟，张雷，侯杰泰，等. 中介效应检验程序及其应用［J］. 心理学报，2004（5）：614-620.

以及受众的直播购买行为之间可能存在的预测关系和中介效应。

首先，中心路径。信息质量与购买行为、信息质量与感知有用性、感知有用性与购买行为两两变量间的相关系数（上述检验分别对照路径a、b、c的回归分析结果，如表3-10所示）显著相关（$p<0.05$）；将感知有用性变量引入信息质量与购买行为相关关系中再次进行线性回归分析，此时自变量信息质量的系数为0.272，小于原系数0.398，感知有用性系数为0.321，通过显著性检验（$p<0.05$）。这表明，控制中介变量时，自变量和因变量之间的相关系数显著降低，即感知有用性为信息质量和购买行为二者关系中的中介变量，为部分中介效应。

其次，边缘路径。在路径a、b、c皆显著的前提下，将感知有用性变量引入信源可信度与购买行为相关关系中再次进行线性回归分析，此时信源质量的系数为0.229，小于原系数0.371，感知有用性系数为0.343，通过显著性检验（$p<0.05$）。这表明，感知有用性同时也是信源可信度和购买行为二者关系中的中介变量，为部分中介效应。

表3-10　感知有用性的中介效应检验

中心路径检验				边缘路径检验			
回归方程	路径	R^2	t	回归方程	路径	R^2	t
$Y=0.398^{**}x_1+1.532$	a	.116	7.281	$Y=0.371^{**}x_2+1.772$	a	.093	6.459
$M=0.392^{**}x_1+2.068$	b	.185	9.691	$M=0.415^{**}x_2+2.169$	b	.193	9.844
$Y=0.451^{**}M+1.298$	c	.122	7.513	$Y=0.451^{**}M+1.298$	c	.122	7.513
$Y=0.272^{**}x_1+0.321^{**}M+0.869$		.166	4.958	$Y=0.229^{**}x_2+0.343^{**}M+1.027$		.151	3.689

（二）情绪感染的调节效应分析

为有效避免回归的多重共线性，以及首先对信息质量、信源可信度、情感唤醒度、情感愉悦度与情绪感染度五个变量进行了中心化处理（减去均值），再放入回归模型进行多重调节作用的检验[①]。如表3-11所示，模型1检验主效应，模型2和模型3分别检验情感愉悦度与情感唤醒度对主要关系的单一调节作用，模型4则是对二阶变量情绪感染的调节作用的检验。

表3-11 情绪感染的调节作用检验

	模型1		模型2		模型3		模型4	
	购买行为		购买行为		购买行为		购买行为	
	B	T	B	T	B	T	B	T
控制变量									
性别	.072	.855	.072	.851	.076	.806	.076	.900
年龄	.138	3.501	.131	3.313	.135	3.417	.128	3.264
专业	.045	1.239	.040	1.104	.044	1.211	.039	1.073
月总收入	.019	.716	.017	.677	.017	.660	.016	.627
最高受教育程度	−.030	−.864	−.022	−.635	−.025	−.730	−.021	−.610
解释变量									
感知有用性	.450**	7.513	.433**	6.872	.450**	7.554	.435**	7.101
调节变量									
情绪感染							−.011	−.143
情感愉悦度			−.040	−.684				
情感唤醒度					.007	.123		

[①] 温忠麟, 侯杰泰, 张雷. 调节效应与中介效应的比较和应用[J]. 心理学报, 2005（2）: 268-274.

续表

	模型1		模型2		模型3		模型4	
	购买行为		购买行为		购买行为		购买行为	
	B	T	B	T	B	T	B	T
交互项								
感知有用性*情绪感染							.284**	3.310
感知有用性*情感愉悦度			.213**	2.968				
感知有用性*情感唤醒度					.163**	2.336		
F	56.447	13.140	22.313	10.764	20.986	10.462	22.894	10.907
F显著性	.000	.000	.000	.000	.000	.000	.000	.000

注：显著性水平 $P < 0.05$**

具体来看，将中介变量感知有用性程度取两个值（M±SD），并呈现在这两个值上的情感唤醒度和情感愉悦度所对应的购买行为数值上（如图3-5），以更清晰地呈现情感唤醒度和情感愉悦度不同的调节效应。可以发现，随着感知有用性程度的提高，购买行为也有所提升；情感唤醒度和情感愉悦度均正向调节了二者的关系，但调节作用有所差异，情感愉悦度的调节系数为0.213，大于情感唤醒度的调节系数0.163。这表明，情感愉悦度在感知有用性与购买行为间关系的调节效应要优于情感唤醒度。

数据显示，情绪感染和感知有用性交互项的系数为0.284，通过显著性检验（$p < 0.001$），验证其调节效应的存在。具体来看，将感知有用性程度取两个值（M±SD）分别代表感知有用性水平的高低，将其在情绪感染变量调节下所对应的行为取值作图（图3-6），以更清晰地呈现不同效价的情绪感染的调节效应。可以发现，随着感知有用性程度的提高，购买行为也

有所增加，情绪感染变量正向调节了二者的关系。调节作用的差异表现在，感知有用性程度越高，则高效价情绪感染对网络直播购买行为的正向调节越突出。

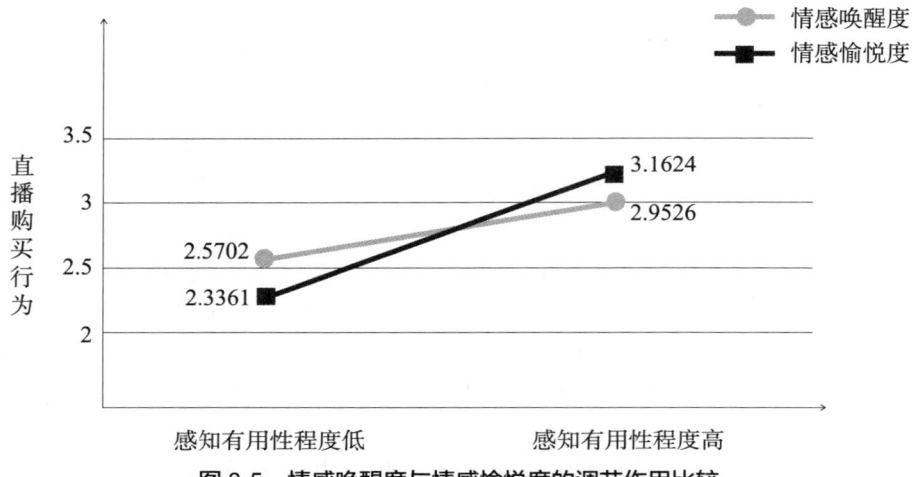

图 3-5　情感唤醒度与情感愉悦度的调节作用比较

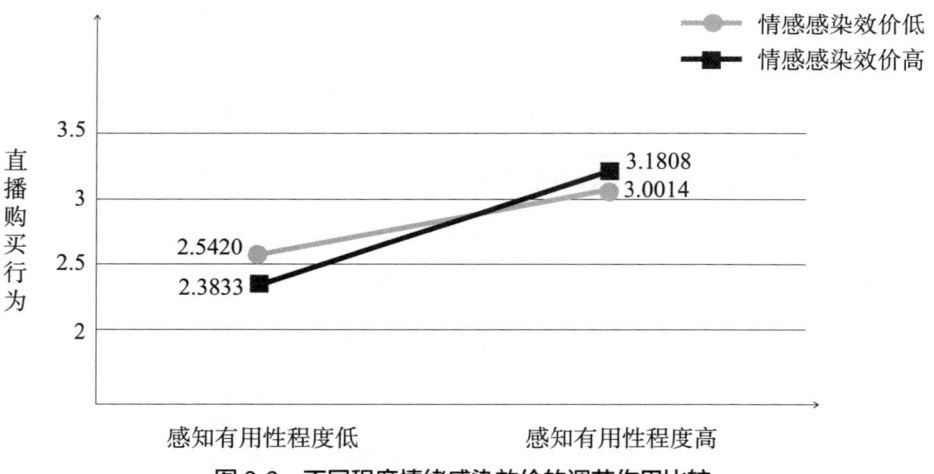

图 3-6　不同程度情绪感染效价的调节作用比较

（三）有调节的中介模型检验

基于上述情绪感染对感知有用性和网络直播购买行为关系的调节效应，

采用有调节的中介效应探讨情绪感染对受众认知的中心路径和边缘路径本身的影响机制。研究使用 Model 14 加以检验。对于有调节的中介模型，首先考虑自变量对因变量的作用机制，即中介效应；然后考虑中介过程是否受到调节，即中介作用何时较强[1][2]。

结果发现，首先，在中心路径（信息质量）有中介的调节效应模型中，方程整体显著（F=23.651，$p<0.001$，R^2=0.1905），可见，情绪感染对于受众认知的中心路径有显著的调节作用，主要表现在，情绪感染直接显著调节中心路径（LLCI=0.1242，ULCI=0.6531），其调节作用斜率为 0.2886（p=0.0006<0.001）。其次，在边缘路径（信源可信度）有中介的调节效应模型中，方程整体显著（F=21.0267，$p<0.001$，R^2=0.1730），可见，情绪感染对于受众认知的边缘路径同样有显著的调节作用，主要表现在，情绪感染直接显著调节边缘路径（LLCI=0.1098，ULCI=0.4423），其调节作用斜率是 0.2761（p=0.0012<0.01）。

因此，情绪感染对于影响受众购买行为的中心路径和边缘路径都产生了显著影响，这说明，以情感唤醒度和情感愉悦度为代表的积极的心理回应对直播购买行为的调节，并不会随消费者信息处理路径的变化而变化，表明这种情绪感染的伴随作用稳定且持久。

五、结论与讨论

随着技术发展，传播结构的改变影响受众媒介使用层次的转移，使得媒介平台及其功能的影响越发突出。在新经济常态下，消费环境也在移动

---

[1] HAYES A F. Introduction to mediation, moderation, and conditional process analysis: a regression-based approach [M]. New York: Guilford Press, 2013.
[2] 温忠麟，叶宝娟. 有调节的中介模型检验方法：竞争还是替补？[J]. 心理学报，2014，46（5）：714-726.

互联网环境下产生革命性的变革。信息过载与传播结构的去中心化，正在消解传统意义上的消费边界，引发购物模式的动摇。与传统的媒介消费环境不同，直播所代表的网络购物模式是对之前媒介消费的新超越，直播的"在场感"打造了更立体、多层次、高互动的消费新模式。

因此，本节所关注的研究问题也较传统媒介环境下有了新的升级。直播主播的加入使得影响受众消费的要素呈现更为复杂，主播与受众的情感互动被更多的强调，直播间的情绪感染成为影响购物行为的重要变量。与原有的单向接收信息不同，以直播带货为代表的场景体验式购物成就了媒介消费的变革。研究将ELM模型引入直播场景的研究中，得出以下结论。

（一）高质量信息呈现与可信主播的推荐同步塑造消费购买行为

用户在直播购买行为中既关注直播所呈现的有关商品质量的信息，又关注以主播为代表的信源的特性。凡是能让受众体会到信赖感的商品信息都能显著提升受众的感知有用性。在移动互联网语境下，用户的注意力资源成为媒体关注的焦点，个体的注意力在很大程度上影响了他们对消费信息的接触与采纳。若想有效聚焦受众注意，就应首先重视影响受众认知接受的信息源头，也就是要保证发布信息的准确性与全面性，同时要保证信源即主播、机构和平台的基本信誉。前些年，低门槛和高效益吸引了越来越多人加入直播带货的媒介狂欢中，但趋利的本质破坏了原有的信息平衡，信息过载与真假难辨加剧了消费不信任。为解决上述问题就必须要制定严格的生产者准入标准，明确责任主体，打造优质主播账号，建立完善的保障制度，以维护消费信息发布的创作者和消费者权益。

（二）感知有用性是从信息接触到行为意向的有效桥梁

感知有用性在信息质量或信源可信度与用户的直播购买行为间发挥中介效应。这就意味着，在受众的购买行为发生前，需要先构建信息的有用认同。在信息过载、虚假信息泛滥的网络空间中，且在难以建立信息信任的情境下，无论信息质量还是信源可信度都不会直接影响消费者的购买行为，而是通过作用于感知有用性，让受众先产生认知上的认可，进而影响其行为。高质量的信息既要符合客观实际，又要满足用户需求。直播信息在保证准确性与全面性的同时也要注重和大众生活的接轨，有机融入人们的现实生活，让人们切实感知到其与自身生活图景息息相关的价值所在。感知有用性的落实，就是对商品实际效用宣传的回归，这种与消费者生活的强相关性支撑了信息对消费者行为的影响。

（三）情绪感染助力高黏性、高喜爱度的消费场景搭建

在受众直接感知到直播信息利好的基础上，如何更进一步影响其购买行为，本节有以下发现。情绪感染正向调节受众的直播购买行为，而情绪感染主要由情感唤醒度与情感愉悦度组成，当受众感知到积极的情感冲动后，情绪感染便在感知有用性与受众的购买行为间起到了重要调节作用。研究同时验证了情感唤醒度与情感愉悦度的作用异同，发现情感唤醒度与情感愉悦度都可正向单一调节感知有用性与受众的直播购买行为间的关系，并且情感愉悦度的正向作用要优于情感唤醒度。因而，高质量的直播信息既要符合客观实际、满足用户需求，又要注重直播间的情绪渲染，以及对受众积极情感的挖掘与调动。在主播与围观用户共同构建的场景中，积极情绪主导的消费环境使得消费者更容易产生情感联动的连锁反应；直播的娱乐属性让受众培养了对它的愉悦情感依赖，而这种情感愉悦感又在一定程度上促发了受众的购买行为，有机融入人们的现实生活，让人们切身感知到与生活图景息息相关的情感价值。

（四）情感先行：打通直播购买的信息接触与加工途径

在此基础上，研究还有一个重要的结论延伸，即关注情绪感染因素对

全模型的调节。研究发现中心路径（信息质量）和边缘路径（信源可信度）都受到了情绪的调节。与既往研究认为的中心路径带来的行为改变不容易受外部因素影响不同，在网络视频直播带货的场景下，情感对于这两条路径都具有一定的解释力。一方面，这是因为情感波动贯穿于受众直播观看、参与、互动和购买的全过程。主播的主要目的是带动消费者购买，但其在引导消费的过程中也穿插着诸如聊天、日常分享等互动情境，这些情境在消费之前就已经为受众创设了正向愉悦的情感基础，情感建设在时间上先于带货行为，始终伴随着受众的信息决策，无论个体在信息判断时是否发挥其精准思考的能力，都会受到情感的调节影响。

此外，主播直播所引发的情感联动也印证了传统媒体中名人代言的"光环"效应（halo effect），用户对代言的名人或者主播的情感联系，会影响到信息的传播效果，进而影响他们的购买行为。不过，名人代言缺乏互动和即时的情境，其情感联系更多的是受众原有情感的再次固化；而直播的"在场感"使情感的时间陪伴性要优于传统的名人代言。且在固定的直播时间内，用户要完成信息接收、信息决策、商品购买等多个环节，理性行为和感性行为相互交织，难以分割。

这就意味着直播购物场景的巨大能量，不仅影响感性消费，还影响理性思考的中心路径。因此情感可以沟通两条认知途径，将理性思考与感性消费有效串联起来，形成完整的消费影响模型。基于此，本节也希望从信息加工路径的视角，重新认识直播购物这一行业及其带来的巨大经济效益，以期为媒介消费的研究带来更新的参考视角，助力直播的健康发展。

本节小结

依托于网络直播的场景优势，直播带货带动了媒介消费的转型升级，受众拥有了新的商品购买渠道。直播带货也逐渐发展为网络直播的主流类别，是研究网络直播的新方向。作为直播带货的重要组成，主播和受众的互动，以及直播间受众之间的信息和情感交流，在直播间处于关键地位。在直播这一相对小型、私人化的虚拟社交空间中，网络直播集合了观影、聊天、促销与购买等日常生活中的基本仪式，而主播就是仪式最直接的控制者，通过互动引导受众的消费。粉丝可以通过观影和聊天仪式触发个人情感，而实时互动的对话讨论、直播间围观群众的情绪感染则进一步加强了受众的黏性，推动了购买行为的产生。

以情感输出为主的主播带货直接挑战了已有的商品信息接收的理性消费模式。在直播环境下，以情感催化与信息驱动为代表的消费模式的博弈引发了新的学术思考。本节从多重视角解释了影响受众直播购买行为的影响因素，并分析了各要素对受众行为的不同驱动作用，以还原行为产生的影响模型，为以直播为核心的媒介经济研究提供新的参考视角。

第四章
网络视频直播影响力的规制逻辑

本章导读

从规制逻辑来看，平行模式与多源流模式是网络直播治理的政策工具，权力结构的底层重构是网络直播治理的文化结构工具。任何新技术的发展与成熟过程都需要来自多元主体内外部规则的约束，同时技术也在重塑规则。前些年关于网络直播，特别是直播间打赏等行为出现了很多乱象，对社会各群体，特别是对青少年产生了一定的负面影响。因此，近期规制组合拳的出击，在后直播时代打造风朗气清的网络环境，激活网络直播虚拟社群的正功能，就显得尤为重要。

第一节　平行模式与多源流模式分析：网络视频直播治理的政策工具模型

一、研究背景与问题提出

2016年以来，网络直播类应用的迅速发展改变了传媒市场的生态格局，并一跃成为我国仅次于即时通信的第二大网络应用。2020年7月1日，中国广告协会《网络直播营销行为规范》施行，规定"网络直播营销平台经营者应当依法经营，履行消费者权益保护、知识产权保护、网络安全与个人信息保护等方面的义务。鼓励、支持网络直播营销平台经营者积极参与行业标准化、行业培训、行业发展质量评估等行业自律公共服务建设"[1]，成为我国网络直播类营销规制的第一次积极尝试。2021年，《网络直播营销管理办法（试行）》出台；2023年，中国广告协会正式发布《网络直播营销售后服务规范》。

网络直播平台包括内容平台、电商平台、社交平台等，涵盖新闻信息服务、网络营销、网络视听、网络表演等多个内容领域。直播显著改变了传播逻辑，打破了媒介内容和传播行为之间的界限，在生产内容的同

---

[1] 中国广告协会《网络直播营销行为规范》[EB/OL].（2020-07-02）[2020-12-01]. http://www.china-caa.org/cnaa/newsdetail/369.

时就进行了内容分发，提升了信息的即时传播效率，缩短了广告投放的转化路径。不过，网络直播产业早期的规模化发展与平台竞争的迅速扩张，也导致了行业内部无序竞争、外部疏于管理。近年来，我国网络直播治理的政策体系也逐步建立，通过立法手段对网络直播中的各利益相关方，如直播平台、主播、主播服务机构以及直播用户的行为都做出了明确规范。

随着网络直播的发展以及规制进程的不断跟进，学术界在该领域也逐渐产生了丰富的研究成果。当前，关于网络直播规制的研究主要集中在三个方面：其一，从法学视角对现阶段的网络直播治理政策进行评估与建议，如学者提出网络直播立法的滞后性与强制性不足[1]，存在相关法规明显缺位、行政监管方式僵化、行业自律亟待建立、技术监管能力滞后等问题[2]；其二，以个案为切入点探讨网络直播治理政策的优化策略，如以某直播平台为例探讨当前网络直播中的乱象及治理措施[3]；其三，在互联网治理的框架下，研究网络直播作为其子环节的治理模式，如有学者从政策网络视角入手，对网络直播治理中的多主体共同治理模式进行了分析[4]。

在此之外，政策工具也是研究网络直播治理的一个重要视角。政策工具是从工具论视角对于某领域政策进行经验性研究的主要手段。例如，基于政策工具角度分析我国科技金融业发展政策[5]、产学研合作政策、人才政

---

[1] 富耀影.关于我国网络直播现状的法律分析[J].法制博览，2018（5）：226.
[2] 贾伟.我国网络直播规制问题研究[D].郑州：郑州大学，2019.
[3] 韩冰洁.网络直播"乱象"的治理问题研究：以斗鱼TV为例[D].北京：北京邮电大学，2018.
[4] 刘锐，徐敬宏.网络视频直播的共同治理：基于政策网络分析的视角[J].国际新闻界，2018，40（12）：33-49.
[5] 黄新平，黄萃，苏骏.基于政策工具的我国科技金融发展政策文本量化研究[J].情报杂志，2020，39（1）：130-137.

策、信息化作用于基础教育公平政策[①]、人工智能政策[②]，以及政府主体在网络媒体上的政策工具[③]等。目前在直播领域相关的研究还较少，而且往往集中于某些个别现象或者案例探讨。基于此，本节聚焦网络直播这一特定研究领域，从政策工具视角对我国网络直播政策进行系统的计量分析，提出如下研究问题：

研究问题1：网络直播治理政策在规划设计中使用了何种政策工具？

研究问题2：这些政策工具怎样规制或者推动网络直播行业的发展？

研究问题3：网络直播治理政策的整体设计效果如何？

二、网络视频直播政策分析的二维模型

研究通过构建"政策工具—政策网络"的二维模型，提炼政策工具和政策评价框架的构建，对于上述研究问题进行回答。同时，挖掘不同政策工具使用中的缺失或冲突，为我国网络直播治理政策的制定及优化提供参考依据。

（一）政策工具维度（X维度）

政策工具"通过分析政策文本的基本架构，将政策拆分成一系列相关基本子单元要素进行建构重组，是研究公共政策的有效途径和重要方式"[④]。对于政策工具的类别划分，学界一般有如下几种标准。

---

① 蔡旻君，魏依云，程扬哲.信息化促进基础教育公平政策研究：基于政策工具的分析视角[J].电化教育研究，2019，40（11）：48-55.

② 毛子骏，梅宏.政策工具视角下的国内外人工智能政策比较分析[J].情报杂志，2020，39（4）：74-81，59.

③ 王国华，李文娟.政策工具视角下我国网络媒体政策分析：基于2000—2018年的国家政策文本[J].情报杂志，2019，38（9）：90-98.

④ 臧维，李甜甜，徐磊.北京市众创空间扶持政策工具挖掘及量化评价研究[J].软科学，2018，32（9）：56-61.

荷兰经济学者基尔申（Kirschen）最早对政策工具进行了归类，他归纳整理出了64类一般化政策工具[①]；麦克唐纳（McDonnell）和埃尔莫尔（Elmore）基于政策的背景、目的和实施效果，将政策工具分为命令型、激励型、能力建设型和系统变革型等四类[②]；罗斯威尔（Rothwell）与赛格菲尔德（Zegveld）则按照政策作用层次，将其分为供给型、需求型和环境型等三类[③]；加拿大公共政策学者豪利特（Howlett）等根据政府干预的强度及市场的自治程度，将政策工具分为自愿型、强制型、混合型等三类[④]；王国华、李文娟基于上述方法，按照政府干预的程度将政策工具分为社会型、强制型、自愿型、调节型等四类，这种分类"可以较好地揭示政府在政策制定过程中发挥的影响和作用"[⑤]。综合上述类型，本研究结合我国网络直播政策制定的特点，沿用了强制型、激励型、自愿型、社会型的四分法。

具体来说，强制型工具，主要是指通过政策措施对网络直播参与主体进行规制；激励型工具，是指依托于资源配置、财政支持以及产业环境，对网络直播参与主体进行调节和引导；自愿型工具，是指网络直播平台与政策相呼应，主动制定行业规范；社会型工具，是由专家学者、研究机构、智库、媒体和社会公众等对网络直播进行的社会规制。政策工具的名称及具体含义如表4-1所示。

[①] 赵丽莉.政策工具视角的中国光伏产业政策文本内容分析［D］.杭州：浙江大学，2011.

[②] MCDONNELL L M，ELMORE R F. Getting the job done：alternative policy instruments［J］. Educational evaluation and policy analysis，1987，9（2）：133-152.

[③] ROTHWELL R，ZEGVELD W. Industrial innovation and public policy：preparing for the 1980s and 1990s［M］. London：Frances Printer，1981：201.

[④] HOWLETT M，RAMESH M，PERL A. Studying public policy：policy cycles and policy subsystems［M］. Oxford：Oxford University Press，2009：125.

[⑤] 萨瓦斯.民营化与公私部门的伙伴关系［M］.周志忍，等译.北京：中国人民大学出版社，2002：198.

表4-1　网络直播治理政策工具的分类及含义

工具类型	工具名称	具体含义
强制型	准入机制	通过申请、审批、备案等方式控制主播、平台的准入资格
	监督检查	对网络直播资质和内容等进行的不定期或定期的监督和检查
	禁令	政府对网络直播平台、用户和主播等禁止出现某行为的规定
	处罚措施	政府对于网络直播参与主体违法或违规行为的惩处措施
激励型	基础设施	为网络直播平台提供的费用减免等基础设施的支持
	资金投入	政府对网络主播、平台等提供财力援助，如给予财政补贴等
	技术支持	为网络直播平台提供的智能化内容审核等技术的支持
	价值导向	政府通过直播优秀内容评选等活动进行的价值引导
自愿型	行业自律	直播平台通过设立准入门槛、用户监管等措施的行业内部自律行为
	自我审查	直播平台进行主播资格审核、直播内容审核等活动
	互助合作	直播平台或相关行业组织之间的联盟与合作
社会型	社会监督	专家、智库、研究机构等对网络直播的监督
	舆论引导	社会公众借助互联网对直播平台进行的舆论监督

综上，本研究将网络直播治理的政策工具共分为四类共13个条块，共同构成X维度。

（二）政策网络维度（Y维度）

政策网络是社会各方与政府之间不断互动沟通、协同合作所形成的复杂网络结构，涉及各主体的差异化诉求与利益分割。罗德（Rhodes）等把政策网络分为专业网络、政策社群、生产者网络、政府间网络和议题网络^①。国内学者在此基础上从政策网络视角将直播政策网络进行分类，包括政策社群、专业网络、政府间网络、生产者网络、议题网络，涵盖了网络直播的各利益相关方。^②

本研究综合借鉴其对网络直播的分类，并结合网络直播治理的政策特征，将Y维度的直播主体政策网络梳理如下：第一，网络直播的政策出台者，即与直播主管部门和与其相关的国家管理机构，如中央网信办、公安部、国家广播电视总局等；第二，网络直播府际网络，即地方政府相关部门的规范与管理；第三，网络直播生产者，即社交、电商、视频等直播平台，以及主播服务机构；第四，网络直播的专业网络，即产生政策提报、受众分析或者效果评估的传媒专家、智库和研究机构；第五，议题网络，即公众议题所构成的社会舆情与社会监督^③。

（三）"政策工具（X）—政策网络（Y）"二维分析模型的构建

研究构建的关于网络直播治理政策的"政策工具—政策网络"二维分析模型如图4-1所示。具体来看，在政策网络维度，政策社群、府际网络、生产者网络、专业网络、议题网络相互协同共动，构建了网络直播治理政策的立体化政策效力结构；在政策工具维度，强制型、激励型、自愿型、社会型等四类工具作用于网络直播治理的各类政策网络，形成内部、外部协作的治理体系。

---

① RHODES R A W, MARSH D. New directions in the study of policy networks [J]. European journal of political research, 2010, 21（1）：181-205.
② 刘锐，徐敬宏.网络视频直播的共同治理：基于政策网络分析的视角［J］.国际新闻界，2018，40（12）：33-49.
③ 刘锐，徐敬宏.网络视频直播的共同治理：基于政策网络分析的视角［J］.国际新闻界，2018，40（12）：33-49.

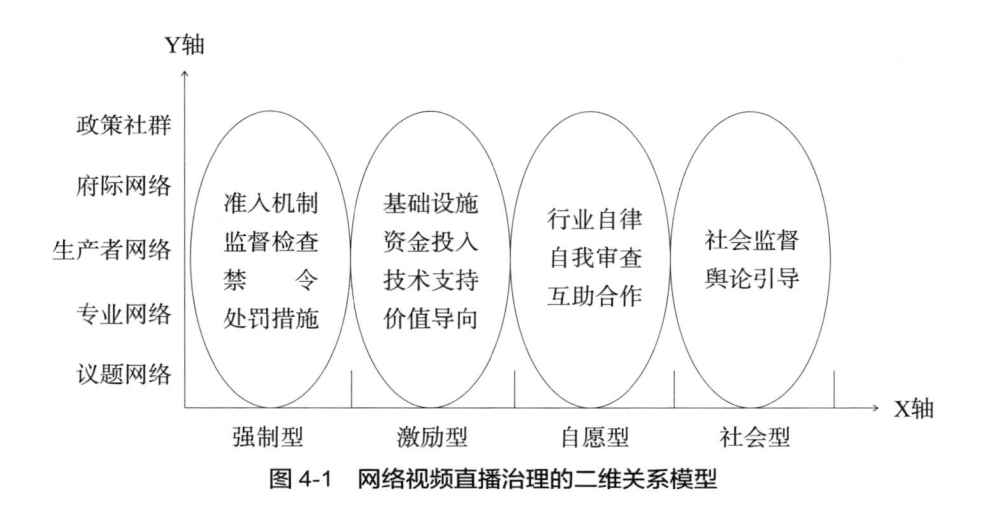

```
Y轴
政策社群
府际网络      准入机制    基础设施    行业自律    社会监督
生产者网络    监督检查    资金投入    自我审查    舆论引导
              禁  令      技术支持    互助合作
专业网络      处罚措施    价值导向
议题网络
                                                        X轴
              强制型      激励型      自愿型      社会型
```

图 4-1 网络视频直播治理的二维关系模型

三、基于政策工具的网络视频直播治理文本内容分析结果

（一）样本选取与编码情况

本研究政策文件搜集主要使用"北大法宝法律法规数据库"，以"网络直播""网络视听"为关键词进行检索，选取自2016年至2019年所有与网络直播高度关联的法律法规和部门规章，政策制定主体包括中央与地方两类以确保样本的代表性和准确性，共获得政策文件样本51份。编码方式为"政策编号—条款编号"，对网络直播的政策工具进行归类与识别。例如"1—1"代表政策编号第一条《关于加强网络视听节目直播服务管理有关问题的通知》，其中的第一条文本，即"开展网络视听节目直播服务应具有相应资质"[1]，该条款属于强制型准入机制—政策社群范畴，其余编码以此

---

[1] 新闻出版广电总局下发《关于加强网络视听节目直播服务管理有关问题的通知》[EB/OL].（2016-09-27）[2020-05-10］. https://www.gov.cn/xinwen/2016-09/27/content_5112297.htm.

类推。

根据上述XY二维模型，研究运用内容分析软件Nvivo 11辅助政策文本编码，编码的分析单元为政策中的具体条款。为了使政策工具归类结果更加科学，研究邀请了一名网络直播研究领域的专家共同参与归类。根据评判信度公式：

$$R = \frac{n * K}{1+(n-1)*K}$$

（注：公式中 n 为评判人数，本研究为3；K 为相互同意度；R 为信度）

由此计算得出网络直播政策样本分析单元对应的政策工具归类的信度为0.879。

（二）分析结果

1. 政策工具维度（X轴）的频数统计与分析

根据"政策工具—政策网络"的分类，对我国网络直播治理政策条款所使用的政策工具进行界定和统计。最终统计出我国网络直播治理政策中使用政策工具总计次数为386次，其中强制型政策工具为273次，激励性政策工具为70次，自愿型政策工具为23次，社会型政策工具为20次。统计结果如表4-2所示。

表4-2 网络直播治理政策工具分布表

政策工具	工具名称	政策条文编码	数量	百分比	合计百分比
强制型工具	准入机制	1-1、1-5、2-6、2-13……44-1、46-1^、46-9	81	20.98%	70.71%
	监督检查	1-4、2-16、2-19、3-12、3-13……46-2、47-1	73	18.91%	

续表

政策工具	工具名称	政策条文编码	数量	百分比	合计百分比
强制型工具	禁令	1-3、2-9、2-10、2-18……20-14、30-2、37-2	51	13.21%	70.71%
	处罚措施	1-2、2-14、2-15……11-24、11-25、11-26	68	17.61%	
激励型工具	基础设施	10-9、10-11、16-5……20-16、47-3、49-3	16	4.15%	18.14%
	资金投入	16-3、16-7、16-8……23-1、28-1、41-1	14	3.62%	
	技术支持	9-4、12-9、12-10……16-18、22-5、26-1	10	2.60%	
	价值导向	14-3、16-2、16-4……31-1、35-1、47-2	30	7.77%	
自愿型工具	行业自律	48-1、48-6、49-2……50-1、50-2、51-3	9	2.33%	5.96%
	自我审查	48-3、48-4、48-5……49-1、51-2、51-4	11	2.85%	
	互助合作	49-4、51-11、51-12	3	0.78%	
社会型工具	社会监督	3-16、3-18、3-19……20-5、20-15、34-2	16	4.16%	5.26%
	舆论引导	16-11、16-13、16-16、16-17	4	1.10%	

由表4-2可知，一方面，我国在网络直播治理的政策工具维度基本兼顾了各类型工具的运用，这表明我国已经基本建立起了网络直播治理的政策框架，并基本形成了多元化的管理规制与政策引导模式。另一方面，从四种政策工具的使用分布情况来看，我国的网络直播治理政策在整体上还是呈现以政府为主导的强制型政策工具特征。

（1）强制型政策工具使用基本平衡，并占主导地位

强制型政策工具在网络直播治理政策的总体结构中占据主导性地位。在全部网络直播治理的政策文本中，强制型政策工具使用频次为273次，占全部类型政策工具使用总次数的70.71%。总体而言，强制型政策工具活

跃，并在网络直播治理的各环节均产生作用。一方面，从源头加以管控，通过资质审核、注册备案等机制规范准入，通过发布禁令明确禁止网络直播中的违法违规现象，限制直播主体的不良行为；另一方面，注重过程监管。通过日常的监督检查对网络直播中的违法违规现象进行及时检查，并给予相应的处罚措施。

在强制型政策工具的内部结构中，每项具体政策工具的运用基本平衡又略有侧重。其中"准入机制"工具的使用频次占比最高，达20.98%。从准入资格入手，对直播经营进行初步筛查与资质授予，在源头处把控网络直播经营管理秩序的建立，是一种有效的事前管理措施。例如，通过要求直播经营主体应"取得广播电影电视主管部门颁发的《信息网络传播视听节目许可证》"[1]"网络直播平台应当严格按照有关法律法规规定及'后台实名、前台自愿'的原则，对网络直播发布者进行基于身份证件信息、统一社会信用代码等的认证登记，开展动态巡查核验，确保认证信息真实可信"[2]等措施，审核直播主体运营资质，授予直播运营权限。当前，对于网络直播平台的准入已具备从申请、资质审查到备案、颁布许可证等较为完备的机制。

"监督检查"工具使用频次为73次，占政策工具使用总次数的18.91%。强化日常监管是保证网络直播政策落实与直播过程规范的有力保障。监督检查的相关政策呈现出两个特征：一是涉及多个主体部门。各部门之间协同联动，"进一步强化网络直播行业管理的统筹协调和日常监管，建立健全

---

[1] 新闻出版广电总局下发《关于加强网络视听节目直播服务管理有关问题的通知》[EB/OL].（2016-09-27）[2020-05-10]. https://www.gov.cn/xinwen/2016/09/27/content_5112297.htm.

[2] 三部门联合印发《关于进一步规范网络直播营利行为促进行业健康发展的意见》[EB/OL].（2022-03-30）[2024-05-23]. https://www.cac.gov.cn/2022-03/30/c_1650249033102190.htm?eqid=a46c1f3b000be17300000002644a489e.

部门协调联动长效机制"①，联合发布网络直播服务管理工作通知；二是对于网络直播的监督检查涉及多方面、多环节，既在内容审核方面加大检查力度，也对多环节着手进行监督检查，如运营手续是否完善、运营程序是否规范、对所受处罚是否执行等，保证直播政策的有效落实与直播主体的合法合规运营。

"禁令"工具使用频次为51次，占政策工具使用总次数的13.21%。禁令是网络直播经营行为的"红线"，是一种事前管理的、强有力的规制举措。政策制定主体通过发布"禁令"对网络直播中的不良行为予以明令禁止。如在资质审核方面，对包括网络直播经营主体在内的互联网新闻信息服务单位的资本构成做出规定，以保障意识形态领域的安全；在内容审核方面，对淫秽色情、破坏祖国统一的言论等内容予以禁止，以坚持正确的政治方向和舆论导向。"对存在违法违规营利行为的网络直播发布者，以及存在违法违规行为或者纵容、帮助网络直播发布者开展违法违规营利行为的网络直播平台，依法予以处罚；构成犯罪的，依法追究刑事责任。对违法违规造成恶劣影响的网络直播发布者，由相关部门依法依规纳入严重失信主体名单"②。各项禁令的发布是建立清朗明净、健康有序的网络直播环境的重要支持。

"处罚措施"工具使用频次为68次，占政策工具使用总次数的17.61%。当前对网络直播平台的处罚措施主要包括警告、罚款、吊销许可证、剥夺从业资格、刑事处罚等。例如，对于违反相关条款的包括网络直播经营主体在内的"网络音视频信息服务使用者依法依约采取警示整改、限制功能、

---

① 关于印发《关于加强网络直播规范管理工作的指导意见》的通知［EB/OL］.（2021-02-09）［2021-05-10］. https://www.cac.gov.cn/2021-02/09/c_1614442843753738.htm.

② 三部门联合印发《关于进一步规范网络直播营利行为促进行业健康发展的意见》［EB/OL］.（2022-03-30）［2024-05-23］. https://www.cac.gov.cn/2022-03/30/c_1650249033102190.htm?eqid=a46c1f3b000be17300000002644a489e.

暂停更新、关闭账号等处置措施，保存有关记录，并向网信、文化和旅游、广播电视等部门报告"[①]。从上述政策条目可以看出，处罚是一种强有力的事后治理举措，对于不同行为处罚的严厉程度也是不断上升的。

（2）激励型政策工具使用重价值引导，其他工具尚待加强

激励型政策工具使用频次为70次，占政策工具使用总次数的18.14%。这与强制型政策工具的使用频次相比有较大差距，在网络直播治理政策中的应用还尚显不足。在激励型政策工具的内部结构中，每项具体政策工具的运用频率也有所不同。其中"价值导向"工具使用频次最高，占比7.77%。网络直播作为网络文化生产的重要平台之一，需要符合我国社会主义文化发展的价值取向与整体基调。在具体政策体现上，一方面出台倡导性规范，要求网络直播从业人员"遵守宪法、法律和行政法规，坚持正确政治方向、舆论导向和价值取向，弘扬社会主义核心价值观，促进形成积极健康、向上向善的网络文化"[②]"坚持以人民为中心的工作导向"[③]；另一方面通过优秀直播内容评选、建立网络直播行业自律联盟等活动，对网络直播内容建设进行价值引导，"对依法依规经营、积极承担社会责任、诚信纳税的，各有关部门依法依规评先树优给予鼓励支持"[④]。

"基础设施"工具使用频次为16次，占政策工具使用总次数的4.15%。现有政策通过各种政策手段完善相关基础设施建设，可以为网络直播发展打造健康有利的环境。例如"积极营造网络直播公平竞争环境"以保证网

---

① 关于印发《网络音视频信息服务管理规定》的通知[EB/OL].（2019-11-29）[2021-05-10]. https://www.cac.gov.cn/2019-11/29/c_1576561820967678.htm.
② 关于印发《网络音视频信息服务管理规定》的通知[EB/OL].（2019-11-29）[2020-05-10]. https://www.cac.gov.cn/2019-11/29/c_1576561820967678.htm.
③ 坚持以人民为中心的工作导向[EB/OL].（2024-02-07）[2024-05-10]. https://baijiahao.baidu.com/s?id=1790231052826834004&wfr=spider&for=pc.
④ 三部门联合印发《关于进一步规范网络直播营利行为促进行业健康发展的意见》[EB/OL].（2022-03-30）[2024-05-23]. https://www.cac.gov.cn/2022-03/30/c_1650249033102190.htm?eqid=a46c1f3b000be17300000002644a489e.

络直播的市场环境支持;"网络音视频信息服务提供者基于深度学习、虚拟现实等新技术新应用上线具有媒体属性或者社会动员功能的音视频信息服务,或者调整增设相关功能的,应当按照国家有关规定开展安全评估"①以促进网络直播行业新技术、新应用建设等。面对新兴的互联网服务行业,基础设施建设对网络直播平台发展具有重要的支撑作用。营商环境建设、产业统计体系建设、金融市场环境对接、行业自律公共服务等多方配套基础设施的建设与完善,有助于综合推动网络直播行业的良性发展。

"资金投入"工具使用频次为14次,占政策工具使用总次数的3.62%。政府通过直接的资金支持或间接的税收优惠等手段加大指导、扶持和培育力度,引导生产要素向优势网络直播企业集中,培育大型专业化网络直播服务主体,形成龙头效应和集聚效应。如"认真落实支持现代服务业、中小企业特别是小微企业等发展的有关优惠政策,促进中小文化企业发展""探索建立符合文化企业特点的公共信用综合评价制度"②。资金投入是激励型政策工具中最为直接有效的手段,通过资金的投入可以对网络直播经营方式的转型升级、生产要素的流通起到关键性作用。

"技术支持"工具的使用频次为10次,占政策工具使用总次数的2.60%。技术因素是网络直播发展的重要推动力,一方面,可以为网络直播的内容审核提供技术性解决方案;另一方面,技术的发展对网络直播的场景化布局也有着至关重要的作用。当前网络直播的发展目标之一,就是打造面向5G甚至6G环境的更高格式、更新应用场景的视频业务新形态。通过鼓励新技术的部署和应用,"加快大数据、云计算、人工智能、IPv6等新

---

① 关于印发《网络音视频信息服务管理规定》的通知[EB/OL].(2019-11-29)[2020-05-10]. https://www.cac.gov.cn/2019-11/29/c_1576561820967678.htm.
② 国务院办公厅关于印发文化体制改革中经营性文化事业单位转制为企业和进一步支持文化企业发展两个规定的通知[EB/OL].(2018-12-18)[2020-05-10]. https://www.gov.cn/zhengce/zhengceku/2018-12/25/content_5352010.htm.

一代信息技术在网络视听节目制作播出和传输覆盖中的部署和应用"[1]，为网络直播业务形态的升级提供技术支持。

（3）自愿型工具和社会型工具使用过少

目前来看，自愿型政策工具使用次数为23次，占政策工具使用总次数的5.96%。一方面，国家"鼓励和指导互联网行业组织加强行业自律，建立健全网络音视频信息服务行业标准和行业准则"[2]；另一方面，直播平台也通过行业自律规约制定自我审查规则，如"对所有直播内容进行存储"，以对直播内容的审查留存资料；通过专业化指导，"加强对主播的培训与引导"以保证网络主播规范化直播；"建立违规主播名单通报机制"以对违法违规主播及其他主播起到警示作用等[3]。从自愿型政策工具使用频次来看，网络直播平台之间的互助合作仍然较少，目前还是呈现一种以竞争与扩张为主的发展态势，自我审查与互助合作也往往出于利益最大化、责任最小化的发展目标。直播主体的自愿型政策工具以及自律自治空间依然有待开发。

此外，社会型政策工具使用频次也较少，仅占比5.26%。社会型政策工具是通过政策条文的形式，使社会公众对网络直播经营活动的社会监督合理化、合法化。例如，要求"网络音视频信息服务提供者应当自觉接受社会监督，设置便捷的投诉举报入口，公布投诉、举报方式等信息"[4]。从相关法律条目的占比来看，当前我国的网络直播治理中，对社会型政策工具

---

[1] 国家广电总局：关于推动广播电视和网络视听产业高质量发展的意见［EB/OL］.（2019-08-23）［2020-05-10］. http://gbdsj.gxzf.gov.cn/zwgk/fzgh/t2938056.shtml.

[2] 关于印发《网络音视频信息服务管理规定》的通知［EB/OL］.（2019-11-29）［2020-05-10］. https://www.cac.gov.cn/2019-11/29/c_1576561820967678.htm.

[3] 北京市网络文化协会发起网络直播行业自律公约［EB/OL］.（2016-04-15）［2020-05-10］. https://www.cac.gov.cn/2016-04/15/c_1118637887.htm.

[4] 关于印发《网络音视频信息服务管理规定》的通知［EB/OL］.（2019-11-29）［2020-05-10］. https://www.cac.gov.cn/2019-11/29/c_1576561820967678.htm.

应用动力不足,仍需进一步增强社会监督、畅通反馈渠道。

2.政策网络维度(Y轴)的频数统计与分析

本节在政策工具维度的基础上,引入政策网络的维度,得到政策工具在政策网络维度上对应的分布情况,如表4-3所示。

表4-3 网络直播治理"政策工具—政策网络"分布表

政策工具	强制型				激励型				自愿型			社会型		合计
政策网络	准入机制	监督检查	禁令	处罚措施	基础设施	资金投入	技术支持	价值导向	行业自律	自我审查	互助合作	社会监督	舆论引导	
政策社群	35	27	42	32	4	2	3	25	0	0	0	1	0	171
府际网络	23	32	9	10	12	10	4	5	0	0	0	0	0	105
生产者网络	23	14	0	26	0	2	1	0	7	8	2	2	0	85
专业网络	0	0	0	0	0	0	2	0	1	3	1	4	1	12
议题网络	0	0	0	0	0	0	0	0	1	0	0	9	3	13
合计	81	73	51	68	16	14	10	30	9	11	3	16	4	386

首先,我国当前的网络直播治理以政策社群(44.3%)和府际网络(27.2%)为主。政策社群以中央各部门为主体,运用行政手段、法律手段等对网络直播经营活动进行规制,通过审核准入资质、对直播内容监督检查、发布禁令、对违法违规行为进行处罚,保证网络直播内容的清朗以及网络直播市场的有序运营。如"国家对经营性互联网信息服务实行许可制度",这是经营性主体单位许可证制度在互联网领域的延伸;"对非经营性

互联网信息服务实行备案制度"[1]，这是保证网络直播违法违规问题发生之后有处可查的重要措施。

同时，府际网络以地方政府为主体，秉持治理与激励并重的理念对网络直播进行管理。一方面，加强对网络直播的监管，以及对网络直播经营状况的审查和整治，如贵阳市文化新闻出版广电局开展全省网络文化市场专项整治行动[2]，其中包括对网络直播经营状况的审查、整治；另一方面，通过资金投入、基础设施建设、技术支持等方式鼓励网络直播等文化产业，助力当地发展，如娄底市人民政府出台措施"每年从市财政专项引导资金中安排50万元"[3]，治理与激励并重实现双赢。

其次，生产者网络（22.0%）是网络直播常态化规制的重要举措，在当前直播的政策网络中也占有一定位置。如二十余家直播平台联合发布《北京网络直播行业自律公约》[4]，要求各网络直播平台"完善平台内部管理制度和内容审核机制，落实信息安全岗位责任和突发事件应急预案"，对直播平台内部的组织架构、规章制度等进行自我审核与校正。这样一方面落实政策要求，避免触及法律红线；另一方面通过内部管理与运营规则的升级与完善，提高主体的营收能力与竞争能力，助推平台的平稳健康发展。

最后，网络直播的政策网络架构逐渐由较为封闭的以政策社群为主导，

---

[1] 互联网文化管理暂行规定［EB/OL］．［2020-05-10］．https://www.gov.cn/zhengce/2017-12/15/content_5712510.htm.

[2] 洪英杰．贵阳市2017年国家网络安全宣传周系列活动启动［EB/OL］．（2017-09-17）［2020-05-10］．http://www.gog.cn/zonghe/system/2017/09/17/016103113.shtml.

[3] 娄底市人民政府关于印发《娄底市促进电子商务等互联网经济加快发展若干措施》的通知［EB/OL］．（2017-12-16）［2020-05-10］．http://www.hnloudi.gov.cn/ldkxj/zcfg_zcfg/201712/81ef76f873b44dfc98baf958e0c3edd9.shtml.

[4] 北京市网络文化协会发起网络直播行业自律公约［EB/OL］．（2016-04-15）［2020-05-10］．https://www.cac.gov.cn/2016-04/15/c_1118637887.htm.

转型为较为开放地接纳专业和公众议题。例如，在相关政策的制定过程中，通过召开政策咨询会与研讨会，吸纳直播平台、专家学者的意见；公众也可以参与到网络直播治理的过程中，对网络直播政策的制定产生一定的影响。但从表4-3可以看出，当前专业网络（3.1%）和议题网络（3.4%）在网络直播的政策网络中所占比例依然较小，网络直播治理过程中专业从业者、专家学者和社会公众的参与程度依然有待加强。

四、结论与建议

"政策工具—政策网络"二维模型的统计分析结果，在一定程度上反映了当前我国网络直播治理的政策工具结构分布及其可能存在的隐患。

一方面，强制型政策工具的主导式运用，在现阶段能够有效弥补市场调节机制的不足[①]，行政手段和法治化进程可有效实现对于互联网直播的监督和规制。然而，网络直播政策工具结构的不均衡，强制型政策工具使用过溢的话，则有可能存在过溢风险和挤出效应。同时，激励型政策工具中对价值导向工具的使用次数较多，体现出网络直播作为网络文化生产的重要载体，弘扬社会主旋律的职责；而自愿型政策工具、社会型政策工具使用较少，平台自律意识与社会公众的参与仍不足。

另一方面，政策网络激活不充分，过度参与和动力不足并存。从网络直播的政策网络维度看，政策网络的激活仍不够充分。在当前的政策网络结构中，政策社群和府际网络占主导地位，中央与地方道德权力机关在网络直播治理的政策中有较多参与；生产者网络在网络直播中也占有重要位置，但直播平台的主动意识不足，是实现利益最大化、责任最小化目标的妥协举措；而专家与社会公众作为直播政策的外部参与主体，对网络直播

---

① 桑莱丝.以行政权力规制网络直播[J].人民论坛，2018（31）：74-75.

政策的制定也有重要影响，但目前并未形成较为成熟的外部监督参与机制。

综上，本节通过对网络直播治理政策工具与政策网络两个维度进行分析，初步确定了我国当前网络直播治理的政策工具选择中存在的主要问题。对此，未来网络直播治理政策设计框架，可以从政策工具的非均衡模式走向"平行模式"，并参考政策学家约翰·金登的"多源流模式"（multiple streams）对于政策网络进行完善。

（一）构建网络视频直播政策工具的"平行模式"

具体来说，网络直播政策工具的"平行模式"包括三类：

第一，源头治理与事后惩戒平行。

构建网络直播政策工具长期有效的机制，要从"完善法律法规，强化惩罚力度开始"。《互联网视听节目服务管理规定》要求，具备法人资格的国有独资或国有控股单位才能申请从事互联网视听节目服务。《互联网等信息网络传播视听节目管理办法》第七条明确规定"外商独资、中外合资、中外合作机构，不得从事信息网络传播视听节目业务"，但网络直播平台没有严格遵守上述规定，股权治理这一源头问题尚待厘清[1]。对此，需要相关部门深入开展资本研究，为产业发展固本培元。同时，也要强化、细化事后惩戒制度，进一步完善操作性细则，在基本原则性的法律法规和相关意见的指导之下，落实主管部门的具体职责，避免网络直播平台监管的责任不明。

第二，平台规范与主播保护平行。

平台与主播是直播产业运营中的两个关键主体，直播平台作为网络直播服务的提供者，直播平台的企业性质决定了经济效益是其追求的主要目标，在直播治理过程中，要注重平台规范，严厉打击直播平台过分追求经

---

[1] 刘金星.论网络直播监管"最后一公里"的打通路径[J].现代视听，2017（3）：25-28.

济效益的无序竞争行为。同时，也要注重主播保护。主播作为网络直播的直接实践者，在直播过程中，一方面通过直播平台这一媒介进行自我表露，在与用户的交流和互动中实现个体自我效能感的提升；另一方面主播作为"数字劳工"，通过数字劳动满足用户的某种精神需求，从而获取报酬，因此经济效益也是主播实现自我价值的另一重要因素。在直播治理过程中，既要做好平台规范，促进平台运营的规则化、法治化，也要为直播实践者保留一定的创新自由度与容错空间，做好治理主体、平台、主播之间的价值认同和关系协同，才能做到步调一致、协同监管，平台规范与主体行为人的保护平行。

第三，直播治理与价值引导平行。

直播是一种伴随性媒介，在很大程度上会影响受众的情感和价值观念，特别是青少年群体。网络直播是一种自下而上形成的新媒体形式，在诞生之初便带有明显的娱乐属性，出现了一些游离在监管边缘的现象。然而，随着相关立法不断完善，网络直播内容已逐渐脱离亚文化视域，直播市场发展日趋成熟稳定。尤其是新冠疫情期间，网络会议、线上研讨发布、直播电商助农等方式对人们的生产与生活产生了极大的有益影响。在网络直播立法过程中，政府应适当加大激励型政策工具的使用，通过技术支持、资金支持、基础设施建设等手段推动网络直播的发展。同时网络直播平台也应加强自身建设，建构负责任、有担当的社会形象，以促进平台企业的长足发展。

（二）构建网络视频直播政策网络的"多源流模式"

依据"多源流模式"的理论，在政策网络中主要存在三种源流，即问题、政策、政治[①]。对于直播治理来说，问题源流是指在直播产业运转、行

---

① 姜艳华，李兆友.多源流理论在我国公共政策研究中的应用述论［J］.江苏社会科学，2019（1）：114-121.

业行为过程中存在的某些可被社会大众和决策者所感知的问题，如直播乱象、主播失范行为等；政策源流是指政策工具主体对于未来产业发展的设计，包括决策者、直播主体、学者专家等；政治源流包括社会公众的意见、观念、情绪，决策者的执政理念等。因此，找到多源流的结合点，即"政策窗口"的出现是直播治理政策实现的关键。

首先，在问题源流方面，聚焦直播治理中的关键问题，提升问题源流的"核心化"。其一，树立"抓大放小"的网络直播治理新思路，创新顶层设计。一方面便于管理者集中精力抓重点，另一方面也有助于网络直播实践者探索容错空间、提升创新自由度。其二，促进问题源流自下而上的畅通流动。网络直播平台是面向大众的自下而上的内容输出平台，社会大众是直播产业运转、行业行为过程中所暴露出问题的最直接感知者。在网络直播治理过程中，应保证社会监督、网民维权等渠道的畅通。其三，制定突发问题、临时状况的应对方案。做好网络直播运营的常态化应急备案，面对突发问题，第一时间启动应急程序，形成应对方案，以免造成严重的社会影响。

其次，在政策源流方面，兼顾意识形态安全与推动新产业形态发展，提高政策源流的"智能化"。我国的网络直播治理，一方面要关注意识形态安全，网络直播作为重要的内容传播平台应坚持正确的舆论导向，保障直播空间的意识形态安全。另一方面，也要看到网络直播作为一种新产业形态对于传媒市场格局的影响，以及在一定程度上对经济发展的推动作用。新冠疫情期间网络直播通过整合"人、货、场"的关系，助力经济复苏。因此，对网络直播的治理应从硬性政府规制转向软性治理，利用先进技术如大数据追踪等，监管直播平台的内容与主播、用户的行为，通过技术手段实现对网络直播的智能化、精准化的软性手段，并给予平台一定的发展空间，规制与鼓励并重，推动网络直播产业持续健康发展。

最后，在政治源流方面，构建多元主体广泛参与的政策网络结构，增进主体源流的"多元化"。多方协同治理，建立网络直播把关人机制。政府规制具有明显的强制性和公共性，直播平台的自我审查与互助合作可以调动更多的资源，但是往往出于对政府措施的反应，缺少主动性。单一的政府规制或者平台自制都可能面临失灵的问题，只有政府和直播平台充分合作，形成良性互动的政策网络，才能实现网络直播的有效治理。同时，网络视频直播的政策网络，既要包括政策社群与府际网络的内部互动，又要包含专家学者、社会公众等外部力量，加快发展类似"互联网监看基金会"[①]式的赋权社群，加强行业自律与社会监督，吸纳多元主体广泛参与，推动网络直播等平台治理向纵深发展。

本节小结

本节基于政策工具视角的二维模型，探讨我国网络直播治理政策的平行模式与多源流模式。政策工具是政府实现特定政策目标的手段和途径，是政策制定者执政理念和政策发展与侧重的集中体现。研究以我国网络直播治理的国家和地方政策文件为样本，从政策工具和政策网络两个维度，对样本政策进行计量，发现我国网络直播治理中存在政策工具结构不均衡、政策网络激活不充分等问题，并在此基础上提出了优化我国网络直播治理政策的对策和建议。一方面，构建网络直播政策工具的"平行模式"，包括源头治理与事后惩戒平行、平台规范与主播保护平行、直播治理与价值引导平行；另一方面，建立直播政策网络的"多源流模式"，包括问题源流"核心化"、政策源流"智能化"，以及主体源流"多元化"。

---

① 网络传播编辑部刊.英国互联网监看基金会[J].网络传播，2004（4）：69.

第二节 权力结构视角：网络直播治理的规制与文化耦合

网络直播治理是互联网治理的一个重要领域。如果说网络社会是中国社会的窗口，那么网络直播就是网络社会的小窗口。近年来，网络直播短视频成为中国网民仅次于即时通信的第二大互联网应用，用户规模高达6.84亿，网民使用率为78.2%，且近几年来呈逐年上升趋势[1]。而青少年是网络直播群体中的重度使用者，据统计，网络直播用户近八成集中于35岁以下的人群[2]，而14—18岁群体中，有17%的青少年日常会使用直播短视频类App来打发时间[3]。大规模聚集青少年群体，往往容易出现社会发展过程中冲突类舆情的制造者。然而，在直播失序现象频发的当下，青少年群体网络直播治理，恰恰忽视了网络平台的社会属性与文化属性，割裂了网络直播的管理制度与网生文化的关系，大多是站在规则制定者或社会管理者的角度进行说教式的管制。

近年来，更多学者认识到，用西方理论解释中国现象，难免"雾里看

---

[1] 周煜媛.《2020中国网络视听发展研究报告》发布，解读行业现状及趋势[J]. 中国广播影视，2020（21）：47-51.

[2] 《中国互联网发展报告（2019）》发布[EB/OL].（2019-07-11）[2020-05-10]. http://net.blogchina.com/blog/article/704601221.

[3] 喻国明. 中国居民的媒介使用与媒介价值观研究：课题意义、研究框架与分析维度[J]. 新闻与写作，2019（11）：55-60.

花、隔靴搔痒",缺乏中国体验的微观变化[①]。在此情境下,我们不妨转换思路,从中国文化资源中的权力结构视角出发,阐释现象、总结规律,将国外治理经验本土化,或可为我国青少年互联网直播治理提供一些借鉴。综上,本节旨在从传播社会学的视角,对目前网络直播治理中的"文化向东、制度向西"所造成的无效沟通现象进行探讨,并试图将传播社会学的"四种权力结构"迁移到网络空间中,探讨权力结构视角下当下青少年网络直播治理的规制与文化耦合。

一、我国网络直播治理规制的关键词分析

按照本节讨论的主旨,我们需要首先了解我国网络直播治理规制的现状。这有助于我们透析当前我国网络直播治理的内在逻辑,同时有助于在后文对于青少年群体网络直播治理提出有效建议。

研究以国内有关"互联网视听直播治理"的政策法规为研究样本,检索2016年1月至2019年11月的所有法律政策。若同一法律政策多次出现,则以发布时间较早的为准。样本框主要来自专业法律数据库和法律检索系统北大法宝、北大法意网法律数据库;此外,在国务院以及政府各部门的网站查找网络直播治理的相关文件;最后,运用开源搜索引擎检索文件以查漏补缺。检索初步得到52份相关政策文件,过滤了较少或未涉及网络直播治理的政策文本后,最终得到了33份样本,共54829字。在此基础上,使用Gephi开源可视化分析软件,构建网络直播政策文本语义网络图(图4-2),可见我国的网络直播治理现状存在如下特征。

---

① 周晓虹."中国体验"应该具备的基本内涵[J].学术界,2012(3):248-249.

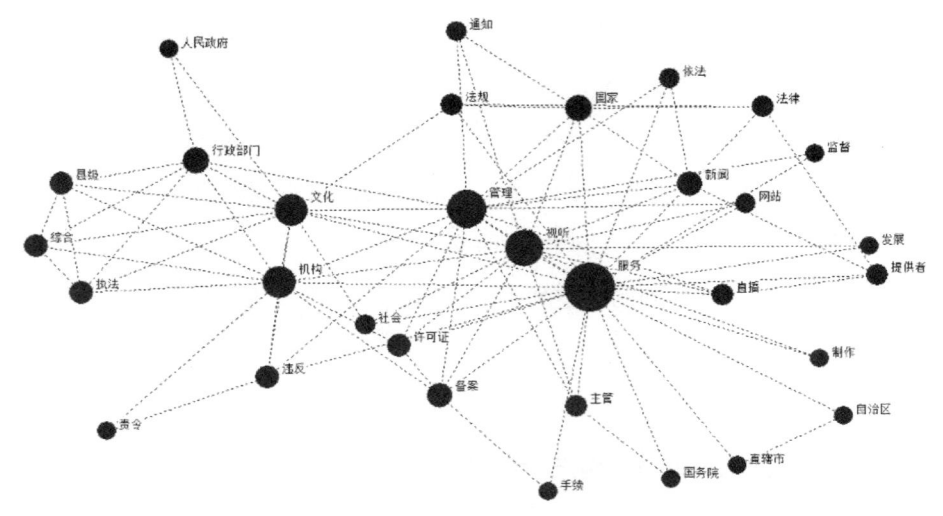

图 4-2　网络直播政策文本语义网络图

首先，网络直播治理的核心趋势，是服务与管理并重。从图 4-2 中可以看出，在语义网络的中心区域，即为文本内部结构的核心词汇，"服务"与"管理"处于网络结构的最核心部分[①]，可见服务导向依然是网络直播治理的核心方向，而从"党管媒体"的话语模式出发进行管理与规制仍然是我国网络直播治理的底层逻辑，这也是我国网络空间治理的逻辑延承。

其次，网络直播治理从准入制度和监督惩罚两方面着手。从图 4-2 中可以看出，在网络中心的外层，一方面，"备案""许可证"等词频较高，管制主体从网络直播平台的准入许可到网络主播的从业资格对网络直播设定准入门槛，如《网络文化经营许可证》、《广播电视节目制作经营许可证》、《关于加强网络视听节目直播服务管理有关问题的通知》所规定的《信息网络传播视听节目许可证》等，对网络直播平台的准入标准做出了规定；另

---

① 注：图 4-2 语义网络中部分高频词词频分别为：服务（803），管理（368），依法（242），法规（196），许可证（184），主管（120），法律（98），备案（97），申请（92），违法（90），监督（80），责令（79），批准（76）。

一方面,"责令""违反""监督"等关键词,体现了在对网络直播失序现象进行处理与规制的过程中,监管主体的话语方式。

最后,网络直播治理主体多元,呈政府主导、多部门协同的趋势。在整个语义网络图中,从国家广播电视总局、行政部门到直辖市、自治区人民政府等,涉及层级化、条块分割的多级主体,但仍以国家党政部门为主,形成一种以政府为主导、多主体广泛参与的青少年群体网络直播治理格局。

二、国外网络直播治理模式

相较于国内,国外的网络直播治理模式主要以三种类型为主,即政府主导型治理模式、行业自律型治理模式、多元治理主体混合型治理模式,下文将分别结合实例进行探讨,分析其成功经验,以期为我国的青少年网络直播治理提供借鉴。

(一)政府主导型治理模式:以新加坡为例

政府主导型治理模式是以政府机构为主要政策制定主体的治理模式。以新加坡为例,法治化在新加坡的互联网治理中起到了不可忽视的作用,并据此形成了一种以政府为主导、以法律为依托的互联网治理模式。资讯通信媒体发展局是新加坡互联网治理的主要负责机构,专注于新加坡的互联网发展,当互联网领域出现诸如虚假信息、色情信息泛滥,网络平台不正当竞争等问题时,资讯通信媒体发展局会将问题形成报告上报政府部门,并协助政府形成相关法律法规予以规制,最终形成反馈意见。同时,新加坡重视青少年网络接触和使用,资讯通信媒体发展局专门组织新加坡"互联网家长顾问组",通过授课、面对面学习小组等形式帮助家长了解教育孩子应用互联网的方法,让孩子从小形成科学的网络意识。新加坡之所以能够形成政府主导型治理模式，与新加坡高度法治化的国家属性是密切相关的；同时，其国土面积小、人口数量少、国民素质高的基本国情，为新加坡的青少年网络素质教育也提供了良好基础。

（二）行业自律型治理模式：以英国为例

行业自律型治理模式是由行业自律组织对网络直播进行自治规约的治理模式。以英国为例，英国具有浓厚的互联网文化氛围，互联网产业规模庞大。互联网络观察基金会（IWF）是英国主要的互联网治理机构，成立于20世纪90年代，主要职责是发现并解决色情暴力、种族歧视、虚假信息等互联网犯罪行为。由于它同时在工业贸易部、城市警察署和国内事务部的支持下开展互联网管理工作，具有不同于政府主导型治理模式的一种"半官方"性质。行业自律型治理模式是一种对规则意识、法律意识与个人素质要求较高的互联网治理模式，英国作为一个经济发达国家，国家内部法律体系完善，社会有广泛的依法管理互联网的基础；而市场化改革一直是英国政府的改革方向，社会管理权力越来越多地转移到公民社会手中，这些因素使行业自律型治理模式在英国得以建立[①]。

（三）多元治理主体混合型治理模式：以美国为例

多元治理主体混合型治理模式是由立法、行政、司法、自律组织等对网络直播主体进行共同治理的模式。以美国为例，美国是互联网发展的策源地。互联网的出现是其政府军用项目的研究成果，因此美国的互联网自诞生之初就具有了官方属性。特别是近年来，随着互联网问题的不断增多，美国政府也积极介入互联网的管理中去；然而同时美国又推崇所谓互联网自由，号召对互联网少干预。因此美国对互联网的治理属于一种多元

---

① 徐颖. 英国互联网行业自律及其启示［D］. 武汉：华中科技大学，2010.

治理主体混合型治理模式，在互联网治理机制中，政府、国会、法院等国家权力机构与行业协会、公民组织、网络用户、互联网企业，均作为治理主体参与到互联网治理的过程之中。这种多元治理结构的权力范围和责任边界明晰，立法机关制定互联网领域的相关法律法规，行政机关对立法机关形成的法律、文件予以执行，司法机关对行政机关在执行过程中的行为予以合宪性与合法性的审查与监督[1]，在多元治理的自由与制约中寻求平衡点。

三、青少年群体网络直播治理的问题所在

通过对国外网络直播治理模式的分析，可见当前应用较为成功的网络治理模式都是以制度与本国文化耦合为基础的。由于我国的国情与网民结构，上述模式对我国青少年群体网络直播治理而言都不完全适用，必须结合自身国情，探索与我国文化相耦合的治理制度。

从传播社会学的视角来看，"四种权力结构"的权力形态类型划分可以为当下网络空间治理提供新的思路。根据来源和基础，权力形态可以分为空间（横轴）和时间（纵轴）两个维度，如图4-3所示。首先，在空间维度上，包括横暴权力和同意权力。横暴权力在社会冲突中占主导地位，体现为一种权力集中状态下的强制力量；而同意权力以社会分工和民众同意为基础，在社会合作中占主导地位，具有让渡性，体现为契约、协商与民主。其次，在时间维度上，包括长老权力和时势权力。长老权力是根据经验和世袭获得的，在社会继替中占据主导地位，在社会运行平稳的时候，经验对生活具有指导性作用；而时势权力是根据知识和能力获得的，在社会变迁过程中，经验失灵，社会力量与影响因素错综复杂，这时候时势权力就

---

[1] 曾晶.自媒体时代网络直播平台治理机制研究[D].武汉：武汉大学，2017.

会占据主导性地位。[①]社会学中所说的"四种权力结构"虽然根植于实体空间的中国乡土社会，但如果将这四种权力结构迁移到虚拟空间中，通过网络场域中的权力结构来透视当前网络社会治理中各主体之间的博弈与平衡，也可以为互联网治理问题提供全新的研究视角。

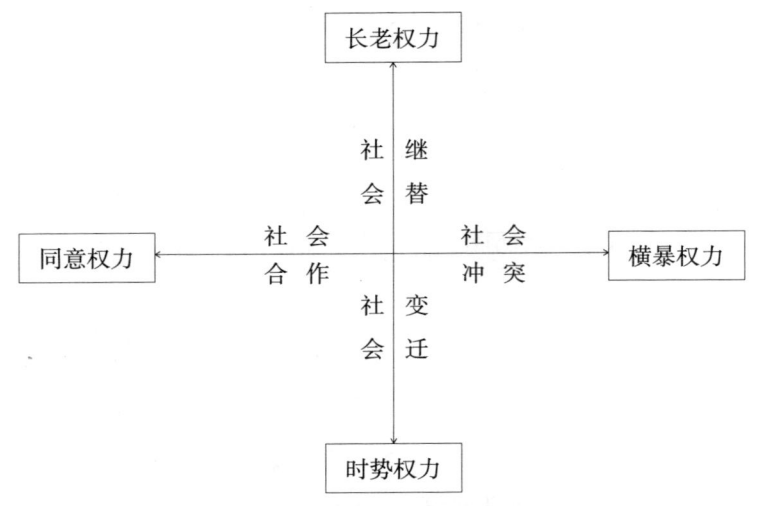

图 4-3　传播社会学"四种权力结构"

（一）"长老视角"：对于青少年群体的单向度规训

在传统的乡土社会中，以"父亲""族长"等为代表的"长老"经常以一种"我是为了你好"的话语对后辈进行单向度的训导。"我是为了你好"是一种文化上的愿景、伦理上的要求，背后隐藏着二元对立的逻辑。

传统的科层制逻辑表现为自上而下的纵向控制中心。这种治理逻辑被称为回应性规制，即政府具有很强的权威，建构较为完善的法律体系，依靠政府的权威与强有力的资源来维系。完善的法律法规体系位于金字塔的顶端，对被规制者具有教育和劝导的作用。在互联网建构的公共领域，这

[①] 费孝通. 乡土中国［M］. 上海：上海人民出版社，2013：231-325.

种逻辑同样被沿用下来，近年来我国开展的"净网计划""护苗计划"等一系列行动，即从此逻辑框架出发开展的保护青少年的互联网治理行动，也都取得了良好的效果。

不过，随着互联网的发展，虚拟社会的权力结构发生了颠覆性的变化。在虚拟空间中，个体可以凭借自己某一方面的特长或特质受到关注，影响力迅速集聚，在网络社会中获取较高的地位。网红、"大V"等"草根"阶层意见领袖应和网络社会变迁而生，在扁平化的网络社会中拥有话语权，通过技术赋权实现了"阶层跃升"的一系列转变。这也在一定程度上打破了政策制定者和社会管理者通过一系列措施进行的强制性外部规约，而"长老视角"的规权面对网络"草根"意见领袖的冲击，往往才能治本，无法唤起青少年群体的共鸣。

当下我们提倡文化自信，重新恢复文化与制度的良性耦合。当前对青少年网络直播的规制往往忽视了网络空间的社会属性与文化属性，割裂了网络直播的管理制度与青少年网生文化的关系。这些规制隐喻的他者化思维与长老思维，忽视了网络直播空间的文化属性与直播社群本身的自治性可能，甚至会形成一种文化向东、规制向西的无效沟通现象。

（二）对空言说：青少年群体"网生"身份的认同与抵抗

当前青少年网络直播治理中的无效沟通问题，可以经由图4-4的"同心圆模式"来分析。如图4-4所示，纵轴包括"认同—抵抗"两个维度，横轴包括"治理—乱象"两个维度。从纵轴来看，在"认同"维度上，青少年群体在网络直播平台中因趣结缘，聚合成一个个部落或社群，寻找心理归属，实现身份认同；在"抵抗"维度上，青少年群体受到集体价值观和长老视角的文化规约，渴望独立的话语权，从而导致其自我身份迷失。因此，青少年个体认同的强烈期待与虚拟空间规约的错层，使得其易通过"消费"表达自我认同和维持部落关系，并在新场景中衍生出自我物化效应。

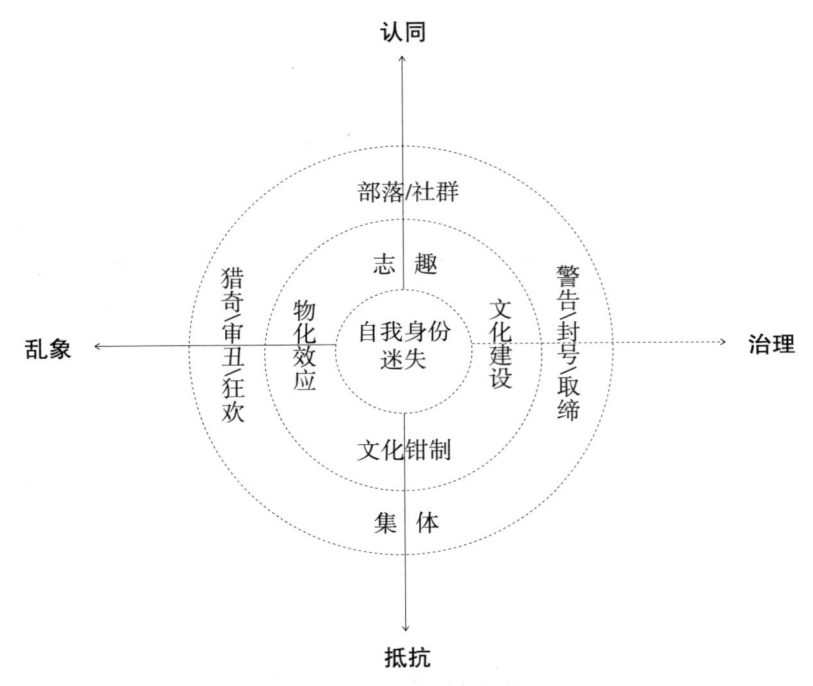

图 4-4　青少年网络直播治理中的无效沟通问题

一方面，对于青少年群体而言，网络直播很容易令个体产生"狂欢的凝视"，而受众的快感来自数字流媒体与虚拟群聚共融的"拟像"。如果过度沉溺在虚拟数字部落中，便可能将自我物化成为依赖数字化刺激的"快乐的机器人"[①]。而另一方面，对于主播而言，当直播平台成为给虚拟数字部落提供无限制快感的数字通道时，主播群体也存在"降格为物"的风险。直播主播为满足虚拟数字部落的消费而提供的非物质劳动，反过来加速了自身的商品化趋势。受众粉丝对主播的喜爱被货币化的"礼物""打赏"所扭曲，通过虚拟电子货币实现对主播的远程"操纵"，最终完成对直播内容与直播主播的双重消费。直播主播与受众之间的物化联动，又往往发展为极端化的猎奇、审丑、狂欢等行为。这就由里及表形成了横轴上"乱象"

---

① 余富强，胡鹏辉.拟真、身体与情感：消费社会中的网络直播探析［J］.中国青年研究，2018（7）：5-12，32.

即失序现象的维度。

四、激活网络直播虚拟社群的正功能

研究认为，网络社群是"在自愿、平等和责任基础上，培养青少年的主体性与交往理性，促成积极的社会互动与关系式样"[1]。一方面，青少年在网络直播平台中由趣结缘，由缘结群，从一个个原子化个体聚合为虚拟数字部落。这些部落具有天然的"游牧"特质，是松散且流动的，尤其是在流量逻辑的诱导下，很可能沦为猎奇、审丑、狂欢文化的产销者。但另一方面，我们也必须看到，虚拟数字部落的负面效应并不能完全宰制个体的反思和行动能力，部分成员可以脱离物化陷阱，引领其他部落成员重新评估自身欲望的合法性及社会价值。[2]网络直播并非只是娱乐化、世俗化的表征，它同样也是普通人乃至弱势群体进行话语表达与自我展示的平台，其中不乏积极的、正向的精神力量。比如身患癌症的女孩通过直播自己的抗癌生活展示出积极乐观、热爱生命的精神。激活虚拟化数字部落的正向功能对于青少年主体性的重塑与社会认同的建构具有重要意义。青少年网络直播失序现象的治理应该从青少年自我身份迷失的根源出发，探寻重塑青少年社会认同的途径。

面对青少年网络直播中出现的行为失范，政策制定者应摒弃传统社会治理中的他者化思维与自上而下的长者话语，更多地站在青少年群体的视角，激活青少年群体在网络直播中聚合而成的虚拟化数字部落的正功能，以治理主体与客体的协商与合作为基础，形成同意权力，通过社群自治与

---

[1] 陈瑞华.直播社群：青少年网络社交的关系具象[J].中国青年研究，2017（8）：92-98.

[2] 王斌.体验式数字部落："吃播"的群聚效应及其理论反思[J].中国青年研究，2019（8）：90-96.

政府监督的方式实行规范建构。

第一，给予青少年更多的话语空间。从青少年亚文化中发掘抛去文化形式之后的隐性价值观，将其中的正因素逐步纳入主流文化之中，给予青少年群体更多的包容、理解与信任，为青少年群体营造被认可、被接纳的文化环境，从而重塑其心理归属与身份认同，为青少年群体提供社会重嵌的可能。

第二，主流媒体入驻网络直播平台，以符合青少年群体的话语形式进行主流价值观的表达与传递，引导青少年亚文化向好向善发展。网络直播是具有在场感的即时性传播载体，也是拉近直播主客体关系、增进双方理解与沟通的有益途径。2019年《中国未成年人网络保护法律政策研究报告》提出，基于当前短视频、网络直播大热的社会环境，"对未成年人使用网络直播、发视频等行为进行限制而非隔离；建议应鼓励未成年人发布具有正能量并符合社会主义核心价值观的作品"[1]。不应将网络直播片面地妖魔化为低俗化娱乐的温床，而应正视网络直播作为一种新型传播载体的优势，引导其发挥出自身独特的优势，以多元化的话语形态弘扬社会主义核心价值观，构建青少年社会认同与国家认同。

第三，构建网络直播平台的"人行道"模式。这是桑斯坦最早在《网络共和国》一书中提出的网络世界的必要模式，参考了真实环境中的街心公园、广场、道路、咖啡馆这类公共场所，意图建立网络平台的"公共论坛"，为用户提供真正意义上的开放空间。在这样的空间中，平台通过底层设计和算法向用户提供"非计划、不必要"的信息，使人们更多地接触到其他群体多样化的观念、立场和态度，从而突破青少年群体的信息窄化趋势，拓宽视野与思维框架。

---

[1] 《中国未成年人网络保护法律政策研究报告》发布［EB/OL］.（2019-08-25）［2020-08-01］. http://m.people.cn/n4/2019/0825/c3351-13115047.html.

本节小结

本节从传播社会学"四种权力结构"视角出发,以我国网络直播治理的政策文件为研究样本,通过构建语义网络图,对我国青少年网络直播治理的现状进行了可视化呈现,并与政府主导型治理模式、行业自律型治理模式、多元治理主体混合型治理模式等三类案例进行对比。通过文化与规制的同心圆圈层模式,探讨我国当前的青少年网络直播治理的长老思维、对空言说、错层沟通等无效沟通现象,在此基础上提出激活虚拟数字部落正功能的可行性建议。

青少年网络直播失序现象的治理是复杂的,当前的治理仍然停留在外部规制层面,以期通过"长老"式的他者思维达到外部规约的目的,沿用传统社会治理模式应对网络社会中的问题,而忽视了青少年网络直播空间的内生文化属性与直播社群本身的自组织和再组织的可能。虚拟世界对话性的网状结构、媒介技术的赋权与反赋权,以及网络空间治理模式的不断深化研究,都为青少年群体网络直播治理的路径探索提供了新的进路。

第三节　社会舆情视角：网络直播打赏的社会影响与应对策略

一、网络直播打赏的现象与社会评价

（一）网络直播打赏的原因与心理机制

近年来，在互联网新经济环境下，直播网红的高额打赏现象已引发广泛关注。在直播电商、导流、产品代言等收入方式之外，打赏收入也成为当下直播主播收入的主要来源，也是最受争议的领域。打赏并不是直接支付现金给直播网红，而是借助虚拟物品，如鲜花、汽车、游艇等，通过直播平台付钱购买。主播通过打赏所得的收入有时差别非常大，具有主观性和随意性，包括高额打赏这一冲动或者攀比行为。出现高额打赏行为的原因有如下几点。

第一，从众效应。"打赏"的金额虽然没有衡量的客观标准，但总有部分用户由于和主播关系亲近而成为其他用户模仿、追逐的参照群体，影响其对"打赏"所持的价值态度，并实施相关行为。一旦用户确实产生了充值消费行为或向主播赠送高价值虚拟礼物，并且迅速得到主播的感激和其他用户的注目，这种即时的、积极的反馈互动可以让用户获得被陌生人关照的体验，形成情感上的正向反馈[1]。在直播间大量用户涌入围观的情境下易产生从众效应，跟随他人实施高额打赏，花费大量钱财把自己和其他普通亲密程度的用户区隔开来。

第二，使用与满足效应。在高额打赏的过程中，对于虚拟金钱进行随意支配的"一掷千金"感会为人们带来短暂的愉悦和自我满足，甚至是虚荣心的满足。有研究发现，不需占有金钱，仅仅数钱的行为就可以产生启动效应，让人获得满足，对于疼痛的忍耐程度更高，对于社会接纳和社会排斥的感觉也会随之不同[2]。此外，高额打赏所获得的主播亲密度、专属服务、其他用户的关注，以及界面设计上呈阶梯状的礼物呈现效果（金额越高，占屏幕面积越大、越精美）能够迅速为用户带来直播使用的"心流"体验，产生逼真的沉浸感和满足感。

第三，社会比较效应。一方面，高额打赏的用户会向下比较后产生优越感，认为自己处在"一个地位更高的团体"，在直播间获得更高的虚拟权力；另一方面，有些游戏类直播会产生"家族"感和"游戏"感，用户为了给自己支持的电竞主播"冲榜"而产生高额打赏行为，将其设定为象征家族内部团结、对外作战的一种游戏，并赋予用户更高的道德感。参与的用户则认为自己有资格对不团结的袖手旁观者实施道德碾压，以书写自己在虚拟社区中的"英雄史诗"；平台作为虚拟社区的缔造者，以"完成经济资本与象征资本的相互转化"[3]。

---

[1] 杨婷丹. 社会比较理论视域下直播"打赏"的情感机制[J]. 新媒体研究，2021, 7（8）: 113-115.

[2] ZHOU X Y, VOHS K D, BAUMEISTER R F. The symbolic power of money: reminders of money alter social distress and physical pain [J]. Psychological science, 2009, 20（6）: 700-706.

[3] 李音. "礼物"的另类解读：社会网视域下的直播"送礼"研究[J]. 北京社会科学，2019（9）: 87-94.

（二）网络直播打赏相关的负面社会表现

虽然直播高额打赏行为表面上看属于用户与主播之间发生的个体行为，但是由于个体属性特殊、打赏金额过分偏离等因素，很多高额打赏都造成较为严重的线下后果，有些产生了负面舆情事件，特别是涉及未成年人和老年人用户群体。直播类负面舆情的重点人群行为失范主要集中表现为未成年人的高额打赏问题、色情低俗问题、欺诈问题；媒体报道框架通常涉及打赏款退还情况、打赏的钱是辛苦钱或救命钱、家庭存在问题（缺乏父母关爱）和沉迷直播问题。通过对于直播类负面舆情的计量分析，直播高额打赏的负面信息特点包括如下几点。

首先，从个体身份看，主播失范（占77%）、网友举报（占16%）、用户打赏（占7%），是位列前三的负面舆情事件。其中，用户打赏涉及的负面舆情主要是未成年人高额打赏主播；打赏金额来源不合法，如网民侵占单位资产打赏；网民不理智超高额打赏；老年人权益受损，如利用老人编故事博同情骗打赏等等。此外，一些用户为主播刷豪礼后要求其做出指定行为，甚至是一些低俗的行为。"饭圈文化"也在直播领域弥漫，如用户为自己支持的主播疯狂打赏，粉丝恶意举报其他主播，网红粉丝间互相揭短，粉丝模仿主播的失范行为等。通过数据分析发现，61%的涉未成年人直播类负面舆情事件属于高额打赏，打赏金额从几千元到十几万元、几十万元；年龄大多为8—13岁的中小学生群体，家长日常陪伴的缺位，使他们没有树立正确的金钱观和消费观。孩子对金钱的数额缺乏概念，打赏额度过大，容易被主播诱骗、误导、教唆打赏，甚至是被诈骗。如"10岁男孩用父亲丧葬费打赏主播""13岁女孩为涨粉花光父母一年积蓄"等。

其次，从直播平台盈利模式看，泛娱乐类直播平台的获利方式也相对单一，据2020年数据，直播行业中有75%的收入来源于打赏分成，其中核心营收超过90%来源于直播打赏①。泛娱乐化网络直播集聚内容生产、社交互动以及用户打赏这三大基本属性，其中，内容生产是直播的基础，社交互动是本质，而用户打赏则是重要驱动力，这三种属性同时也决定了主播与用户之间的密切联系与双向互惠关系。在这类直播平台中，主播更依赖用户的馈赠与打赏，这也导致泛娱乐类直播平台内容存在低俗化、煽情化等不规范现象。

再次，从媒体报道和关注度看，传统媒体是推动舆情发展的重要力量，各类网络平台，尤其是微博等社交平台、抖音等短视频直播平台成为传统媒体发现新闻报道线索的重要来源地。尤其是微博热点、微博爆料、微博举报，一旦有新闻报道价值，经过事实核查之后就会引起传统媒体的关注。由于媒体自身具有较大的社会影响力，媒体关注和报道的直播负面事件通常很快成为公共舆情事件。此外，传统媒体擅长根据重要的时间节点进行议程设置，如在儿童节前组织策划报道儿童权益保护的主题，报道儿童打赏事件，普及平台须退还儿童打赏的政策。

最后，从监管政策看，近年来相关部门与平台针对高额打赏现象的监管力度增强，监管措施更加规范。例如，2019年5月，抖音推出家长管理系统，即打赏、充值、直播等功能将被禁用；2020年3月，河南开展学习类App专项整治，要求教师直播需实名，严禁打赏；2020年5月，《最高人民法院关于依法妥善审理涉新冠肺炎疫情民事案件若干问题的指导意见（二）》，指出未成年人参与直播打赏，未经监护人同意，费用应退回；2021年8月，文化和旅游部发布《网络表演经纪机构管理办法》，提出"网络表演经纪机构不得以虚假消费、带头打赏等方式诱导用户在网络表演直播平台消费"。

---

① 2020年中国网络表演（直播）行业发展报告：2021—2022［EB/OL］.（2022-08-11）［2022-08-30］. http://perform.capa.com.cn/1670901912316.pdf.

二、网络直播打赏领域的不规范现象

（一）不良直播间的高额打赏，亟待规范

直播高额打赏行为，短期内助长贪婪和虚荣心，长此以往影响青少年正确的金钱观和价值观的养成。直播高额打赏事件频发，易助长社会浮躁虚荣的风气和不劳而获的心理。其一，事件的很多成年打赏人的职业是会计、出纳、销售等，涉嫌贪污和职务侵占，在短期内或长期持续挥霍大量资金，以获得主播和直播间其他人的关注和羡慕，"迷上主播迷失自我"。为满足自己的虚荣心理和情感需求，他们打赏的数额从几十万元甚至到上千万元之多，造成社会不良影响，如有网友认为"主播的套路陷阱是一种网络诈骗行为，不能让主播和平台逍遥法外"。其二，很多未成年人也进入直播平台之中，一方面，很多未成年人由于金钱观念模糊，为"涨粉"往往掏空父母或长辈积蓄打赏主播，甚至发生"花光父亲丧葬费打赏主播"的极端事件；另一方面，很多未成年人职业价值观尚未成熟，认为直播主播职业"赚钱快""热度高"，可以满足金钱需求和虚荣心理，价值观易偏离和窄化，只重视表面上的短期需求而忽视了人生的长期发展和自我实现的价值诉求，如网友评论"家长不能光管学习，要教好孩子用钱方式"，网络平台和监管部门应进一步完善直播平台的青少年模式，严格时间限制和打赏功能限制，防止未成年人沉迷网络、一掷千金。

（二）直播主播素质参差不齐，亟待培训

前些年，直播主播素质参差不齐，为营销牟利而违背公序良俗、挑战道德底线的事件频发，破坏社会风气。早期直播从业人员准入门槛较低，

缺乏专业培训和知识学习、法律意识淡薄；同时由于竞争激烈，为了迎合受众而盲目追求娱乐性，消解自身底线，使得一些直播间视频内容流于庸俗化，为牟利而做出低俗、猎奇等行为以图"博眼球"。如在2019年四川宜宾发生地震后，游戏主播调侃地震引发网民公愤，网民表示"不如给这些主播上个政治思想品德课"。又如，2021年云南警方抓获直播"聚众斗殴"团伙，发现竟然是为获取流量而自编自演的闹剧，七名违法嫌疑人因涉嫌寻衅滋事被公安机关处理，两名"约架"主播被公安机关刑拘。而2022年初发生的"医生直播病人妇科手术"事件，更是突破职业道德底线和操守、挑战社会公序良俗，引发网民愤慨。微博账号"人民法院报"也评论称，该涉事者的职业操守与医德底线在互联网直播卖点的"糖衣"利诱之下"异化"甚至直接丧失。这也再次将互联网直播内容监管提上讨论议程，平台应提升涉个人隐私等特定内容直播的监管力度，同时用户也要自觉维护直播社区的良正风气。

（三）劣质直播电商欺诈：数据造假、产品质量问题亟待监管

早期直播电商也是负面舆情事件发生的"重灾区"。其一，电商数据造假，涉及灰色产业链、直播营业额存在水分，为争夺"一哥""一姐"的榜单，营造主播影响力的虚假繁荣。其二，产品质量问题频发，直播主播夸大宣传、用绝对性广告语、与其他直播间进行价格对比、标签不规范等问题时有出现，"三无产品"、假冒产品、隐患产品依然存在。据2021年浙江省消费者权益保护委员会发布的"双11"期间淘宝、拼多多、京东、快手、抖音等五个平台的直播消费体察情况，近三成主播存在不合规现象，近四成直播商品不符合国家标准。

直播电商欺诈行为扰乱正常的市场经济秩序，需要各平台警示商家、主播合法经营，督促直播从业人员学习相关法规，同时下架不符合国家标准的商品，并要求商家改正违法违规行为。如微博热搜#淘宝直播开启直

播新时代#所言："如果说2019年是直播电商的元年，2020年是直播带货野蛮生长的一年，那2021年就是行业趋于稳定发展的时期，2022年则是电商直播行业呈现新生态的开始。产品质量参差不齐，不仅增加了监管的难度，也降低了消费者的体验。"

（四）个别直播主播存在偷税漏税行为

近两年，个别直播主播偷税漏税行为曝光，引发网民对直播电商野蛮生长影响财富分配和社会公平的问题讨论。2021年税务部门加强税收监管和税务稽查，依法依规查处和曝光了一批重大偷税漏税案件。

直播主播高额偷税漏税现象的集中曝光，一方面，引发了网民对于直播主播偷税漏税金额巨大的"震惊"，以及对于野蛮生长的直播电商行业是否影响财富分配和社会公平的"质疑"。很多网民以戏谑的方式表达情绪，如网友调侃说"最近的新闻事件的金额看得都快不知道钱的基本单位是啥了"。另一方面，对于整个营销市场和产业链的持续健康发展，有网民认为不应仅仅依靠直播带货，"品牌还是要找到新的营销价值链""商业的流量和数据不应该掌握在少数人、少数资本手上，实体和品牌商家需要的是合理的利润，这样才能投入创新和产业升级中，工商业环境才会更好"。

（五）直播主播粉丝行为亟待规范

近些年，部分直播主播粉丝行为失矩，粉丝恶意攻击举报现象频发。圈层是社交传播、形成共识、满足个体认同的重要方式，代言人营销也成为很多品牌的"财富密码"，如网友所言，"在'饭圈文化'中，购买偶像代言的商品，被视为表达爱意的一种表现"。不过，粉丝文化升级到"饭圈思维"，盲目站队、维护明星、粉丝互怼，甚至上升为"阴谋论"的方式，往往是很多负面舆情事件的导火索。

直播平台的热度高、互动性强、即时性、匿名性等特征，更易滋长"饭圈思维"和所谓"阴谋论"，如有关"西藏冒险王"离世的猜测持续几年，并且产生了恶意评论和举报现象，甚至延伸到线下的粉丝互相攻击的行为。这一行为不仅出现在娱乐圈明星品牌代言人、电商类直播主播相关的事件中，还触及了很多严肃的社会事件。很多直播主播"粉丝爱听什么就讲什么"，"利用受害者的不幸遭遇制造社会热点敛财，然后编造各种谣言网暴受害者家属"。然而，不是所有事件都适合用"饭圈思维"来思考和评论，这极易造成社会观点的极化和撕裂。

（六）部分不法直播平台成为新型犯罪的温床

从案例分析中还可以看到，部分不法直播平台还成为新型赌博、诈骗、涉黄等犯罪行为的温床，很多未成年人和老年人无辜受骗。由于直播具有即时性且隐蔽性强，平台监管尚未完善，易被如赌博、诈骗、涉黄等不法行为个人和团伙所利用。近年来，我国警方破获了多起"直播带赌""色情直播"等犯罪案件。同时，在类似事件中，老年人和未成年人作为网络侵害事件中的弱势群体，也会被敲诈、"赌石"、诱骗投资的违法犯罪分子侵害自身权益，金钱损失高达几十万元。如某团伙假冒观众和买家，在直播间上演双簧，2018年8月，全国首起直播"赌石"诈骗案告破，现场抓获犯罪嫌疑人130余名，案件受害者多为观看直播的老年人群体。

（七）直播间线上线下危险行为和极端行为

直播引发的线上线下危险行为和极端行为，甚至导致人身伤亡，引发刑事案件，虽然占比极少，但一经发生就会引发社会的强烈反响，加重民众对于直播的负面印象，影响社会稳定。

三、网络直播打赏对青少年职业选择和价值观的影响

（一）网络直播行业的人员结构

随着网络直播行业的规范化发展，传统的职业结构形态被网络主播这一新兴职业形态所改变。传统职业领域与网络直播行业的融合催生了个人职业发展的新路径。从专业上来看，网络主播群体主要以艺术类专业为主，尤其是年轻演员、模特、歌手、流浪艺人、自由摄影师等文化领域新兴青年群体[①]。网络直播的低从业门槛为其个人职业发展拓展了路径，丰富了文化领域的新兴青年群体的职业形态，也在一定程度上缓解了该领域青年的就业压力。

从学历上看，在收入过万元的主播中，高学历占比较高。月收入过万的主播中，大专学历占10%，本科学历占18.1%，硕士及以上学历占25.4%，其中16.9%硕士及以上学历主播收入在5万元以上。从地域上看，北方职业主播远多于南方职业主播，职业主播占比最高的5个省（直辖市）是黑龙江、吉林、辽宁、重庆、甘肃[②]。

（二）当下青少年的职业价值观取向

职业价值观，即择业观，是个体对某种职业的优劣判断，以及职业对个体发展满足程度实现的内心尺度，是个体对待职业的一种态度或信念。

[①] 廉思，唐盘飞. 社会安全阀视域下的网络直播功能探析：基于北京网络主播青年群体的实证研究［J］. 中国青年研究，2018（1）：48-55.
[②] 《2019主播职业报告》发布最新行业生态［EB/OL］.（2020-01-09）[2022-10-20］. https://tech.sina.com.cn/roll/2020-01-09/doc-iihnzhha1351731.shtml.

职业价值观包括独立性和多样化、工作条件和同事、社会和艺术、安全和福利、名望及创造性等。有学者总结出随着社会发展不同代际群体在职业价值观上的异同。根据"权变观点",职业价值观和需求也不是一成不变的,而是一种个体和外部环境的交互作用,不同时期不同代际,青少年的职业价值观也在发生变迁。

在20世纪80年代,"能充分发挥自己的全部能力""与自己的兴趣一致""能得到乐趣""与自己的性格相适应""能实现自我价值"是青少年职业选择的五大标准[①]。

在20世纪90年代,"能充分发挥自己的才能""与自己的兴趣一致""机会均等,公平竞争""收入高""能提供进一步受教育的机会"成为新的五大标准。其中,声望地位因素是择业时最不考虑的,而收入高低,以及自我发展的因素排在前列。社会转型给人们带来择业观念上的变化,"物质需要"开始超越"尊重需要",即如果物质需求差别不大,人们更关注自我实现的需求,而如果有更多的获取物质利益的可能性,人的行为就会优先向满足物质需求回归[②]。

在2000年后,调研发现,将职业分为"理想职业"和"现实职业"供人们选择时,大学生选择理想职业的择业标准首先是"充分发挥能力",其次是"收入""自主";但选择现实职业的择业标准则首先是"收入",其次才是"充分发挥能力"和"工作的稳定性",这说明大学生在真正择业时决策更为现实[③]。

在2010年之后,根据一项基于中国综合社会调查(CGSS)数据的研究,在"90后"大学生职业价值取向中,"高收入"成为首选项,第二选

---

① 冯伯麟.中学生职业选择中的主要因素[D].北京:北京师范大学,1987.
② 凌文辁,方俐洛,白利刚.我国大学生的职业价值观研究[J].心理学报,1999(3):342-348.
③ 阴国恩,戴斌荣,金东贤.大学生职业选择和职业价值观的调查研究[J].心理发展与教育,2000(4):38-43.

择是"工作有长期保障",而"满足个人兴趣"和"发挥个人才智,有成就感"分列其后①。如果将职业价值分为三个层面,内在职业价值的首选是"成就感",外在职业价值最看重的是"人际关系",而外在因素中考虑最多的是"经济报酬"②。

同时,基于个体化视角下青少年的职业选择,距"父析子荷"更远,距"个体实现"更近。新经济业态中出现的自媒体、直播、互联网科技企业等,大多是年轻人创造和培育出来的新市场和新职业类型,产生了明显的代际职业流动③。可见,当代青年人对于物质需求和个人发展需求都很看重,职业价值也逐渐由"经济价值"为主转向兼顾"社会价值"。

(三)直播作为一种职业的发展现状

职业选择关系到个体的幸福和身心健康。选择职业既要考虑个人兴趣也要考虑外在环境,既要关注短期利益也要关注长远发展,最终目标是实现个人的全面发展。④一份理想的职业,可以同时满足人的生存需要、社交需要和自我实现的需要。在个体层面上,职业选择会受到自我效能、动机、工作决断力等心理资本因素的影响;在环境层面上,也会受到个体的家庭经济条件、社会阶层、所在地域、受教育程度等经济和社会资本因素的影响。

在如今的职业选择中,越来越多的青年人逐渐摆脱了传统就业观,开

---

① 韩巧霞,徐璐涵. 基于CGSS2015 的 90 后大学生职业价值取向分析[J]. 中国大学生就业,2019(12):34-38.
② 晏萍,朱克勇,裴丽娜. 当代大学生职业价值观变化的差异性分析:基于上海地区高校的调查[J]. 学理论,2015(18):121-123,148.
③ 李萍,谌新民. 工业化和城镇化对代际职业流动的作用分析[J]. 南开经济研究,2021(4):142-168.
④ BLUSTEIN D L. Extending the reach of vocational psychology:toward an inclusive and integrative psychology of working[J]. Journal of vocational behavior,2001,59(2):171-182.

始探索新兴职业及新的就业方式。2020年7月，人力资源和社会保障部、国家市场监管总局和国家统计局向公众宣布了9个新职业，互联网营销人员位居前列。中国人民大学中国就业研究所发布的2020年《数字文化产业就业报告（2020）》显示，在直播、电竞、游戏、网络文学等数字文化产业的四个典型领域，总就业人数已达3000万，其中全职就业者为1145万人[1]。

对于将直播作为一种职业选择来说，其一，网络意见领袖（KOL或者KOC）的影响力不仅局限于追随者对其浅层口碑传播内容的模仿，也会影响到用户对其行为的深层次效仿，提高用户自己也成为网络意见领袖的意愿。直播主播的社会影响力增强，以及看似高额的薪酬收入，都吸引了很多青少年将直播行业作为未来择业就业的首选之一。其二，新兴直播行业与传统电商、美妆、体育、游戏等领域相互结合，也对传统行业内从业人员自身的职业转型和发展提供了新的可能性。其三，随着网络直播作为社交类媒体在生活中的常态化使用，以及直播平台内容转型调整带来的普及效应，社会公众对于网络直播行业以及主播的认知正在逐渐改变。其四，近年来，中国网络直播行业协会等行业组织的成立，促进了网络直播领域新的交往规则和规范的形成[2]。其五，在新冠疫情期间，电商直播的连接功能、便利服务和行业快速增长趋势，也吸引了越来越多的年轻人加入直播的行列。

在《中国就业》期刊上，2020年第6期、2021年第11期分别刊登了文章《电商直播：新职业带来"薪期待"》以及《发展新业态新职业 缓解大学生就业难》。自2019年以来，人力资源和社会保障部发布了四批共56个新职业，其中就包括直播销售员、互联网营销师、全媒体运营师等，这些

---

[1] 周骏宇. 发展新业态新职业 缓解大学生就业难［J］. 中国就业，2021（11）：42-43.

[2] 廉思，唐盘飞. 社会安全阀视域下的网络直播功能探析：基于北京网络主播青年群体的实证研究［J］. 中国青年研究，2018（1）：48-55.

新职业被收入《中华人民共和国职业分类大典》。2020年，国家发展改革委等部门发布《关于支持新业态新模式健康发展 激活消费市场带动扩大就业的意见》，提出支持15种新业态新模式发展，其中就包括网红带货。有文章举例称，"2020年5月8日，义乌工商职业技术学院大一学生通过理论答辩和直播实操考核，顺利拿到义乌市人社局颁发的'电商直播专项职业能力证书'，成为浙江省首批获职业能力证书的19名电商主播之一"[1]。直播这一新兴职业，既是"薪职业"也是"心职业"，即意味着潜在的高薪，也意味着新时代大学生就业观念的突破、认知的突破、选择的突破。

（四）直播作为一种职业的"误读"

不过，在"直播热"背后，很多学者也对于当下市场对直播行业的"误读"产生一定的担忧，包括对直播职业的认知理解过于单一、直播职业成熟度与择业预期之间的矛盾等。

一方面，前台与后台的区分不明，对于直播职业的认知理解过于单一。直播是一个"情感外卖工厂"，而直播主播是一种制造商品化的虚拟亲密关系的"微名人"，也就是活跃在手机屏幕上的进行线上表演的人群。他们与粉丝之间的关系已经从"准社会交往"转变为"准亲属交往"[2]。社交媒体的即时性和互动性，使得这些主播不同于传统上的被粉丝或者受众"仰视"的明星，而是在手机屏幕上"俯视"的对象，粉丝在这段关系中由于"打赏""围观""评论"等行为具备了极大的虚拟影响力。直播主播看似在前台光鲜亮丽，实则在后台的控制权和行动权一部分被让渡给了平台，一部分被让渡给了直播间的粉丝；同时，直播主播也面临着情感的消耗、职业的倦怠、自身的物化，甚至权益受损的风险。

---

[1] 王旭东.电商直播：新职业带来"薪期待"[J].中国就业，2020（6）：57.
[2] YAN Q，YANG F. From parasocial to parakin：co-creating idols on social media [J]. New media & society，2020，23（9）：2593-2615.

对于面临未来职业规划和选择的大学生群体来说，直播职业犹如雾里看花，他们被"打赏""送花"等物质行为迷惑，很容易对于该职业理解单一化，仅看到了前台而未看到后台、仅看到薪酬高而未看到自身权益的保护。

另一方面，直播职业成熟度与择业预期之间的矛盾。在职业规划中，职业成熟度理论也是职业选择的衡量标准之一。个体的职业发展是一个终生的过程，并呈现出阶段性的特点。在不同的阶段，有不同的职业发展任务或目标，清晰地了解这些阶段和目标才是成熟的表现。

成熟职业发展的阶段包括：第一，探索阶段，个体年龄通常在15—25岁，在这一阶段，主要是了解自己和职业，并初步尝试和确定职业，具体包括限定确实喜欢的工作类型、明确在可供考虑的职业中选择最好的一种，以及在所选定的职业领域开始工作；第二，建立阶段，个体年龄在26—45岁，根据前一阶段所选定职业的工作经验的积累，逐步建立起稳定、专精的地位，并提高晋升的能力；第三，维持阶段，个体年龄在45岁以上，特点是维持既有的职位和成就，更新知识和技能，并追求创造[①]。

根据《2019主播职业报告》，26.9%的职业主播直播时间超过两年。学历越高的主播收入越高，职业稳定性也就越强，其中本科学历主播直播两年以上的占比为22.8%，硕士及以上学历主播直播两年以上的占比为31%。可见，直播主播是一类非常年轻的职业，其职业成熟度尚不高。当下的职业高薪和快速扩展，遮蔽了主播的未来发展规划和职业发展通路尚不清晰、头部主播马太效应显著、职业天花板较为明显等问题。同时，虽然职业的社会声望、社会地位等社会性因素在职业评价中的重要性有所下降，经济因素虽举足轻重但也退居其次，青少年开始越来越多地重视个人发展和个人价值的实现。在职业价值观上，仍需引导青少年对金钱、物质财富、实

---

① 龙利荣，方俐洛，凌文轾.职业成熟度研究进展［J］.心理科学，2000（5）：595-598.

惠的追求保持合理的"度",不要陷入对经济效益、工资待遇、经济收入的单一考虑之中,更要兼顾职业成熟等自身发展问题。

四、直播主播行业发展与规划策略

(一)职业价值观:全社会职业价值观和选择取向应更加尊重、包容

职业选择和价值观更加包容和公平,"每个人的职业选择都应该得到尊重"。在2021年的期刊《中国人力资源社会保障》上,讨论了当下很多大案的受害者选择直播带货作为职业的现象。很多主播表示"就是做生意,不是乞讨,也不是募捐",这是他们重新开始生活、用劳动创造价值的选择。《劳动法》明确规定,劳动者享有平等就业和选择职业的权利、取得劳动报酬的权利。在劳动力市场上,劳动者作为就业主体,具有支配自身劳动力的权利,可以根据自身素质、意愿和市场价格信号,选择适合自己才能、爱好的职业。[①]因此,应当提倡全社会整体的职业价值观和选择取向更加尊重、包容,因为选择职业的权利是劳动者劳动权利的体现,也是社会进步的体现。

社会价值观和社会环境因素对职业选择的影响不容小觑。既有经验如文化、榜样、培训机会等,以及情感支持如家人陪伴、社会认可度等都会影响职业选择和发展。[②]一方面,社会歧视和边缘化会影响主播的职业发展,使得他们更易被网络黑色、灰色产业链所影响,为"博出位"成为负

---

① 张涛. 每个人的职业选择权都应得到尊重[J]. 中国人力资源社会保障,2021(12):60.
② 高山川,孙时进. 社会认知职业理论:研究进展及应用[J]. 心理科学,2005(5):1263-1265.

面舆情的渊薮。因此，需要让直播主播获得职业的尊严，"体面劳动"，在自由、公平、安全和具备人格尊严的条件下，获得体面的、生产性的可持续工作机会，促进实现工作中的权利、就业平等、社会保护和社会对话。①另一方面，职业价值观的包容和公平，更易提升主播的职业效能和结果预期，塑造职业兴趣并在该行业坚持下来，为达到预期的成就而努力；职业成就也会反作用于自我效能，形成动态的反馈环路，这也是职业成熟度的一种反映。

（二）政策规范扶持：关注直播主播的职业成长规划，优化人才培养体系

首先，发挥政策的规制作用。其一，规范直播行业和平台的同时，关注直播主播的职业成长规划，审定职业相关的国家标准。在整个直播行业规范化运营的今天，主播作为一种职业得到大众认可的同时，在专业能力上的要求也越来越高。作为日益具有社会影响力的职业，主播的内容创作、言行举止都传递了一定的价值观取向，社会需要高质量的直播主播和直播内容，打破直播"门槛低"的原始状态。其二，遏制高额打赏行为，规范主播收入；明确打赏收入的确认和计量，明细税款缴扣的义务主体，完善个人所得税税制，监督主播依法纳税。从表面来看，网络打赏行为是观众给主播送礼物的自发行为，但在本质上仍属于有偿行为，是观众支付自身观看主播节目的对价②，应当按照我国的税法规定进行纳税，防止偷税漏税的行为。

其次，发挥政策的激励作用。一方面，为直播主播职业的上升通道、

---

① 闫燕，林恩忠，卿涛，等.体面劳动研究现状：整合与未来展望［J］.中国人力资源开发，2019，36（11）：93-109.
② 欧阳欣卉.基于网络打赏行为的税收法律问题探析［J］.法制与社会，2019（24）：74-75.

职业认定、公平竞争、医保社保等消除后顾之忧，将"赚快钱"的职业变成可以长远发展的正当的就业选择。另一方面，优化新职业人才培养体系，适应新技术、新业态、新模式发展需求，建立起适用于各个平台的职业教育标准体系，优化专业设置，大力培育面向未来社会需求的专业人才。

（三）情感社会支持：发挥情感陪伴优势，传播正能量

根据互动仪式理论，是高度的相互关注、高度的情感连带形成与认知符号相关联的成员身份感，并为每个参与者带来情感能量。网络直播催生出社群感，使用者在线上扮演角色与建构身份，并给需要沟通的人带来情感的慰藉。[1]在网络直播的剧场表演中，主播和观众产生了复杂的情感关系体系，这就需要正确引导，充分发掘其中情感积极的部分和情感陪伴的优势，传播正能量。

一方面，需引导和培育直播主播的价值观，传递正能量，兼顾经济效益和情感效益；对于即将迈入社会，将主播职业作为择业选择的学生群体，要树立其正确的职业观和价值观，在仰望星空的同时，依然要脚踏实地。另一方面，充分发挥直播平台的正向情感效益，培育优质主播，丰富娱乐产业市场内容创作，为社会特殊群体提供情感疏解与慰藉，如提供适老化的情感慰藉、都市独居群体的情绪解压阀等。

（四）内容生态建设：构建多层次多主体的内容体系，传递主流价值观

直播打赏平台好比一个生态系统，涵盖各种类型的内容。从比重上来看，直播打赏中的确不乏发布虚假信息、夸大悲惨现象来"吸粉牟利"、骗同情的行为，也有一些道德绑架行为，但也有一些真正通过讲述自己的励

---

[1] 于铁山.剧场表演与情感卷入：网络直播礼物打赏现象研究[J].中国青年研究，2020（2）：92-99.

志故事，获得网友的尊重而受到网民的无私资助的人群。

直播平台对积极面对生活、展现正面生活状态的内容也需要持优先推荐的鼓励态度，同时鼓励更多正能量内容的生产，如对于"直播+党宣""直播+红色旅游""直播+公益""直播+非遗"等内容产品在平台算法上予以优先呈现，通过"直播+正能量"的引导方式不断丰富网络文化产品的供给和完善，重塑直播打赏行为的市场运作逻辑和底层激励机制，努力营造风清气正的网络环境。

第四节 稳中向好：近期网络视频直播行业的政策趋势

值得关注的是，近两年来，国家相关部门加强直播数据监管，明确直播营销主体权责边界，大力保护直播用户的数据权益，保护未成年人等网络弱势群体，打造新经济模式下，风朗气清的网络视频直播正向、有序、持续发展新模式。

网络直播是随着移动互联网等技术的发展而诞生的新兴业态，自2016年以来，在国家文化政策支持、网络基础设施和移动宽带加速普及、视频技术日趋成熟、资本助推等利好因素推动下，各类网络直播平台竞相涌出，网络直播行业井喷式发展。网络直播加速了信息的实时共享，开启了全新的社交网络交互方式，被称为拥有千亿市场的新兴产业。

一、网络视频直播营销行业：建立全流程管理标准，规范主播和直播间行为

进入5G时代，视频营销以其更大的传播优势，获得了快速发展，直播营销和直播电商成为互联网营销中不容忽视的手段之一。2021年8月17日，商务部发布《商务部关于加强"十四五"时期商务领域标准化建设的指导意见》，强调加强商务领域数字技术应用标准体系建设，研究建立统一的大

数据全流程管理标准，推动5G、人工智能、物联网、区块链等新技术标准化应用；加强电子商务新业态新模式标准建设，促进直播电商、社交电商等规范发展。不难看出，在"十四五"时期，建立在大数据平台基础上的直播电商有着重要发展价值。

随着网络直播平台的迅猛发展和用户规模的迅速扩张，网络直播平台乱象丛生，我国对网络直播行业的监管和规范从未停止。一段时间以来，由于网络直播准入门槛低，大量从业者成为主播，竞争激烈，频频引发诱导打赏、恶意炒作、刻意炫富、低俗表演等不良现象，部分主播甚至罔顾公序良俗，出现违法行为，损害行业发展。2022年6月22日，国家广播电视总局、文化和旅游部联合印发《网络主播行为规范》，明确规定通过互联网提供网络表演、视听节目服务的主播人员，包括在网络平台直播、与用户进行实时交流互动、以上传音视频节目形式发声出镜的人员和利用人工智能技术合成的虚拟主播及内容，首次结合当前新技术发展，将利用人工智能技术合成的虚拟主播列入了参照执行的范围。《网络主播行为规范》第十四条对网络主播直播带货行为进行了明确规定，如不得营销假冒伪劣、侵犯知识产权或不符合保障人身、财产安全要求的商品，虚构或者篡改交易、关注度、浏览量、点赞量等数据流量造假；不得夸张宣传误导消费者，通过虚假承诺诱骗消费者，使用绝对化用语，违反广告相关法律法规未经许可直播销售专营、专卖物品等；不得通过"弹幕"、直播间名称、公告、语音等传播虚假、骚扰广告。《网络主播行为规范》重点关注了公众反映强烈的虚假宣传、销售假冒伪劣商品、数据造假等损害消费者权益的问题。

除了网络主播这一主体，对于网络直播营销涉及的其他主体，也有不少政策出台。2021年5月起施行的《网络直播营销管理办法（试行）》中，划定了网络直播营销领域的八条红线、五个重点管理环节，囊括了网络直播的"人、货、场"，并进一步明确了台前幕后各类主体的权责边界。文件第二条对直播带货各参与主体进行了明确的定义，将主体分为"直播营销平台、直播间运营者、直播营销人员、直播营销人员服务机构"，其中的"直播营销人员服务机构"这一主体在之前的文件中并未做明确规定，是该文件中新增的受监管主体。2021年8月30日，文化和旅游部发布《网络表演经纪机构管理办法》，对网络表演经纪机构的证照资质、宣传要求，以及机构的服务对象进行明确规定：机构需获得营业性演出许可证，不得以虚假销售、带头打赏等方式诱导用户消费；同时，不得为未满十六周岁的未成年人提供网络表演经济服务。这进一步明确了平台、主播、经纪机构的三方关系，形成平台管经纪机构、经纪机构管主播的层层责任传导机制，加强网络直播行业内容源头管理，有助于推动网络直播行业健康发展。

二、保障用户数据安全：提供监管依据，规范算法推荐与自动化决策

近年来，随着信息与传播技术的演进，万物互联时代来临，数据革命对社会生活的各个方面都产生了极其重要的影响。2020年，数据作为一种新型生产要素被写入中央文件。为促进数字经济的蓬勃发展，需要深化数据安全体制，警惕数据泄露和滥用的风险。

为规范数据处理活动，保障数据安全，促进数据开发利用，《数据安全法》于2021年9月1日起正式施行，标志着我国在数据安全领域有法可依。这部法律分别从监管体系、数据安全与发展、数据安全制度、数据安全保护义务、政务数据安全与开放、法律责任等方面，对数据处理活动进行规制，同时也明确建立了一个数据分类分级保护制度，提出建立健全数据交易管理制度、安全审查制度。具体来看，针对数据处理者违背法律和社会公德滥用大数据新技术的情形，《数据安全法》第二十八条提出了开展数据处理活动以及研究开发数据新技术的三项合规义务，要求数据处理者研究开发数据技术，一定要利于促进经济社会发展、要以增进人民福祉为目的、

应当符合社会公德和伦理。

对用户个人信息和数据的保护，在2021年11月1日起施行的《个人信息保护法》中有着更为明确的规定。《个人信息保护法》紧紧围绕规范个人信息处理活动、保障个人信息权益，构建了以"告知—同意"为核心的个人信息处理规则，其中明确规定：个人信息处理者利用个人信息进行自动化决策，应当保证决策的透明度和结果公平、公正，不得对个人在交易价格等交易条件上实行不合理的差别待遇；通过自动化决策方式向个人进行信息推送、商业营销，应提供不针对其个人特征的选项或提供便捷的拒绝方式。"不得对个人在交易价格等交易条件上实行不合理的差别待遇"关注了互联网营销中的"大数据杀熟"问题，强调"决策的透明度和结果公平、公正"和"提供不针对其个人特征的选项"，禁止平台为了最大化商业利益而通过算法进行画像从而产生价格歧视的结果。同时，条款允许个人选择是否接受针对个人的信息推送、商业营销，或许意味着个人在一定程度上拥有了是否走出"信息茧房"的选择权。

《个人信息保护法》对自动化决策的相关规定，已然关注到算法推荐的相关问题，2022年3月1日起施行的《互联网信息服务算法推荐管理规定》（简称《规定》）更将算法推荐服务从互联网应用中单独剥离出来，成为继《网络安全法》《数据安全法》及《个人信息保护法》颁布后又一个具有里程碑意义的与数据相关的行政法规。数据处理者在数据处理活动中大量地使用智能技术和算法技术，特别是数据处理者开发的智能技术与算法的融合，其本质是建立在大数据基础上的自我学习、判断和决策的算法。算法的核心是基于网络的编程技术，目前基于智能技术的算法决策具有典型的"黑箱"特点。《规定》明确要求算法推荐服务提供者不得设置诱导用户沉迷、过度消费等违反法律法规或者违背伦理道德的算法模型；算法推荐服务提供者向消费者销售商品或者提供服务的，应当保护消费者公平交易的权利，不得根据消费者的偏好、交易习惯等特征，利用算法在交易价格等交易条件上实施不合理的差别待遇等违法行为。《规定》还对虚假流量、网络水军、刷量控评、过度推荐、操纵榜单或检索结果排序等干预信息呈现、影响网络舆论的行为做出了限制，明确算法推荐服务应遵循公开透明的原则，鼓励算法推荐服务提供者综合运用内容去重、打散干预等策略，优化规则透明度和可解释性；建立健全算法机制机理审核、科技伦理审查、用户注册、信息发布审核等管理制度，不得利用算法操纵榜单、控制热搜等。算法不仅被数字资本用于构建交往环境，还被用于操纵互联网营销等传播行为，虽然相关规定在现阶段仍旨在规制数字资本平台在追求商业利益时造成的数字不平等，但已然在其中确认了以实现公共性为目的的基本导向。

三、未成年人保护：规范互联网广告和直播内容

近年来，针对未成年人的网络营销活动越发常见。我国从未成年人保护的角度，对以未成年人为对象的商业营销活动做出限制的相关法规政策也在不断完善。

2021年9月国务院印发的《中国儿童发展纲要（2021—2030年）》中规范了与儿童相关的广告和商业性活动，禁止在针对儿童的大众传播媒介上发布医疗、药品、医疗器械、保健食品、化妆品、酒类、美容广告，以及不利于儿童身心健康的网络游戏广告；禁止在大众传播媒介发布声称全部或部分替代母乳的婴儿乳制品、饮料和其他食品广告；规范和限制安排儿童参加商业性展演活动。2021年11月26日国家市场监督管理总局起草的《互联网广告管理办法（公开征求意见稿）》为期一个月向社会公开征求意见，其中第十条再次强调了面向未成年人的广告内容要求。此外，国家市场监督管理总局等部门于2021年11月联合印发《关于做好校外培训广告管控的通知》，特别强调对校外培训广告的监管，指出要将校外培训广告管控纳入互联网信息管理的重点内容，对于违反政策代理、制作、刊登、播发

校外培训广告的电商平台和其他互联网企业，要坚决依法处置。以上条例对面向未成年人的互联网广告的内容进行了划分和明确，减少未成年人因对商品及服务的营销内容缺乏鉴别力而受误导的风险。

　　此外，随着直播行业的兴起，未成年人在直播中的合法权益和身心健康保护问题也得到重视。《网络主播行为规范》在第十四条中针对此问题进行了多处强化，对网络主播提出具体要求，积极为未成年人成长营造更加健康的网络环境。如不得介绍或者展示自杀、自残、暴力血腥、高危动作和其他易引发未成年人模仿的危险行为，表现吸烟、酗酒等诱导未成年人不良嗜好的内容；不得利用未成年人或未成年人角色进行非广告类的商业宣传、表演或作为噱头获取商业或不正当利益，指引错误价值观、人生观和道德观的内容；不得通过有组织炒作、雇佣水军刷礼物、宣传"刷礼物抽奖"等手段，暗示、诱惑、鼓励用户大额"打赏"，引诱未成年用户"打赏"或以虚假身份信息"打赏"。

后　记

　　网络视频直播作为一种传播技术或者传播形态，具有重要的社会价值。视频直播技术的社会价值，不仅是从技术逻辑上，改变了媒介传播的形态与样式，更重要的是从社交逻辑上，提供了公共平台，增加了社会流动性，增强了社交场景；进一步增进了人的掌控感和对于主体价值的寻求，扩展了人的自主性以及人与人之间的连接，并解决了社会与社区的日常生活问题。

　　"媒介逻辑"之下技术与人和社会的关系，也是新闻传播学探索的经典话题。因此，本书旨在把握与勾勒网络视频直播平台的传播本质、特征与发展趋势，从技术逻辑、产业逻辑、社交逻辑、规制逻辑等四个维度，构建网络视频直播影响力评测体系，进而从应用角度探讨网络视频直播平台的健康发展、产业的社会服务功能升级，以及虚拟社群与受众的良性互动，为把握其传播规律、技术规律、商业规律提供学理视角与科学方法借鉴。

　　新闻传播学科需要更多地为关注社群连接与社会价值而"挺身而出"，用传播学理论切实探讨公众关心的社会问题。从这个意义上说，在后笛卡尔时代，对于网络视频直播等"新新媒体"的未来发展前景予以关注，也是从传播学角度对于虚拟社群时代人的日常生活以及未来社会发展的一种观照。

　　行文至此，要向本书成稿过程中督促或帮助过我的师友深致谢意。感谢"京师传播文丛"编委会各位老师们，慷慨给予此书付梓机会，喻国明教授在本书依托的课题设计之初即给予我多次指正，使我受益匪浅；感谢实验室的研究助理肖安琪、尔朦朦、林苗、王者、杨嘉仪、赵文宇、陈雪娇、姚飞等，以及学院提供的宝贵调研实践机会。中国国际广播出版社的老师们为此付出辛勤劳动，使得稿件不断完善，在此一并感谢。

2024 年 8 月